本书是教育部人文社科规划基金项目——
新生代农民工职业教育培训研究（10YJA880188）的研究成果

本书获河北科技师范学院学术著作出版基金资助
本书获河北省职业教育研究基地资助

社 会 学 丛 书

新生代农民工培训：
意愿与行动

赵宝柱 著

中国社会科学出版社

图书在版编目(CIP)数据

新生代农民工培训:意愿与行动/赵宝柱著. —北京:中国社会科学出版社,2016.10
 ISBN 978-7-5161-8624-4

Ⅰ.①新… Ⅱ.①赵… Ⅲ.①民工—职业培训—研究—中国 Ⅳ.①D422.6

中国版本图书馆 CIP 数据核字(2016)第 170122 号

出 版 人	赵剑英
责任编辑	王莎莎
责任校对	张爱华
责任印制	张雪娇
出　　版	中国社会科学出版社
社　　址	北京鼓楼西大街甲 158 号
邮　　编	100720
网　　址	http://www.csspw.cn
发 行 部	010-84083685
门 市 部	010-84029450
经　　销	新华书店及其他书店
印　　刷	北京君升印刷有限公司
装　　订	廊坊市广阳区广增装订厂
版　　次	2016 年 10 月第 1 版
印　　次	2016 年 10 月第 1 次印刷
开　　本	710×1000　1/16
印　　张	21.75
插　　页	2
字　　数	357 千字
定　　价	79.00 元

凡购买中国社会科学出版社图书,如有质量问题请与本社营销中心联系调换
电话:010-84083683
版权所有　侵权必究

前　言

笔者毕业后一直从事职教管理干部和师资培训工作，将新生代农民工培训作为研究对象缘于2010年初教育部职成教司召开的一次工作会议。之后，获批教育部人文社会科学研究规划基金项目——新生代农民工职业教育培训研究（10YJA880188）。本书是该项目的核心研究成果。

农民工是我国农村实行家庭联产承包责任制后逐渐产生并发展起来的"非工非农""亦工亦农"的特殊群体。农民工群体对支撑我国成为"世界工厂"、促进经济和社会发展、带动农村地区摆脱贫困、促进社会结构转型等都做出了巨大贡献。

梳理农民工的发展历程可以清晰地感受到，培训农民工是国家农民工治理策略变革与调整的结果。在新世纪以前，我国农村劳动力经历了：自由流动（1958年前）——禁止流动（1958—1978）——限制流动（1979—1983）——允许流动（1984—1988）——控制盲目流动（1989—1991）——引导有序流动（1992—2002）等几个阶段。此时，国家政策的出发点是考虑是否允许农村富余劳动力流动以及如何控制和引导流动，因此没有也不可能出台有关培训农村流动劳动力的政策。进入新世纪以后，国家农民工政策发生了根本转变。2002年中央农村经济工作会议是我国农民工政策的分水岭，提出了解决农民工问题的16字方针——"公平对待、合理引导、完善管理、搞好服务"。2003年农业部等六部委出台了《2003—2010年全国农民工培训规划》，标志着国家通过培训来引导和促进农民工流动和就业的新时期到来了。

"新生代农民工"[①]又被称为"新生代农村流动人口""新生代民工"

[①] 注：基于文字顺畅表达的需要，在不特别强调"新生代"意涵时，以"农民工"作为表述词。

"第二代农民工""青年农民工""新型农民工""新一代农民工""新农民工""新型工人"等。一般是指改革开放以后出生的具有农村户籍的以工资为主要收入的进城务工人员。2010年1月31日,《中共中央、国务院关于加大统筹城乡发展力度,进一步夯实农业农村发展基础的若干意见》中使用了"新生代农民工"的提法。据统计,2013年我国外出农民工总数为2.69亿,新生代农民工占到了70%以上。

新生代农民工大多是出"校门"直接进"城门"。一方面,他们普遍缺乏农业生产的经历,尽管被称为农民,但绝大多数只是偶尔从事过农业生产劳动(主要是在农忙季节临时参与),缺乏以农业为职业或独立承担农业生产劳作的热情、能力和决心,因而没有了"务农"的退路;另一方面,尽管他们受教育程度较老一辈有所提高,但吃苦耐劳的精神有所下降,两相作用在提升了他们求职预期的同时也降低了对非预期职业的适应能力。在这种只能进不能退的情境下,新生代农民工如果再由于缺乏求职经验和相应的职业技能而找不到适合的工作,其城市生活和城市融入的压力会非常大,这一问题如果得不到重视并解决,将成为严重的社会问题。正如同马克思形容从产品到商品是"惊险的一跃",在某种意义上,要想彻底解决新生代农民工问题,使他们真正适应城市生活、融入城市社会,帮助他们实现自己的人生目标,也要有这样"惊险的一跃",而职业培训就是实现这一跃的很重要的一个"支点"。

新生代农民工培训活动的开展受到多个主体的影响:政府、用人单位、培训机构及自身。在培训的谋划、组织与实施过程中,各个主体关注的重点不同。国家关注的是民众的生活福祉、社会的和谐稳定与长治久安,其目标是提升素质、促进就业、改善民生,促进社会公平;用人单位关注的是投资效益的最大化,目的是提升员工爱岗敬业和岗位履职能力,提高工作绩效;培训机构关注的是如何获得政府、用人单位和个人的信任,争取培训任务、提高培训质量与成效,从而在展现机构实力与能力并赢得社会声誉的同时,有一定的盈利以维持机构的生存与发展;个人关注的是通过培训改变自身处境,缩小与周围人群的差距,提升自身人力资本水平,获得竞争比较优势,以更好地实现自己的人生价值与追求。

搞好新生代农民工培训必须要找到不同主体培训意愿与行动的契合点,做到意愿和行动的统一。意愿是主体认知与判断的内在倾向性,是行动的内在支配要素。行动是主体满足自身意愿、适应环境、应对现实的行为表现。每一项现实的行动都有其外在的合理性，但不一定是意愿支配的结果。能够体现意愿的行动才更加"真实"，才更能激起主体的激情，才有可能取得更好的成效。国家要通过具体的政策来展现决心，并以此来引导、规范其他行为主体的意愿和行为；用人单位则从本单位现实生产需要和未来发展战略的高度，把培训自己的员工作为一项现实或战略性的投资来具体组织和实施，既提升了员工履职能力，促进了自身的可持续发展，从而也契合了国家的发展战略；培训机构要通过提供丰富多样且实用的培训项目和培训组织方式以满足新生代农民工培训相关主体的需要，从而获得足够的信任并获得培训授权与支持，进而展现自身价值、获得社会声望和相应的物质回报；个人要充分认识到培训对自身发展的重要性，主动将潜在的意愿转化为现实的培训行为，并通过提高个体素质推动劳动者群体整体人力资本水平的提升，从而更好地服务社会。

在实然的表现与应然的状态背后是起支配作用的意愿。研究新生代农民工培训的意愿和行动首先是从问卷调查开始的。2010年11月—2011年5月，课题组根据研究需要，设计了《新生代农民工职业培训状况调查问卷》（见书后附录），问卷分为个人基本信息、工作情况、培训情况三部分，共计58个问题。利用春节期间新生代农民工大多回家过年的这一有利时期，培训了近200名研究生、本科生分赴全国各地乡（村）进行新生代农民工职业培训状况调查，共回收合格问卷10324份。为确保调查群体的新生代属性，对受访者年龄进行限定（16—35岁）后，筛选出有效问卷10058份。为使调查区域更加合理，提高样本代表性，2011年上半年至2012年暑假期间又分别进行了网络调查和在重点务工省份的问卷调查。以上三类调查共回收有效问卷12790份，涉及26个省（市、区）。随后，对调查数据进行了录入和整理，运用SPSS软件进行了数据统计与分析。与此同时，课题组搜集了大量文献资料，综合运用调查法、文献资料法、统计分析法、逻辑推理法等多种研究方法，历时四年，完成了本项目研究，形成了该项目的最终研究成果——《新生代农民工培训：意愿与行动》。

全书共十三章，分为四部分。

第一部分包括前三章，主要围绕着农民工的产生与发展、农民工的培训历程和国际农村劳动力转移培训经验这三个主题进行文献资料的梳理，以期读者对农民工培训问题的由来和现状有一个较为清晰的认识，对国际农村劳动力转移培训经验有一个概括的了解。

第二部分包括第四至第六章，共三章，是对调查数据的统计和分析结果的呈现。第四章基于调查统计数据归纳了新生代农民工群体特征、工作与培训现状等。第五章分别从性别、年龄、工作年限、文化程度等几个方面对新生代农民工职业认知与职业行为进行相关性分析。第六章分别从性别、年龄、文化程度、务工年限、工作类别、工作地域、工作单位和收入水平等方面对新生代农民工培训意愿及行为进行相关性分析。

第三部分包括第七至第十二章，共六章，分别从培训主体及责任、培训目标定位、培训策略选择、培训体系建构、培训模式设计、培训质量管理与评价等方面阐释了各培训主体实然和应然的意愿与行为表现，提出了相应的变革与调整的途径、意见和建议。

第四部分为第十三章，是集合前述研究成果对新生代农民工职业培训的改革建议。

总体而言，本书突破了以往就培训论培训的研究范式，把相关责任主体培训意愿和培训行为统一作为提升新生代农民工培训成效的切入点，并将其放在了终身教育、职业成长、新型城镇化建设的大背景之中，体现了新形势下国家新生代农民工培训治理方式变革的要求。与当前关于新生代农民工培训研究大多是基于专项问题的非系统化研究不同，本课题研究成果涉及培训活动的全流程，从群体特征、培训现状、人本和客观影响因素以及主体责任、策略选择、体系建构、模式设计、质量管理和质量评价等方面都做了较为系统和较为深入的研究，提出了一系列的新观点、新建议，体现了系统性、综合性和实用性的特点。

然而，新生代农民工培训是一项系统而复杂的工程，对其特点的认知、问题的把握、策略的提出、建议的检验等都需要时间和过程，是不可能毕其功于一役的。课题组只是在借鉴同行研究成果的基础上延续了一些有益的研究，提出了一些可供参考的意见和建议。囿于能力和水平，谬误在所难免，敬请批评指正。

本书在写作过程中，查阅了相关政策文本，借鉴、参考、使用了大量同行的研究成果，尽管已尽最大努力注明出处，但疏漏在所难免，敬请谅解。张佳、杨武林等同学在调研和数据统计过程中做了卓有成效的工作，中国社会科学出版社、河北科技师范学院和河北省职业教育研究基地为本书的出版给予了大力支持，在此一并表示感谢。

  本书作为研究新生代农民工培训方面的专著，可以作为高校职业技术教育学、成人教育学研究生学习用书，也可以作为研究部门、管理部门和培训机构的工作参考书。

赵宝柱

2015 年秋于秦皇岛

目 录

第一章 农民工群体变迁 ……………………………………………（1）

 第一节 农民工概述 …………………………………………（1）

  一 "农民工"称谓由来 …………………………………（1）

  二 农民工群体分类 ……………………………………（2）

  三 农民工主体变迁 ……………………………………（4）

 第二节 农民工产生与发展历程 ……………………………（6）

  一 农民工产生的历史背景 ……………………………（6）

  二 农民工孕育与发展的历程 …………………………（7）

  三 农民工未来的供给趋势 ……………………………（15）

第二章 农民工培训历程 ………………………………………（22）

 第一节 农民工培训机构 ……………………………………（22）

  一 职业院校 ……………………………………………（22）

  二 专门教育培训机构 …………………………………（23）

  三 企业培训机构 ………………………………………（24）

 第二节 农民工培训历程 ……………………………………（25）

  一 改革开放之后农民工政策变迁为开展农民工培训
   铺平了道路 …………………………………………（26）

  二 农民工培训政策由原则要求逐步走向具体和明确 ……（27）

  三 农民工培训工作的实施以五大项目为依托 ………（31）

  四 新生代农民工的培训工作开始走向社会化 ………（35）

 第三节 农民工培训中存在的主要问题 ……………………（37）

  一 制度建设不完备，不利于培训工作的可持续发展 ………（37）

  二 培训项目的顶层设计倾向，抑制了基层主动创新的动力 …（38）

三　培训体系建设不完备，影响培训的整体功能发挥 ………（39）
　　四　培训体制僵化，运行机制不健全，影响培训质量的
　　　　提高 …………………………………………………………（40）
　　五　政府培训经费部门分管，不能集中满足大规模高质
　　　　量的培训需要 ………………………………………………（41）
　　六　农民工培训信息传播与获知主渠道错位，信息传导
　　　　阻滞 …………………………………………………………（41）

第三章　国际农村劳动力转移培训经验 …………………………（43）
第一节　国外农村劳动力转移培训经验比较 ……………………（43）
　　一　培训保障领域 ………………………………………………（43）
　　二　培训实施领域 ………………………………………………（47）
　　三　培训质量管理 ………………………………………………（50）
第二节　国外农村劳动力转移培训经验借鉴 ……………………（51）
　　一　制定专门法规，提升农民工培训的法律保障水平 ………（51）
　　二　发挥地方政府在农民工培训中的主导作用，统筹社
　　　　会培训资源 …………………………………………………（54）
　　三　建立公共财政为主体的多元化经费筹措机制，确保
　　　　经费充足到位 ………………………………………………（55）
　　四　推行农民工培训课程模块化设置方案，制定培训课
　　　　程标准 ………………………………………………………（56）
　　五　建立农民工培训评估机制，完善培训质量管理与监
　　　　控机制 ………………………………………………………（56）

第四章　新生代农民工就业与培训现状 …………………………（57）
第一节　新生代农民工基本情况 …………………………………（57）
　　一　群体特征 ……………………………………………………（57）
　　二　文化程度的性别年龄差异 …………………………………（60）
　　三　主要结论 ……………………………………………………（62）
第二节　新生代农民工工作现状 …………………………………（62）
　　一　新生代农民工工作现状调查 ………………………………（62）
　　二　主要结论 ……………………………………………………（79）
第三节　新生代农民工培训现状 …………………………………（81）

一　新生代农民工培训现状调查 …………………………（81）
　　二　主要结论 ………………………………………………（96）
**第五章　人资要素对新生代农民工职业认知与
　　　　　职业行为的影响** ……………………………………（98）
　第一节　性别对新生代农民工职业认知与行为影响 ………（98）
　　一　性别对外出务工目的的影响 …………………………（98）
　　二　性别对职业搜寻策略的影响 …………………………（99）
　　三　性别对收入状况及盈余支配的影响 …………………（101）
　　四　性别对自主创业动机的影响 …………………………（102）
　　五　性别对城市融入的影响 ………………………………（103）
　第二节　年龄对新生代农民工职业认知与行为的影响 ……（105）
　　一　年龄对工作地点选择的影响 …………………………（105）
　　二　年龄对工作选择策略的影响 …………………………（106）
　　三　年龄对在打工地长期居留意愿的影响 ………………（107）
　第三节　务工年限对新生代农民工职业认知与行为的影响 …（109）
　　一　务工年限对选择工作单位的影响 ……………………（109）
　　二　务工年限对劳动保障状况的影响 ……………………（110）
　　三　务工年限对个体收入水平的影响 ……………………（112）
　　四　务工年限对城市融入的影响 …………………………（112）
　第四节　文化程度对新生代农民工职业认知与行为的影响 …（115）
　　一　文化程度对外出务工目的的影响 ……………………（115）
　　二　文化程度对职业选择意向和策略的影响 ……………（116）
　　三　文化程度对收入水平和剩余工资支配方式的影响 …（120）
　　四　文化程度对城市融入情况的影响 ……………………（121）
　　五　文化程度对职业期待的影响 …………………………（122）
第六章　人资要素对新生代农民工培训意愿与行动的影响 ……（124）
　第一节　性别对新生代农民工培训认知与行为的影响 ……（124）
　　一　性别对学习价值认知与学习行为的影响 ……………（124）
　　二　性别对培训要素选择的影响 …………………………（127）
　第二节　年龄对新生代农民工培训认知与行为的影响 ……（130）
　　一　年龄对学习价值认知与学习行为的影响 ……………（130）

二　年龄对工作风格的影响 …………………………………（132）
　　三　年龄对培训价值认知的影响 ……………………………（133）
　　四　年龄对培训要素选择的影响 ……………………………（133）
　第三节　文化程度对新生代农民工培训认知与行为的影响 ……（136）
　　一　文化程度对学习价值认知与学习行为的影响 …………（136）
　　二　文化程度对职业发展认知与学习路径选择的影响 ………（140）
　　三　文化程度对培训要素选择的影响 ………………………（143）
　第四节　其他要素对新生代农民工培训行为的影响 ……………（148）
　　一　收入水平对培训要素选择的影响 ………………………（148）
　　二　务工年限对学习认知与培训行为的影响 ………………（152）
　　三　工作类别对培训要素选择的影响 ………………………（157）
　　四　工作地域对学习认知与培训行为的影响 ………………（163）
　　五　工作单位对学习认知与培训行为的影响 ………………（168）

第七章　新生代农民工培训主体及责任 ……………………………（172）
　第一节　新生代农民工培训主体 …………………………………（172）
　第二节　新生代农民工培训主体责任 ……………………………（173）
　　一　政府责任 …………………………………………………（174）
　　二　企业责任 …………………………………………………（183）
　　三　农民工责任 ………………………………………………（184）
　　四　培训机构责任 ……………………………………………（185）

第八章　新生代农民工培训目标定位 ………………………………（187）
　第一节　农民工培训的国本化定位 ………………………………（187）
　　一　作为政策工具的农民工培训 ……………………………（187）
　　二　作为所享权力的农民工培训 ……………………………（189）
　　三　作为常规工作的农民工培训 ……………………………（189）
　第二节　农民工培训的人本化定位 ………………………………（195）
　　一　农民工培训定位影响农民工的培训意愿和行动 ………（195）
　　二　农民工培训需求具有阶段性特征 ………………………（196）
　　三　农民工培训的人本化定位 ………………………………（198）

第九章　新生代农民工培训策略选择 ………………………………（200）
　第一节　农民工不同职业阶段的培训策略 ………………………（200）

一　职业搜寻阶段的农民工培训策略 ………………………（200）
　　二　职业存续阶段的农民工培训策略 ………………………（202）
　第二节　劳动力市场分割对农民工就业与培训的影响 …………（203）
　　一　劳动力市场分割对农民工就业的影响 …………………（203）
　　二　劳动力市场分割对农民工培训工作的启示 ……………（207）
　第三节　新型城镇化战略对农民工就业与培训的影响 …………（209）
　　一　我国城镇化发展历程 ……………………………………（209）
　　二　新型城镇化的内涵 ………………………………………（211）
　　三　新型城镇化对农民工就业与培训的影响 ………………（212）

第十章　新生代农民工职业培训体系建构 ……………………………（214）
　第一节　我国现行职业培训体系 …………………………………（214）
　　一　现行职业培训体系的内涵存在认知上的偏差 …………（214）
　　二　现有职业培训资源未能有效整合 ………………………（216）
　第二节　韩、澳职业培训体系建设经验借鉴 ……………………（221）
　　一　韩国建立了基于技能成长机制的职业培训体系 ………（221）
　　二　澳大利亚建立了依托TAFE学院的职业培训体系 ……（224）
　　三　韩、澳职业培训体系的启示 ……………………………（228）
　第三节　我国新生代农民工职业培训体系建设策略 ……………（229）
　　一　职业培训体系建构依据 …………………………………（229）
　　二　地方统筹的区域一体化职业培训体系内涵 ……………（233）
　　三　地方统筹的区域一体化职业培训体系建构策略 ………（234）
　　四　地方统筹的区域一体化职业培训体系保障机制建设 ……（237）

第十一章　新生代农民工培训模式设计 ………………………………（239）
　第一节　培训模式概述 ……………………………………………（239）
　　一　农民工培训模式分类 ……………………………………（239）
　　二　农民工培训模式选择依据 ………………………………（242）
　第二节　基于不同培训主体的培训组织模式 ……………………（254）
　　一　政校企合作模式 …………………………………………（254）
　　二　非政府组织与社会培训机构合作或独立开展培训的模式 …（256）
　　三　校企合作模式 ……………………………………………（258）

四　订单委托培训模式 …………………………………………（262）
第三节　基于不同培训媒介（场景）的培训实施模式 …………（264）
　　一　课堂培训模式 ………………………………………………（265）
　　二　现场培训模式 ………………………………………………（266）
　　三　基于网络的远程培训模式 …………………………………（268）
第四节　企业主导的农民工学徒制培训模式 ……………………（270）
　　一　学徒制溯源 …………………………………………………（270）
　　二　学徒制培训是提升农民工职业技能的有效模式 …………（271）
　　三　农民工学徒制的运行建议 …………………………………（275）

第十二章　农民工培训质量管理与评价 ……………………………（282）
第一节　农民工培训质量管理 ……………………………………（282）
　　一　建立农民工培训质量管理体系的理论依据 ………………（283）
　　二　农民工培训过程重要工作事项 ……………………………（285）
　　三　基于戴明环的农民工培训质量管理体系架构 ……………（291）
第二节　农民工培训质量评价 ……………………………………（294）
　　一　农民工培训质量评价概述 …………………………………（294）
　　二　CIPP 评价模型在职业搜寻阶段农民工培训质量评价
　　　　中的应用 ……………………………………………………（296）
　　三　菲利普斯评估模型在职业存续阶段农民工培训中的应用 …（297）

第十三章　新生代农民工职业培训改革与发展建议 ………………（301）
　　一　积极推进新生代农民工培训治理方式的改革 ……………（301）
　　二　进一步加快培训主体的角色和责任转变 …………………（306）
　　三　切实尊重和保障新生代农民工的合法培训权益 …………（307）
　　四　着力推进适应时代发展要求的培训方式改革 ……………（308）
　　五　进一步推进以城市融入和与资格证书衔接的培训课
　　　　程改革 ………………………………………………………（310）
　　六　以培训评价机制创新促培训成效提升 ……………………（311）
　　七　建立基于 STW 理论的农民工培训系统化解决方案 ………（312）

参考文献 …………………………………………………………………（315）
附录　新生代农民工职业培训状况调查问卷 …………………………（328）

第一章 农民工群体变迁

农民工作为"亦工亦农""非工非农"的特殊群体，有其产生与发展的特殊历史背景和特定历史节点。随着时代的变迁、社会的进步，农民工群体从规模到结构、性质等都会发生变化，这种变化既是我国在建设中国特色社会主义进程中的必然体现，亦将深刻影响这一进程。

第一节 农民工概述

一 "农民工"称谓由来

研究"农民工"群体先解析其内涵。从构词上看，"农民工"由"农民"和"工"两个词组合而成。

农民作为一种对职业的称谓早见于《谷梁传·成公元年》："古者有四民。有士民，有商民，有农民，有工民。"范宁注："农民，播殖耕稼者。"《现代汉语辞海》（1994）："农民，长期参加农业生产的劳动者"。《新编学生现代汉语词典》（2010）：农民是指"在农村以农业生产为主业的劳动者"。该解释强调了地域性，也暗含了特殊的劳动组织方式。现在都市农业、观光农业中也有农业，但组织方式、劳动价值的表征方式出现了变化，很难把这些领域的从业者与传统的农民等同，人们一般也不把他们纳入到农民的范畴。《经济学大辞典》（1992）对农民的解释是："直接从事农业生产的劳动者（不包括农业工人）"。以上解释尽管略有差异，但都把是否"从事农业生产"作为判断是否为农民的核心标准。照此理解，当人们脱离农业生产而从事另外一种职业或不再以农业生产为主业时，从职业称谓上来讲理应用相应的或相关的职业名称来表征这部分人群，如"建筑工人""司机"，等等，但事实上并非如此。《中华人民共和国户口管理条例》自1958年正式实施以后,我国逐渐形成了农村户口和城市户口"二元结构"的户籍管理体制,于是在社会管理实践中,我国法律界和政策制定者就以户籍来作为认定农民身份的标准,凡是具有农村户口的居民(不管他从事何种职业)就是农民,从而把农民演变成为"农业户口"者的代名词了。很显然,在过去五十多年的历史中,"农民"更多时候代表的是"身份"而不是所从事的职业。

"工"一般理解为工人的简称,从职业的角度理解,"工人"也是有确定含义的,一般是指在工厂中劳动的人。但现在也演变成为概称,或说是代称,是指个人不占有生产资料,依靠工资为生的工业劳动者、手工业劳动者或服务业从业人员。此时"工人"也已经超出了职业的范畴。

两个带有身份意义的词组合到一起,"农民工"也必然要超出各自原有的职业意义的范畴,与特定的职业不相关,它代表了一个新兴的具有特殊身份的职业群体。《现代汉语词典》(2012):农民工,指进城务工的农民(意即农民中的特殊群体);但从语义上说,工是主体,意为工人中的特殊群体。而这正是该群体"亦工亦农、非工非农"性质的真实写照,所以"农民工"的称谓恰当地表征了该群体的职业的性质、人群的特征和真实的社会地位。

在日常生活中,农民工称谓有多种,如"民工""打工者""打工仔""外来仔"等。据考证,"农民工"一词最早出现在中国社科院张雨林研究员1984年发表在《社会学研究通讯》杂志上的文章——《县属镇中的"农民工"》,他把从农村出来、进入城镇打工的农民称为"农民工",此后在一些日常交流、研究文献和领导讲话中开始使用这一词汇。但作为正式文件用词首先出现在2006年国务院下发的《关于解决农民工问题的若干意见》中,此前多用"民工""进城务工人员""农村剩余劳动力"等词语表述。

二 农民工群体分类

我国地域广阔,情况复杂,农民工群体也有多种情况,为便于研究和管理,可以将农民工群体进行如下分类。

(一)按时代分——老一代农民工与新生代农民工

改革开放催生了农民工,在此之前出生的农民工群体大多经历过集体劳动、感受过困苦的生活，受教育水平相对较低，所以吃苦耐劳，容易满足。随着时间的推移，在改革开放以后出生并与改革同步成长的一代人逐渐成为农民工的主体，他们是在父辈外出务工所创造的相对安逸的环境中成长起来的，受教育水平相对较高，外出务工的目的和追求与老一代农民工相比有了较大区别，所以以改革开放为分类节点，之后出生的农民工就归入新生代农民工群体范畴。

（二）按雇佣状态分——雇主农民工、自雇农民工、受雇农民工

农民工由于自身的起始条件（人力资本和物质资本）和职业成长经历不同具有不同的从业状况。有的属于可以雇佣他人的雇主农民工，有的属于自我打拼的自雇农民工，这两类农民工大多在城市中从事各种经营活动，区别只是经营规模的大小或正规与否。现实中，能够雇佣或自雇的农民工占比较小，大多数属于没有城市生产资本而受雇于他人的受雇农民工。魏祺祯认为，从经济层面看，雇主农民工的经济收入与城市居民持平甚至超过城市居民，自雇农民工的经济收入与城市居民持平或略低于城市居民，受雇农民工主要在城市第二产业和低端的第三产业依靠打工来维持生活，经济收入和生活水平都低于城市居民；从社会地位看，雇主农民工拥有一定的社会声望，自雇农民工和受雇农民工社会地位相对较低。

（三）按有无农村耕地分——有地农民工、无地农民工、失地农民工

在农民工群体中，大多保有农村耕地，但也有一部分无地和失地农民工。我国20世纪80年代实行家庭联产承包责任制之后对农村土地分配政策做过几次微调，使得一部分农民工仅有农民身份，但名下没有土地，尤其是提倡在承包期内实行"增人不增地、减人不减地"的《国务院批转农业部关于稳定和完善土地承包关系的意见的通知》（1995年）下发后，在1996—2026年三十年土地承包期不变期间生育的子女没有土地。1996年出生的农民子女到2014年刚好18岁，开始逐渐步入打工行列，他们就属于无地农民工一族（当然，由于家庭内部人员构成的变化，部分农民工按人平均的土地量可能并不低于当地平均水平）。此外，还有一部分是在我国城镇建设和交通发展过程中，农民的土地被征用，失去了传统的土地保障成为失地农民工。关于失地农民数量没有确切的统计，郁鹏等认为"按照《全国土地利用总体规划提要》，2000—2030年的30年间，我国占

用的耕地将超过5450万亩，失地或部分失地的农民将超过7800万。"①

（四）按农民工家庭居住地分——"准农民工""农民工"

我国之所以出现"农民工"这个称谓，跟农民工经常在"居住地"与"务工地"之间"候鸟式"的迁徙有关。家庭居住地与城镇中心的距离影响着农民工的生活质量与发展倾向。一般而言，与城镇距离较近的——"城中村"或近郊的农民工，尽管有农民身份、有土地（或已失地），但由于他们一直生活在城镇（周边），其生活方式与生活习惯以及相应的社会关系网络等使他们已经具备了"城镇居民"的特征，更容易融入城镇，所以他们不是完全意义上的农民工，可称为"准农民工"。

总体看，农民工群体主体还是属于雇佣性质的农民工，他们中绝大多数是务工地与居住地分离，现在有地的农民工占多数，随着时间的推移，新生代农民工已经逐渐成为农民工群体的构成主体。

三 农民工主体变迁

观察改革开放30多年以来农民工群体的人员构成，就会发现其构成主体在不断地发生变化，由最初的"农业富余劳动力"经由"农村富余劳动力""农村劳动力"转变为"农村青年劳动力"。群体性质的变化必将引起国家治理理念与治理策略的变化。

农业富余劳动力是我国在联产承包责任制前的以粮为纲年代，在实行农业生产集体劳动形式下隐藏的剩余劳动力，在农村推行家庭联产承包责任制的农业劳动组织方式改革后，摆脱了传统农业生产和劳动地域束缚的一些人，开始自发地在农村或城镇从事非农产业生产。由于他们是从农业生产环节分流出来的人群，有农业生产经历和经验，对农业有感情，加之农民工大规模形成的氛围尚未形成，他们大多处于"兼业"和"可逆"状态，农闲时务工经商，遇到就业困难或农忙时又转而从事农业生产，快速发展的乡镇企业为他们从农业生产中分离出来提供了机会。所以此时的农民工大多"离土不离乡"，只有少部分参与"乡城流动"，即使参与也具有完全的可逆性。

---

① 郁鹏等：《一个城市化进程中失地农民问题的案例分析》，《农业经济导刊》2007年第5期。

1990年前后，随着农业生产效率的提高、国家粮食收购与供应政策的变革、乡镇企业的调整以及城市用工制度的改革，更多的人从农业生产中富余出来、从乡镇企业中富余出来，并在城市低就业门槛和相对较高的比较收益的吸引下，以"农村富余劳动力"的身份成为"农民工"大军中的一员。他们中的大部分有务农经历和农业生产技术，对农业、对故土有较深感情。同时，农村农业生产性用地并未明显减少，大多富余出来的家庭依然以种地为传统"退路"。"种地"是他们的根本，进城务工只是增加收入的补充手段。此时的农民工大多"离土又离乡"，候鸟式的生活方式逐渐成为常态。

进入20世纪90年代中期，社会主义市场经济体制逐渐确立，城市经济迅猛发展，农业生产比较收益持续下降，城乡居民收入差距迅速拉大，农民进城务工的束缚持续减少。在这一背景下，农村内部重新进行了自主分工，农村优质劳动力被分配和输送到可以赚取更大利润的非农领域和经济较为发达的大城市和沿海地区，农业生产主要依靠所谓"386160"等非主要劳动力。作为家庭内部劳动分工重新调整后的相对优质的农村劳动力由于路途远、工作单位任务重等原因只有少部分在农忙时还回来抢种抢收，大部分完全放弃了农忙，农业生产走向兼业化，一些地区土地弃耕、半弃耕现象开始抬头。当然，相对丰厚的非农务工收入完全可以弥补农业生产的损失。由于这一务工群体的家依然安在农村，每当春节等重要节假日才能休假返乡，从而形成了一年一度的春运潮。

进入21世纪，改革开放以后外出的第一代农民工逐渐因年龄问题返乡，陆续结束了打工生涯。但在农村的生产生活环境影响下，以及年轻时积累的农业生产经验和感情，使他们中的大多数人不忍心农田撂荒，又重操农业生产旧业，但农业生产从业人员老龄化的趋势并没有逆转反而有所增强，农业生产集约化、产业化的态势和需求也愈发明显和强烈。

与此同时，改革开放以后出生的一代农民子女也开始逐步成长为农民工群体的主体，他们被称为"新生代农民工"。与父辈农民工不同的是，他们大多尚未成家，少了家庭和子女的牵挂。同时由于成长环境和视野的变化、受教育水平的提高，他们更加向往城市生活方式和生活环境，这种吸引力超过了农村、土地甚至是家庭的吸引，他们通常是"离开校门进入城门"。他们一般没有掌握农业生产技术，不主动或很少从事农业生产,即使偶尔参与也是短暂和辅助性的,他们对农业生产的感情仅仅源于成长中对环境的记忆或极为短暂而稀少的农业生产经历。他们是历代农民工群体中留城意愿最为强烈也最为可能的一代,是国家未来新型城镇化的人口主体。他们是农民工群体中与农业生产决裂的最彻底的一代,但这种决裂不是绝对的,当农业生产的比较效益达到临界值时,他们可能是最早回头的"城里人",因为他们大多在名义上还拥有耕地,所以还保留着回村务农的一线可能,但他们理解的农业生产已经不是传统意义上的亲历式的、以家庭为单位的农业生产和农业劳作模式,而是集约化、产业化、信息化的现代农业生产与经营方式。所以不管是回村还是留城,新生代农民工群体都将对新型城镇化建设和农业现代化发展产生巨大的影响。

综上所述,农民工群体构成随着时代的变迁也发生着根本的变化,不同的构成主体对农民工外出就业状态以及与农业生产的联系也产生了巨大的影响。

表1—1　　农民工构成主体的变迁及其与农业生产的联系

农民工主体变迁	就业特点	与农业生产的联系
农业富余劳动力	离土不离乡	农业生产是根本,随时准备重返农业生产一线
农村富余劳动力	离土又离乡	农业生产兼业化,大多数在农忙时节抢种抢收
农村劳动力	孔雀东南飞	农村空心化,农业劳动力老龄化,偶尔参与农业生产
农村青年劳动力	离校门进城门	只在春节等重大节日回家,基本不再参与农业生产

第二节　农民工产生与发展历程

一　农民工产生的历史背景

农民工的产生是我国在长期二元社会管理模式下不断积蓄能量并在改革开放特定背景下释放能量形成的特殊群体,是我国工业化和城镇化进程中的必然产物,具有不可阻挡之势。蔡昉(2007)认为:解放初,国家把优先发展重工业作为经济发展的基本战略,为了压低重工业发展成本,采取了以抑制城乡资源流动为目的的一系列制度安排。在20世纪80年代以前的二十多年间,农村人口向城市的迁移,既不合法又成本高昂。80年代初实行的"家庭联产承包责任制为农村劳动力从农业生产中转移出来,提供了最初也是最基本的推动力"①。改革开放以后,地区间发展不平衡和收入水平差距扩大的趋势,为人口的迁移提供了追加动力。

在阻碍农村劳动力转移的制度性约束中,有一个很重要的方面是区别对待的福利体制。随着城市经济改革的推进,城市福利体制也在逐步改变,城乡福利一体化的趋势也势不可当。流动人口进城,不需要再额外支付高昂的生活成本,从而大大降低了迁移成本,提高了迁移的预期收益,继而加剧了劳动力和人口的流动。20世纪80年代中后期,"乡镇企业臻于成熟的发展趋势,降低了其吸纳就业的能力,形成了第二级推动力;而区域发展不平衡趋势和城乡收入差距的日益扩大,形成了利益动机方面的拉力。"②

20世纪80年代中期以后中国经济增长的中心越来越趋向于城市、越来越趋向于沿海地区,尤其是珠三角和长三角地区,当本地乡镇企业的吸纳就业能力有所下降时,农村中可以和有意愿转移出来的人把迁移的目光就集中在经济更加活跃、就业机会更多的大城市和沿海地区,民工潮也就成为必然。从80年代改革开放之初我国农民工产生到2013年我国农民工总量达到26894万人,仅用了30年的时间。韩长赋(2007)认为:"农民外出务工具有社会进步意义和改革意义。""亿万农民工是我国工业化、城市化的巨大推动力量,是城乡体制改革、转变政府职能和冲破二元结构的巨大推动力量。农民外出进城务工,是现阶段工业反哺农业、城市支持农村、发达地区带动落后地区的有效形式。"③

二 农民工孕育与发展的历程

在世界和我国人口流动的历史长河中,一般规律是由动乱地区流向安稳地区,由贫困地区流向富裕地区,由落后地区流向发达地区。在我国农村劳动力过剩、城乡差距明显的现状下,流动人口主要是从乡村向城市流动。农民工群体虽然产生于改革开放之后,但任何事情都不是孤立的,它与前期国家对人口与社会的管控策略和机制是密不可分的。从国家政策的

---

① 蔡昉:《中国流动人口问题》,社会科学文献出版社2007年版,第38页。
② 同上书,第54页。
③ 韩长赋:《中国农民工的发展与终结》,中国人民大学出版社2007年版,序言第1页。

视角梳理农民工形成和发展的历史脉络，具有明显的时代性和阶段性特征，借用对河水管控和治理的手段可以把农民工的孕育和发展过程形象地比喻为自由流淌——筑坝与截流——渗漏与管涌——开闸与导流——拆坝与围堰——自流与融入六个阶段。

（一）自由期（1958年以前）——自由流淌阶段

新中国成立后，国家立即进入到以城市为中心的建设阶段，农村人口向城市迁徙比较自由，凭迁徙证，对在城市有生存基础的居民都准予入户。[①]

在这一时期，公民的迁徙自由有明确的法律保障。1949年9月29日的中国人民政治协商会议第一次全体会议通过的临时宪法——《中国人民政治协商会议共同纲领》第5条就把自由迁徙作为公民的11项自由权利之一。1954年9月20日第一届全国人民代表大会第一次会议通过的第一部《中华人民共和国宪法》第90条第2款明确规定"中华人民共和国公民有居住和迁徙的自由"。在这一时期，"农民"代表的是一个阶级也是一种职业，从法律角度讲，农民可以根据自身实际情况选择到任意的城镇去居住和工作，就如同自由流淌的小溪，可以自由变换职业和选择居住地点。数据表明，1952年全国城市人口7000多万人，1957年增加到9949万人，1960年达到1.3亿人。1949年全国人口中城镇人口仅占10.6%，1953年时占12.5%，到1960年时达到19.7%，呈现较快增长的势头。[②]

事实上，由于农村人口大规模的流入，许多城镇和工矿企业不堪重负，加之农村劳动力的流失导致粮食产量受到影响，城镇粮食供应发生困难。从1953年开始，对农民进城采取了较为明显的限制措施。只是这些措施一没有从法律高度进行明确；二也没有彻底堵死乡城流动的通道，人口还继续转移。在这一时期，这种所谓的迁徙自由随着农村社会主义改造的推进逐渐变得形同虚设。1953年，农业开始走合作化道路，农户自此实际上逐步脱离了对土地的处置权。随着高级社在1955年的推广，农户的土地所有权消失，副业和自留地取消，农民必须参加集体劳动，从此也就完全失去了脱离土地的自由，无论是从事手工业、商业，甚至外出乞

[①] 《南方都市报》特别报道组：《洪流》，花城出版社2012年版，第7页。
[②] 王道勇：《中国农民工的未来》，云南教育出版社2012年版，第21页。

讨，未经批准都不被允许。这使得农民主观上逐渐形成了在土地之外寻求空间出路的强烈冲动。①

（二）蓄势期（1958—1977）——筑坝与截流阶段

新中国成立初期为打击投机倒把、哄抬物价等不法行为而开展的"三反、五反"运动对城镇私营工商业形成了沉重打击，大量城镇人员失业。一方面城镇人员就业困难；一方面农民不断涌入城市。为此，1953年政务院发出了《关于劝止农民盲目流入城市的指示》，要求各级政府劝止农民自行进城找工作，动员滞留在城市的无业农民回乡。从1955年开始，中央要求各城市严格控制人口迁入，并清理了没有城市户口的外流人员，随后又不断强化对农民入城的管理。② 1957年12月18日，中共中央、国务院联合发出《关于制止农村人口盲目外流的指示》，要求城乡户口管理部门严格户籍管理，切实做好制止农村人口盲目外流工作。1958年1月9日，第一届全国人大常委会第91次会议通过了《中华人民共和国户口登记条例》，第10条第2款明确规定："公民由农村迁往城市，必须持有城市劳动部门的录用证明，学校的录取证明，或者城市户口登记机关的准予迁入的证明，向常住地户口登记机关申请办理迁出手续。"该条例的出台，标志着国家限制农民进城的二元户籍管理制度开始以立法的形式确定下来，就如同在河流上筑起了堤坝，起到了明显的截流作用。除了上大学和参军之外，农村居民向城市迁移并获得就业机会的可能性几乎不存在。据统计，1958—1978年，20年间城市人口由9949万人增加到1.7亿人，年均增加353万人，扣除城市人口自然增长的数量，农村人口向城镇流动几乎停滞。期间还经历了两次逆流动，从1960年年底到1964年年底，刚刚转为城市人口的群体出现了回流，全国城镇人口减少了3788万人。从1969—1977年，全国共计有1447.5万知识青年上山下乡。③

在阻遏城乡劳动力自由流动的制度安排下，城乡二元结构的反差越来越大，从而累积形成了巨大的势能，在适当条件下必然转变成农村劳动力向城镇流动的巨大动能。

---

① 《南方都市报》特别报道组：《洪流》，花城出版社2012年版，第4—5页。
② 同上书，第7—8页。
③ 王道勇：《中国农民工的未来》，云南教育出版社2012年版，第22—24页。

(三) 萌芽期 (1978—1983) ——渗漏与管涌阶段

党的十一届三中全会后，改革的春风劲吹农村大地，联产承包责任制打破了延续20多年的人民公社制度。在劳动生产力极端落后的状态下，包产到户极大地调动了广大农民的劳动积极性，极大地提高了农业劳动生产率，也造就了更多的农业富余劳动力，尤其是在东南沿海和西部山区，人均耕地面积有限，对劳动力的需求远低于实际供应量，从而形成了对农村劳动力转移的强大推力。

在此时期，尽管春风劲吹，但解冻需要时间。与知识青年返乡相伴随的是一些从土地束缚中解放出来的少数人开始像堤坝渗漏一样冲破种种或明或暗的阻隔，试探性地离开农村来到城镇，搞一些商品流通类的经营，国家在鼓励农业富余劳动力参加社队企业和各种集体副业生产的同时，严格控制面向农村招工。1980年8月，中共中央转发全国劳动就业会议文件《进一步做好城镇劳动就业工作》，要求："对农村剩余劳动力，要采取发展社队企业和城乡联办企业等办法加以吸收，并逐步建设新的小城镇。要控制农业人口盲目流入大中城市，控制吃商品粮人口的增加。要压缩、清退来自农村的计划外用工。确需从农村中招工的，要从严控制，须经省（市、自治区）人民政府批准。"1983年4月，国务院出台《〈国务院关于城镇劳动者合作经营若干规定〉和〈国务院关于城镇非农业个体经济若干政策性规定〉的补充规定》明确："农村户口的人员可以申请在城镇从事合作经营，但不得改变其农村户籍，国家不供应口粮。""在城镇可以招聘农村户口人员，但不得改变其农村户籍，国家不供应口粮。"

据统计，1982年，在城市居住一年以上的流动人口为657万人，农村内部的非农就业人数为3805万人，比1978年增加了700万人，平均每年增加175万人①。正是在这种欲放还收的解冻初期，一些勇于吃螃蟹的人在不断地挑战着政策的边线，成为后来我国农民工群体的始作俑者。

(四) 成长期 (1984—1993) ——开闸与导流阶段

林毅夫研究认为，家庭联产承包责任制对于1978—1984年农产品产量增长的贡献份额，约为全部增长的42%。而这种改革本身确实是一次性的，所以，其效果也是一次性释放殆尽。随着农村改革一次性效应的结

---

① 王道勇：《中国农民工的未来》，云南教育出版社2012年版，第8页。

束，农业的增长速度减慢了，农民的收入增长速度减慢了，贫困人口的脱贫速度减慢了，所以改变现状的冲动又被点燃了。①

1984年"中央一号"文件要求："各省、自治区、直辖市可选若干个城镇进行试点，允许务工、经商、办服务业的农民自理口粮到城镇落户。"1986年7月，国务院颁布规定："符合条件招收的农村劳动力与所在企业职工享有同等的劳动、工作、学习、参加企业民主管理、获得政治荣誉和物质鼓励的权利。"此一时期农村富余劳动力转移数量迅速增加，但受惠于乡镇企业的发展，大量农村富余劳动力"离土不离乡"进入到乡镇企业工作。据统计，1988年，农民工总量在1.2亿左右，其中乡镇企业职工约有9000万，外出农民工约3000万。1984—1988年，全国累计转移农村劳动力5566万人，平均每年转移1113万人②，此时转移的基本特征是"离土不离乡"。党的十一届三中全会后，国家开始鼓励国有企业以外的其他投资主体参与经济活动。在这种情况下，萌芽于20世纪50年代的乡镇企业迎来了春天，乡镇企业在国有企业重重包围中崭露头角、发展壮大，吸收了大量的农村富余劳动力。据统计，1984—1988年间，乡镇企业的从业人员从5028万人增加到9545.5万人，增长89.9%；另据统计，1977—1988年这12年间，从农村转移出来的劳动力共有13433万人，其中，乡镇企业就吸收了8302万人，也就是说，这12年间，从农村转移出来的劳动力六成以上到乡镇企业中工作。③

20世纪80年代后，我国的户籍制度有所松动，农民被允许进城开店设坊，兴办一些为城市居民所需的服务业。起初对农民的放松还是有限度的，提出了所谓"离土不离乡"的政策，即允许农民离开农业生产而从事其他行业，但要求农民还只是在家乡范围内就业，而不要流入到大城市中去。④农村公社改革后，在原"社队企业"基础上发展起来的"乡镇企业"在特殊的历史背景下迅速崛起，尤其是在"1984—1988"这个时期，在吸收农村剩余劳动力方面发挥了举足轻重的作用。

---

① 蔡昉：《中国流动人口问题》，社会科学文献出版社2007年版，第55页。
② 马雪松：《从"盲流"到产业工人——农民工的三十年》，《企业经济》2008年第5期。
③ 王道勇：《中国农民工的未来》，云南教育出版社2012年版，第8—9页。
④ 李强：《改革开放三十年来中国社会分层结构的变迁》，《北京社会科学》2008年第5期。

1988年下半年开始到1991年间，国家为了控制日益严重的通货膨胀，实施了三年的治理整顿，乡镇企业的发展受到了很大冲击，农村非农就业的增长基本处于停滞状态，1989年3月，国务院发布了《关于严格控制民工外出的紧急通知》。据统计，1989—1991年这三年里，全国农村的非农就业仅增长了295万人。[1] 随着城市里的第二三产业生产收缩，出现了大量农民工由城市向农村的逆向流动。1992年邓小平南方谈话后进一步加大了国有企业改革力度，国有企业改革后释放的活力以及资源配置和价格双轨制的实行，乡镇企业在壮大的同时吸纳劳动力的能力也在逐渐减弱，"离土不离乡"的农村富余劳动力转移遭遇发展瓶颈。[2]

改革之初东南沿海开放城市的快速发展形成了对劳动力的巨大需求，乡镇企业吸纳能力的饱和以及与发达地区的经济效益的巨大差距，使得大量农村富余劳动力开始向东南沿海城市聚集。1988年1月29日的《人民日报》报道，珠三角外地劳动力像潮水涌来，总数数以百万计。1989年春节之后，当代中国历史上第一波"民工潮"拉开了中国农民工迁徙史上最为浩荡的大幕。据统计，20世纪80年代初期，中国外出农民工仅200万左右，1988年约3000万，1993年达到6200多万。为了应对突如其来的"民工潮"，1989年3月6日，国务院办公厅发出紧急通知，要求各地、各有关部门做好严格控制民工盲目外出的工作。广东省政府要求各级政府部门合理安排使用劳动力，认真清退来自外省和农村的劳动力。1990年4月，国务院《关于做好劳动就业工作的通知》要求"合理控制农村劳动力的转移、减轻城镇就业负担"。要求制定城市使用劳动力的规划，建立临时务工许可证和就业登记制度，加强对单位用工的监督检查。劳动部也提出要对农村劳动力进城务工、经商进行适当合理的控制。对流向集中、时间集中、数量过大的"民工潮"进行积极疏导，防止农村劳动力盲目流动，减少对城市的过大冲击。

1993年春节前后，铁路列车客票对乘火车进出广东省和广东省内的乘客实行浮动票价。以期缓解农民工进入广东的压力。1993年11月，劳动部印发通知，要求建立针对农村劳动力流动就业的用工管理、监察、权

---

[1] 韩俊：《我国农村劳动力转移的现状与特点》，《江淮论坛》1995年第2期。
[2] 王道勇：《中国农民工的未来》，云南教育出版社2012年版，第9页。

益保障、管理服务基本制度，发展各种服务组织，完善信息网络，强化区域协作和部门配合，以实现主要输入输出地区间的农村劳动力就业有序化，即"输出有组织、输入有管理、流动有服务、调控有手段、应急有措施"。

这一时期，外出农民工流动方向和流动区域较为集中，国家在开闸的同时也在引导流动。

（五）壮大期（1994—2002）——拆坝与围堰阶段

党的十四届三中全会提出了鼓励和引导农村剩余劳动力逐步向非农转移和地区间有序流动的意见，以此为标志，我国农民工政策进入到了一个新的阶段。在拆除主坝的同时，一些地方基于自身利益考虑开始围堰，但难挡农民工群体壮大的步伐。农民工群体在堵与疏的反复中不断壮大。

经历了1989—1991年三年的治理整顿和1992年邓小平南方讲话后，东南沿海地区的非国有经济得到了快速增长，广东的外向型企业、浙江和江苏的集体企业和外资企业，以及山东沿海地区的各种企业不断增多，对企业用工的需求大幅提高，从而拉动了中西部地区大量农业劳动力外出务工。与此同时，从1993年春节开始，各地陆续取消了粮票的流通，粮票的废止等于把横亘在城乡劳动力自由流动之间的大坝彻底拆除了。但由此带来的社会问题又促使中央和地方相继出台了一些限制性措施。如，1995年春运期间，国务院提出要想方设法将不少于60%的民工留在当地过节，民工输入地区春节后一个月内一律暂停招收外地新民工。上海市劳动局发布《上海市单位使用和聘用外地劳动力分类管理办法》（1995.2），将行业工种分为三类：A类为可以使用外地劳动力的行业工种；B类为调剂使用外地劳动力的行业工种；C类为不得招聘外地劳动力的行业工种，并公布了首批C类行业和工种。同年9月19日，中共中央办公厅、国务院办公厅转发《中央社会综合治理委员会关于加强流动人口管理工作的意见》，提出实行统一的流动人口就业证和暂住证制度。凡是离开农村常住户口所在地跨地区务工经商人员，外出前，需按规定在常住户口所在地劳动部门办理"外出人员就业登记卡"。到达目的地后，须在当地公安机关和劳动部门办理"暂住证"和"外来人员就业证"。任何单位和个人不准雇佣无上述证件的外来人员。广东省于年底出台了"六不准"政策，要求各地在节后一个月必须做到："用工单位一律不准新招收外省民工，返乡探亲的民工不准携带新民工就业，职介机构不准介绍外省民工就业，不准举办劳务或人才交流集市，外省驻粤机构不准向本地组织劳务输出，任何组织、个人和新闻单位一律不准张贴、刊登和发布招聘外省劳动力的广告或信息"。此举是对年初国家政策的回应和落实，也是对新增外来务工人员的诸多限制。

1996年1月，山东省青岛市规定，对使用外来劳动力的单位，每使用1人要向市政府缴纳50元使用费，建立富余人员安置基金；并规定外来劳动力占全市企业职工总数的比例为14%，严禁突破。此后全省实行。1996年5月，劳动部办公厅发布《关于"外出人员就业登记卡"发放和管理有关问题的通知》，建立了一整套专门针对农民进城就业的证卡管理制度。一系列规定的出台意在宏观把握和规范管理外出务工人员，并无限制外出之意，但客观上增加了外出务工人员的麻烦和负担。天津市在12月颁布了《流动人口管理费暂行办法》，规定外埠来津务工、经商人员每人每月缴纳流动人口管理费15元。

1997年12月，北京市颁布新修改的《外地来京人员务工管理规定》，要求"北京对外地人员来京务工实行总量控制"，"使用外地人员务工的行业、工种，以及对务工人员的文化程度、职业技术能力等要求，由北京市劳动局会同有关部门根据本市劳动力需求状况确定"。

1998年，国有企业改革导致城市"下岗潮"对农民工产生了对冲的压力。1999年1月，武汉市出台了《武汉市劳动力市场管理条例》第13条规定，用人单位招用本市失业、下岗职工的，按规定享受有关待遇；第14条规定，用人单位招用外来劳动力的，应符合本市外来劳动力计划和行业工种目录要求。

世纪之交，随着我国城镇就业形势的好转，国家对农民工入城的限制开始松动。

2000年6月，中共中央、国务院《关于促进小城镇健康发展的若干意见》指出，凡在县级市市区，县人民政府住地镇及县以下小城镇有合法固定住所、稳定职业或生活来源的农民，均可根据本人意愿转为城镇户口。

2001年《国民经济和社会发展第十个五年计划纲要》提出，打破城乡分割体制，逐步建立市场经济体制下的新型城乡关系，改革城镇户籍制度，形成城乡人口有序流动的机制，取消对农村劳动力进入城镇就业的不合理限制，引导农村富余劳动力在城乡、地区间有序流动。同年底，国家计委要求在 2002 年 2 月底前取消面向农民工的七项收费：暂住费、暂住人口管理费、计划生育管理费、城市增容费、劳动调节费、外地务工经商人员管理服务费和外地建筑企业管理费。

2002 年 1 月 10 日，中共中央国务院《关于做好 2002 年农业和农村工作的意见》（中发〔2002〕2 号）第一次提出了针对农民进城务工的"公平对待、合理引导、完善管理、搞好服务"十六字方针。至此，横亘在农民工面前的各种制度篱笆全面拆除。

（六）助力发展期（2003—今）——自流与融入阶段

2003 年 9 月召开的中国工会十四大报告强调"农民工已经成为我国工人阶级的新成员和重要组成部分"。这一年，国家废止收容制度、农民工身份合法化、取消农业税，同时农业部、劳动和社会保障部、教育部等国家六部门出台了《2003—2010 年全国农民工培训规划》，该规划是国家第一个专门针对农民工培训工作的政策文件，标志着农民工治理方式从堵与疏转到促进和引领发展的新阶段。

2004 年 1 月，中共中央、国务院《关于促进农民增收若干政策的意见》提出，要"改善农民进城就业环境，增加外出务工收入""保障进城就业农民的合法权益。进一步清理和取消针对农民进城就业的歧视性规定和不合理收费，简化农民跨地区就业和进城务工的各种手续"。"进城就业的农民已经成为产业工人的重要组成部分，为城市创造了财富、提供了税收，城市要切实把进城农民的职业培训、子女教育、劳动保障和其他服务管理经费，纳入正常的财政预算"。

此后，农民工外出务工环境不断改善，国家农民工政策目标也从促进就业、增加收入向有尊严地生活和促进融入城市转变。

三 农民工未来的供给趋势

从以上农民工孕育和发展历程可以看出，国家的农民工政策的变化和调整与当时的政治经济社会发展状况是密不可分的。在新的历史时期，推动农业现代化、推进新农村建设和城镇化进程是国家既定战略，这些战略的实施一方面要继续依靠农村劳动力转移提供人力资本支撑；另一方面也需要针对战略发展需要对这一群体进行有计划、有针对性的人力资本提升工作。但随着我国城镇化率过半及人口老龄化程度加剧,农村劳动力向城镇转移的规模、速度和态势将发生相应的变化,由此也必然带来农民工培训策略的调整。

表1—2是根据国家统计局2014年5月12日发布的《2013年全国农民工监测调查报告》相关数据整理而得到的近六年农民工总量变化的数据。

表1—2　　　　　　　　近年来农民工数量变化

	2008年	2009年	2010年	2011年	2012年	2013年
农民工总量（万人）	22542	22978	24223	25278	26261	26894
年增长率（%）		1.93	5.42	4.36	3.89	2.41
外出农民工总量（万人）	14041	14533	15335	15863	16336	16610
年增长率（%）		3.5	5.52	3.44	2.98	1.68

从上表数据来看,自2010年以来,农民工供给总量和外出农民工总量增长速度均呈下降趋势,外出农民工增速低于农民工增速,说明农民工供给增长速度在降低的同时,随着我国中部崛起、西部大开发战略的实施,中西部地区、中小城镇吸纳农村转移劳动力的能力在增强,东部发达地区要想继续吸引、保留足够多的劳动力以支撑经济快速发展的话,就必须转变长期以来形成的靠先发优势享受"人口红利"的惯性思维,通过主动实施提升农民工人力资本战略来增强自身的吸引力。

公开数据表明,从就业领域来看,与我国经济结构调整趋势相同,农民工就业重心正逐渐从第二产业向第三产业转移,自主创业比例呈提高趋势。根据历年统计数据,农民工第二产业就业率2013年较2012年下降0.3个百分点,2014年较2013年下降0.2个百分点;第三产业就业率2013年较2012年提高0.1个百分点,2014年较2013年提高0.3个百分点;农民工自营就业率呈提高趋势,2014年较2013年提高0.5个百分点,达到17%。

表1—3至表1—7是国家统计局公布的2013年农民工分行业、分地区分行业、分就业方式、分输出地和按城市类型农民工人数构成。

表 1—3　　　　　2013 年分行业的农民工人数构成　　　　单位:%

指　标	合计	外出农民工	本地农民工
制造业	31.4	35.0	27.5
建筑业	22.2	23.5	20.8
批发和零售业	11.3	8.1	14.8
交通运输、仓储和邮政业	6.3	4.6	8.1
住宿和餐饮业	5.9	7.0	4.7
居民服务、修理和其他服务业	10.6	9.4	11.9
其他行业	12.3	12.4	12.2

表 1—4　　　　2013 年分地区分行业的农民工人数构成　　　　单位:%

指　标	东部地区	中部地区	西部地区
制造业	43.1	20.1	13.2
建筑业	17.5	28.5	30.0
批发和零售业	10.2	12.9	13.2
交通运输、仓储和邮政业	5.3	7.3	8.2
住宿和餐饮业	5.0	6.2	8.1
居民服务、修理和其他服务业	9.9	11.1	12.2
其他行业	9.0	13.9	15.1

表 1—5　　　2013 年按就业方式和行业分的农民工人数构成　　　　单位:%

指　标	受雇就业	自营就业
制造业	35.8	10.7
建筑业	25.6	5.9
批发和零售业	5.5	39.6
交通运输、仓储和邮政业	4.5	15.1
住宿和餐饮业	5.3	8.5
居民服务、修理和其他服务业	10.0	13.1
其他行业	13.3	7.1

表1—6　　　　2013年按输出地分的外出农民工人数及构成

指标	人数（万人）			构成（％）		
	外出农民工	跨省流动	省内流动	外出农民工	跨省流动	省内流动
合计	16610	7739	8871	100.0	46.6	53.4
东部地区	4936	882	4054	100.0	17.9	82.1
中部地区	6424	4017	2407	100.0	62.5	37.5
西部地区	5250	2840	2410	100.0	54.1	45.9

表1—7　　　　2013年按城市类型分的外出农民工人数及构成

指标	合计	直辖市	省会城市	地级市（包括副省级）	小城镇	其他
外出农民工人数（万人）	16610	1410	3657	5553	5921	69
其中：跨省流动	7739	1115	1749	3064	1742	69
省内流动	8871	295	1908	2489	4179	0
外出农民工构成（％）	100.0	8.5	22.0	33.4	35.7	0.4
其中：跨省流动	100.0	14.4	22.6	39.6	22.5	0.9
省内流动	100.0	3.3	21.5	28.1	47.1	0

在农民工总量中，1980年以后出生的新生代农民工1.25亿，占农民工总数的46.6%，占1980年及以后出生的农村从业劳动力的比重为65.5%。

表1—8　　　　2013年新生代农民工规模　　　　单位：万人

指标	合计	外出农民工	本地农民工
新生代农民工	12528	10061	2467
老一代农民工	14366	6549	7817

国务院农民工工作领导小组办公室主任、人力资源社会保障部副部长杨志明介绍，农民工新增人数从2010年达到1245万人以后逐年下降，2014年增长了501万人，增长1.9%，增速比上年回落0.5个百分点。从区域分布看，中西部地区增长快于东部地区；从行业分布看，一般服务业

中农民工比重在上升。

国家统计局住户调查办公室专项调查处处长阳俊雄分析，近年农民工总量增长有两个特点：一是本地农民工增长无论数量还是速度都快于外出农民工，2013年本地农民工增加359万人，增长3.6%，分别比外出农民工多85万人和高1.9个百分点，就地就近转移成为新特点；二是农民工总量增速呈持续回落态势，2011年、2012年、2013年增速分别比上年下降1.0、0.5和1.5个百分点。这两个特点，一方面表明，随着国家加大中西部发展支持力度，以及经济结构调整升级过程中产业在区域间的转移，有力促进了中西部地区经济发展，加速了中西部地区农村劳动力的就地就近转移；另一方面说明，随着我国劳动年龄人口峰值的到来，农业转移人口在城镇落户的增加，农村剩余劳动力供给也即将面临拐点。

农民工政策的变化可以影响农民工的供给数量和可持续时间。在农民工政策全面放开之前以及刚刚放开的一段时间里，许多潜在的农民工转变为现实的农民工，农民工供给数量呈现出持续增长的态势，但随着老一代农民工退休和农村新增人口数量的减少，农民工供给数量减少是必然结果。数据显示，在1938—1956年出生的人口中，农民占比为57%，工人占比只有25%。而在1977—1997年出生的人口中，工人占比增加了一倍多，达到55%，而农民占比则减少到25%。① 年轻人，种地的越来越少，进城做工的越来越多。这也意味着，农村未来可转移出来的农民工将越来越少。国务院发展研究中心副主任李剑阁等人曾对中国3000多个村庄进行调研，发现目前已有2.3亿农村剩余劳动力转移到城市，约占农村劳动力总数的47.9%，而剩下仅占5.1%的2481万剩余劳动力，则基本上是难以转移出来的老弱病残。在2010年中国社会科学论坛上，中国社会科学院发布研究报告认为，预计在2017年、2018年，中国总的劳动年龄人口将出现负增长。资料表明，2013年年末，我国16—59岁人口为91954万，占总人口比重的67.7%，人数比2012年年末减少244万人，是1982年以来的第二次减少。李培林认为，劳动年龄总人口在"十三五"期间将开始下降，加上农村人口老年化，未来转移出来的劳动人口会越来越少，这将使"招工难"问题更加突出。

---

① 李晨：《人口红利消失拷问社会改革进程》，《科学时报》2010年12月1日第A1版。

农民工数量的变化与劳动力从业结构的变化和发展趋势相关。国务院农民工办公室课题组给出了变化趋势（见表1—9）。显然，相对于2010年，在未来40年内，在劳动力总量减少1.08亿的背景下，第三产业从业的绝对人数将增加1.15亿，就业比重增加62%，第二产业从业人数和比重减少相对较少，第一产业从业人数将减少近两亿，就业比重下降61%。陈如（2003）根据国外发达国家农业劳动力转移经验判断，农业劳动力的份额由75%下降到10%，可以被视为一国基本上完成劳动力转移的标志。资料表明，完成这一转移历程，英国大约用了三百年的时间，美国大约用了一百五十年的时间，日本用了将近一百年的时间。对照表1—9，从改革开放算起，我国要完成这一转移历程也需要八十年到一百年的时间，到21世纪中期将完成农村劳动力转移任务。

表1—9　　　　我国未来劳动力从业结构变化趋势预测

		2010年	2015年	2020年	2025年	2030年	2050年
总从业人员（亿人）		7.84	7.94	7.85	7.74	7.56	6.76
从业人数	第一产业	2.89	2.50	2.14	1.85	1.59	0.97
	第二产业	2.05	2.11	2.09	2.02	1.94	1.74
	第三产业	2.90	3.33	3.62	3.87	4.03	4.05
从业结构	第一产业	36.9	31.5	27.3	23.9	21.0	14.3
	第二产业	26.2	26.6	26.6	26.1	25.7	25.8
	第三产业	36.9	41.9	46.1	50.0	53.3	59.9

摘自：国务院农民工问题研究办公室编著：《中国农民工问题研究》第14页，格式有变动。

根据这一预测，国务院农民工问题研究办公室给出了2030年之前年新增农民工人数和农民工总量（见表1—10）。

表1—10　　　　我国未来劳动力转移模拟结果　　　　单位：万人

时间	新增转移	其中：农民工	农民工累计
2014年	820	485	2056
2015年	790	466	2059
2016年	737	431	2062

续表

时间	新增转移	其中：农民工	农民工累计
2017 年	688	399	2065
2018 年	646	373	2068
2019 年	618	357	2071
2020 年	596	345	2073
2021 年	586	337	2076
2022 年	562	321	2078
2023 年	535	303	2080
2024 年	507	284	2083
2025 年	486	274	2085
2026 年	468	266	2087
2027 年	450	256	2089
2028 年	435	241	2091
2029 年	419	226	2093
2030 年	404	214	2094

以上数据表明，2030 年前每年需要转移的劳动力数量在减少，劳动力转移压力呈减小态势。但围绕农民工的工作压力并不会减小，因为新型城镇化的发展需要他们留在城镇并成为新市民的责任更重了，尤其是新生代农民工群体的诉求由过去"进城挣钱、回乡生活"向留在城镇分享企业和城市发展成果转变。李克强总理在 2014 年政府工作报告中提出在今后一个时期内要着重解决好现有"三个 1 亿人"问题恰好回应了这一诉求。解决"三个 1 亿人"问题，除了运用政策的和经济的手段外，还要通过开展有针对性的培训来提升他们的人力资本水平、促进高质量的就业、缩小与城市居民间的社会距离。所以，研究面向农民工群体的培训工作既是当前也是未来的重要课题。

第二章　农民工培训历程

培训一般是指正规的、系统的学校教育之外的短期性教育活动。在诸多培训活动中，有一类培训是具有明确职业指向的职业培训活动。在现阶段，与农民工有关的培训大多属于职业培训的范畴。

进入新世纪以来，随着国家对待农民工"公平对待、合理引导、完善管理、搞好服务"16字方针的提出，各级政府逐渐把培训作为"引导"与"服务"农民工的重要手段之一，纷纷出台相关政策鼓励和支持培训农民工。各级各类教育培训机构也从自身发展和增强服务社会能力的角度出发积极投身于农民工培训工作。针对农民工的培训逐渐呈现出普及化、常态化之势。

第一节　农民工培训机构

针对农民工群体大规模地开展培训活动必须有大量的培训机构作为依托。农民工培训机构是指能够针对农民工需求开展培训活动的各级各类教育培训机构，主要有三类：以职业院校为代表的全日制中等和高等学校、专门的社会培训机构以及企业附设的培训机构。

一　职业院校

职业院校通常是指具有学历教育资质的中等职业学校、高等职业学校，它们是我国职业教育的办学主体，以全日制学历教育为主。根据国家赋予职业院校（当然，也包括本科高校）的办学职能除了开展全日制学历性质的职业教育之外，也担负着依托自身专业、教师和设施设备优势等，面向社会开展各种层次、各种形式的社会培训工作的任务，其中就包括农民工培训。

从办学主体来看,我国能够承担农民工培训任务的学校分为两类,一类是公办学校;一类是民办学校。

在我国,公办学校是各级各类教育事业的主体。根据《2013年全国教育事业发展统计公报》显示,2013年全国共有中等职业学校1.23万所,招生674.67万人,在校生1922.97万人,中等职业教育学校共有专任教师86.79万人,生师比22.97∶1。2013年全国共有普通高等学校和成人高等学校2788所,其中,高职(专科)院校1321所、成人高等学校297所;普通高等教育本专科共招生699.83万人,成人高等教育本专科共招生256.49万人,全国高等教育自学考试学历教育报考766.30万人次,取得毕业证书73.42万人;非学历教育报考958.7万人次。

在国家鼓励社会力量办学的政策引领下,民办中高等职业学校也得到长足发展,已成为一支不可忽视农民工培训力量。据统计,2013年民办中等职业学校2482所,在校生207.94万人,另有非学历教育学生30.23万人。民办高校718所(含独立学院292所)在校生557.52万人,另有自考助学班学生、预科生、进修及培训学生25.84万人。民办的非学历高等教育机构802所,各类注册学生87.99万人。

近年来,国家加大了中央财政支持教育事业发展的力度,各级各类教育事业都得到了长足发展,中高等职业学校的办学能力得到明显提升。但受传统普通教育观念束缚以及适龄人口基数呈减少趋势的客观影响,中高等职业学校招生呈现出减少的趋势。在这种背景下,也基于发挥职业院校多功能作用的考虑,国家一直在引导各级各类职业院校在重视传统的全日制性质的职业教育的同时,也要重视短期的职业培训工作的开展,并把开展职业培训的情况作为衡量职业院校服务社会能力的重要指标。因此,职业院校不但是现在也是将来非常重要的农民工培训力量。

二 专门教育培训机构

专门教育培训机构是指社会上不具有全日制教育资质以专门开展短期培训为主的教育培训机构,也包括公办和民办两种。公办培训机构包括政府主管部门附属或主管的培训机构,如,人力资源和社会保障系统的就业培训中心等。根据统计公报，2013年全国共有公办职业技术培训机构11.23万所，教职工48.22万人；专任教师27.43万人。全国接受各种非学历高等教育的学生678.56万人次，当年已结业933.77万人次；接受各种非学历中等教育的学生达4914.65万人次，当年已结业5340.34万人次。全国共有民办培训机构2.01万所（不含民办幼儿园及其他学历层次的民办学校），943.56万人次接受了培训。

表2—1　　　　　2009—2013年中国教育培训机构数量　　　　单位：万所

年份	2009	2010	2011	2012	2013
培训机构数量	17.25	14.77	15.09	14.40	13.24

说明：数据来源于教育部发布的各年度的教育事业发展统计公报，培训机构数量为职业技术培训机构数量加上其他民办教育机构数量。

从现有社会培训机构开展的培训工作来看，除了面向在校生的文化课程辅导培训以外，其他培训项目几乎都围绕着就业或职业发展需求开展，其重点是社会需求量大、知识与技术更新较快的IT技术培训，语言类培训，与职业资格证书获取密切相关的培训等。这些培训机构除了接受部门和单位委托开展一些定向性的培训外，大多是自主设立培训项目、自主招生、自主培训，一些具有自主培训需求的农民工往往基于便捷和灵活的考虑选择这些培训机构。现在，它们已成为一支不可忽视的农民工培训力量。

三　企业培训机构

企业培训机构一般是指企业内设的以开展自我员工培训为主的培训机构。由于缺乏公开的信息资料，到底有多少企业设有内部培训机构、培训的实力如何以及年培训规模等我们都无法获得详细数据。基于公开的培训数据我们对企业培训机构的年培训能力进行了推算。

2014年教育部等六部委颁布的《现代职业教育体系建设规划（2014—2020）》显示，2012年继续教育年参与人数为2.1亿人次，2015年要达到2.9亿人次，按每年平均递增推算，2013年应该完成2.35亿人次左右的培训量。根据《2013年全国教育事业发展统计公报》发布的数据进行汇总，2013年各级各类学校和教育培训机构开展培训情况如下表：

表2—2　　　　2013年企业以外培训机构开展培训情况　　　　单位：万人次

机构类别	公办学校或培训机构				民办学校或机构			
培训类别	非学历高等教育	非学历中等教育	参加扫盲学习	非学历自学考试	民办中职非学历教育在校生	民办高校进修培训生	非学历高等教育机构	其他民办培训机构
人数	678.56	4914.65	61.92	958.7	30.23	25.84	87.99	943.56
小计	6613.83				1087.62			
合计	7701.45							

该表汇总数据与《2013年各级各类非学历教育学生情况》中提供的当年结业6274.11万人、注册5593.21万人相比大致相当，因为涉及培训时间长短的问题，当年实际参加培训的人次应高于结业人数，但会少于结业和注册人数之和。

从继续教育的视角来看，上表数据属于非学历继续教育的人数，加上当年的学历继续教育人数2063.22万人（在职攻读硕士学位55.87万人、成人教育626.41万人、自学考试766.30万人、网络教育614.64万人），2013年各级各类教育机构开展继续教育人数为9764.67万人，接近1亿人次。照此推算，2013年企业内部完成的继续教育任务也应不低于1亿人次。可见，企业承担了日常一半及以上的培训任务量，从这个意义上说，企业培训机构是农民工培训的重要资源。

第二节　农民工培训历程

企业培训机构虽然是农民工培训的重要主体之一，但其主观意识是提升自己员工履行职业岗位的能力，并没有把"农民工"作为特殊考虑的对象（员工培训的历史由来已久），属于企业经济行为范畴，有其内在的培训工作开展的逻辑和发展历程。所以本节研究的视角是把农民工培训作为一种公益性质的培训，国家作为社会公共资源的统筹者对农民工培训的认知、态度与行为措施的变化历程。

笔者梳理农民工培训历程具有以下四大阶段性特征：

一 改革开放之后农民工政策变迁为开展农民工培训铺平了道路

开展农民工培训是我国农民工政策变迁的结果。对农民工开展有组织的培训工作必须有相应的政策作支撑。国家做出对农民工培训的决策是政治、经济与社会发展的必然要求，是我国农民工政策变迁到一定程度的必然产物。

自20世纪90年代以来，我国开始以法律的形式逐步确立职业培训的社会地位，历经二十多年的发展，初步形成一系列与职业培训有关的政策法规体系，有力地推动了职业培训的发展。目前，我国在《劳动法》《教育法》《职业教育法》《劳动合同法》《就业促进法》《企业法》等法律中均有涉及职业培训方面的规定。国务院及其职能部门如教育部、人力资源与社会保障部等相关部门还依照法律制定了一些行政法规和规章制度，以引导和规范不同时期的职业培训的发展。例如，国务院先后于1991年、2002年、2005年三次颁布了大力发展职业教育的决定，相关部委还颁布了《企业职工培训规定》《中外合作职业技能培训办学管理办法》等。这些决定和办法规定了我国不同时期的职业培训工作的目标、方法和措施等，顺应了我国社会经济发展的大趋势，对农民工职业培训的健康发展产生了重要的作用。

根据文献分析，我国农民工政策在新世纪的分水岭是2003年。在此之前，我国农村劳动力经历了：自由流动（1958年前）——禁止流动（1958—1978）——限制流动（1979—1983）——允许流动（1984—1988）——控制盲目流动（1989—1991）——引导有序流动（1992—2002）等几个阶段①，此时国家政策的重点是允不允许流动以及如何控制和引导流动，因此没有也不可能出台有关培训农村流动劳动力的政策，90年代后期随着我国市场经济体制的建立以及对来自农村劳动力的广泛需求，国家开始放松农村劳动力流动的限制，继而开始引导有序流动，从职业技能要求等方面做好了出台培训政策的铺垫。如1997年11月25日，国务院办公厅转发劳动部等七部委《关于进一步做好组织民工有序流动

---

① 蔡昉等：《农村劳动力转移与就业：阶段、现状与趋势》，载国务院农民工办课题组《中国农民工发展研究》，中国劳动社会保障出版社2013年版，第55—59页。

工作意见》:"要积极开展面向民工的职业技能培训和职业道德教育,提高民工素质和职业能力。"2000 年 1 月 17 日《劳动和社会保障部办公厅关于印发做好农村富余劳动力流动就业工作意见的通知》(劳社厅发〔2000〕3 号):"逐步对未能继续升学并准备进城务工的农村初、高中毕业生实行劳动预备制培训。""实行劳动预备制度开展流动就业农村劳动力职业培训,要依托现有技工学校、就业训练中心等职业培训机构,特别是县级职业培训机构。""确定一些农村职业培训基地,建立劳务人才库。"

随着 2002 年中央农村经济工作会议的召开,农民工问题工作重点才发生重大转向。"农村劳动力跨地区流动和进城务工,不仅有利于农民增加收入,而且可以方便城市居民生活,增强城市经济的活力和竞争力,促进城乡协调发展"。首次提出了对农民工要"公平对待、合理引导、完善管理、搞好服务"的 16 字方针,为后续出台与农民工相关的政策文件"定了调"。2002 年 8 月 24 日国务院发布《关于大力推进职业教育改革与发展的决定》(国发〔2002〕16 号),在阐明发展职业教育的重大意义之后,提出要"大力推行劳动预备制度,严格执行就业准入制度"。明确了"十五"期间要"培训农村劳动力 1.5 亿人次"的目标。2003 年农村工作会议进一步明确,农村剩余劳动力进城务工被认为是"增加农民收入的一项切实可行的工作",要继续按照"公平对待、合理引导、完善管理、搞好服务"的 16 字方针要求,切实做好进城农民工的服务和管理工作。此后,提升农民工素质、促进农民工就业问题才越来越引起政府部门的关注。

二 农民工培训政策由原则要求逐步走向具体和明确

在 2003 年中央农村经济工作会议之后的八年间,国务院及各部委出台了一系列针对农民工培训或与农民工培训有关的意见、通知和规划,通过梳理这些政策可以发现在具有稳定性和前后关联性的同时,也体现不同经济和社会背景下的特殊性,但总的演变趋势是由原则要求向具体要求深入,针对性、可执行性和可操作性越来越强。同时,由注重培训工作的开展向注重质量转变。

——2003 年 1 月 5 日,国务院发布了《关于做好农民进城务工就业管理和服务工作的通知》（国办发〔2003〕1号），文件共涉及农民工问题的六个方面的内容，其中就包括农民工培训。这是国家在政策文本中首次对农民工培训工作做了较为详细的规定。文件要求各地方要重视做好农民工培训工作，明确了流出地、流入地政府和用人单位的责任，在培训内容、培训费用、培训管理等方面提出了明确要求。

——2003年9月17日，在国务院《关于进一步加强农村教育工作的决定》（国发〔2003〕19号）中进一步强调以农民工培训为重点开展农村成人教育，使得他们初步掌握在城镇和非农产业就业必备的技能。同时提出逐渐形成政府扶持、用人单位出资、培训机构减免经费、农民适当分担的投入机制。

——2003年9月9日，农业部、劳动和社会保障部、教育部等国家6部门为响应国务院一号文件精神联合制定了《2003—2010年全国农民工培训规划》，该规划对未来农民工培训的任务和目标、培训内容、推进农民工培训的政策措施都做了具体规定，是国家第一个专门针对农民工培训工作的政策文件。2004年中央财政投入6.5亿元开始实施"阳光工程"。

——2003年12月31日，中共中央、国务院发布了《关于促进农民增加收入若干政策的意见》（2004年"中央一号"文件），明确"进城就业的农民工已经成为产业工人的重要组成部分"，"要根据市场和企业的需求，按照不同行业、不同工种对从业人员基本技能的要求，安排培训内容，实行定向培训，提高培训的针对性和适用性。""各级财政都要安排专门用于农民职业技能培训的资金。"对农民进城务工创造条件做了相关安排，并重点涉及农民工培训问题，提出要坚持以市场为导向，实行定向培训；鼓励各类教育机构参与并要求各级政府要安排专项资金且一定要保护好他们的相关利益。

——2004年3月24日，教育部下发了《农村劳动力转移培训计划》（教职成〔2004〕1号）的通知，明确职成学校要增强为"三农"服务的责任感和紧迫感，在农村劳动力转移培训工作中承担主要任务。

——2004年8月20日，劳动和社会保障部下发了《关于实施星火职业技能远程培训项目的通知》（劳社培就司函〔2004〕91号），鼓励和支持有条件的各类培训机构开展农村劳动力转移培训工作。

——2004年12月27日，国务院出台《关于进一步做好改善农民进城就业环境工作的通知》（国办发〔2004〕92号），"加强对农民进城就业的培训工作。""鼓励用人单位、各类教育培训机构和社会力量开展农民工职业技能培训。要充分发挥各级劳动保障、农业、教育、科技、建设等职能部门和农村基层组织的优势，充分动员和利用社会各方面的职业教育培训资源，积极引导、鼓励和组织准备进城务工的农民参加职业技能和安全生产知识培训。"

——2005年9月2日，国家扶贫办和劳动保障部共同下发的《关于推进贫困地区劳动力培训促进就业工作的通知》（国开办发〔2005〕68号）中，要求两个部门通力合作通过借助劳动部门的培训资源以提高贫困县区的贫困劳动力非农就业能力，实现"培训一人、输出一人，就业一人、脱贫一户"的目标。

——2005年10月，国务院发布了《关于大力发展职业教育的决定》（国发〔2005〕35号），明确提出"职业教育要为农村劳动力转移服务。实施国家农村劳动力转移培训工程，促进农村劳动力合理有序转移和农民脱贫致富，提高进城农民工的职业技能，帮助他们在城镇稳定就业"的任务。

——2005年11月24日，劳动和社会保障部出台了《关于进一步做好职业培训工作的意见》，实施农村劳动力技能就业计划，提出发挥部门优势实现农民工技能培训、就业服务和维护权益"三位一体"，5年内对4000万进城务工的农村劳动者开展职业培训，使其提高职业技能后实现转移就业。

——2006年3月27日，国务院通过了《关于解决农民工问题的若干意见》（国发〔2006〕5号），第一次使用了"农民工"概念，是政府制定的第一份专门针对农民工的全面系统的政策文件，其中对农民工职业培训的内容、方式、补贴方法及技能鉴定等方面都做了明确的规定。

——2006年10月，国家安全生产监督管理总局、国家煤矿安监局、劳动和社会保障部、教育部、建设部、农业部、总工会共7个单位出台了《关于加强农民工安全生产培训工作的意见》，这一文件可以称为农民工安全培训的纲领性文件。文件对农民工安全培训做了一个为期四年的规划，在培训规范建设、培训考核、培训时间、培训师资等方面都有说明。

——2007年3月份，国务院扶贫开发领导小组办公室给各级扶贫办下发了一个要在贫困地区实施对劳动力进行转移就业培训的"雨露计划"的通知，希望各级扶贫办组织将其作为新时期扶贫工作的一项重要任务来抓，这一计划的参与对象明确为贫困地区有一定知识基础的青壮年，从国家的扶贫资金中抽列为项目资金，政府以"培训券"形式给予受训对象补贴。

——2008年2月3日，国务院《关于做好促进就业工作的通知》指出，对符合条件的进城务工农村劳动者参加职业培训的，按规定给予职业培训补贴。对进城务工农村劳动者通过初次职业技能鉴定（限国家规定实行就业准入制度的特殊工种），取得职业资格证书的，给予一次性职业技能鉴定补贴。

——2008年12月20日，国务院办公厅下发《关于切实做好当前农民工工作问题的通知》（国办发〔2008〕130号），要求采取多种措施促进农民工就业，加强农民工技能培训和职业教育，加大对农民工培训的投入，改进培训方式、扩大培训效果。

——2009年2月10日，《国务院关于做好当前经济形势下就业工作的通知》（国发〔2009〕4号），提出要"最大限度拓展农村劳动力就业渠道"，"加强就业服务和职业培训，促进一批农民工在城镇再就业。"

——2009年2月20日，教育部在《关于切实做好返乡农民工职业教育和培训等工作的通知》（教职成〔2009〕5号）中提出"努力招收返乡农民工接受中等职业教育"，"积极主动开展返乡农民工的技能培训"。

——2009年5月5日，为了防范有关职能部门出现违规行为，人力资源和社会保障部、财政部出台的《关于进一步规范农村劳动者转移就业技能培训工作的通知》中要求，实施分类培训，强化培训针对性和有效性，公开认定定点培训机构，整合优质培训资源，规范资金使用管理，提高资金使用效率，强化培训过程监督，确保培训质量和效果。

——2009年5月10日，《国务院关于当前稳定农业发展促进农民增收的意见》（国发〔2009〕25号），要求相关部委要"研究制定加强农民工培训工作的意见，统筹规划农民工培训，增加资金投入，提高培训效益"。

——2009年7月16日，住房和城乡建设部、人力资源和社会保障部《关于做好建筑业农民工技能培训示范工程工作的通知》（住建人〔2009〕

123号），对建筑行业农民工培训做出了专门规定。

——2010年1月21日，国务院办公厅下发了《关于进一步做好农民工培训工作的指导意见》（国办发〔2010〕11号），针对"农民工培训工作仍然存在着培训项目缺乏统筹规划、资金使用效益和培训质量不高、监督制约机制不够完善等问题"，对农民工培训工作进行了全面部署，该文件第一次使用了"新生代农民工"的概念，是迄今为止国家针对农民工培训工作最全面、最细致的政策性文件。

——2010年2月10日，人力资源和社会保障部、国家发展和改革委员会、财政部下发《关于进一步实施特别职业培训计划的通知》（人社部发〔2010〕13号），按照党中央和国务院的安排部署，利用2009—2010年两年时间主要围绕受金融危机影响的各类劳动力积极组织展开在职培训、转岗培训、转移就业培训或创业培训和再就业培训，其中就包括面向在岗农民工开展技能培训和面向返乡农民工开展创业培训。

此后，国务院及相关部委没有再出台新的规定，将重点放在如何落实已出台的文件上，尤其是2010年以后，由于农民工群体结构发生变化，培训对象实际上以新生代农民工为主。

三 农民工培训工作的实施以五大项目为依托

自2002年以后的十年间，随着农民工相关培训政策的出台，一些具体的配套和推进举措也迅速跟进，一些省（市、区）也出台了一些政策，但带有全局性的农民工培训是由国务院各部委牵头实施的五大培训项目，它们分别是：农业部等六部门组织的"阳光工程"、教育部组织的"农村劳动力转移培训计划"、人力资源和社会保障部牵头实施的"农村劳动力技能就业计划"、国务院扶贫办公室组织的"雨露计划"以及科技部组织的"星火计划"。

（一）"阳光工程"培训计划

"阳光工程"培训计划是由农业部、财政部、劳动和社会保障部、教育部、科学技术部、住房和城乡建设部六部门自2004年起按照"政府推动、学校主办、部门监管、农民受益"的原则共同启动实施的农村劳动力转移培训项目。

"阳光工程"项目分为两个实施阶段：

第一阶段（2004—2008 年）：对有意去城市和第二三产业就业的农民在输出地开展转移就业前的短期职业技能培训，培训内容的重点为家政、酒店、餐饮、保健、建筑业、制造业等行业的职业技能。培训对象为具有农业户口，从事非农产业的农民工，培训时间为 15—19 天，重点开展职业技能培训，辅之以引导性培训。引导性培训是和职业技能培训相对应的一个概念，主要开展基本权益保护、法律知识、城市生活常识、寻找就业岗位等方面知识的培训，目的在于提高农民工遵守法律法规和依法维护自身权益的意识，树立新的就业观念。截至 2008 年，"阳光工程"累计培训 1373 万农民工。

第二阶段（2009—今）：为了转变农业发展方式和建设社会主义新农村，自 2009 年开始，"阳光培训"工程开始实现转型，从单纯的农民外出务工培训向就地就近转移培训转变，从服务城市发展向服务农村经济和社会发展转变，从非农产业创业向农业产业创业转变。据农业部办公厅、财政部办公厅印发的 2011 年、2012 年《农村劳动力培训阳光工程项目实施指导意见》要求，2011 年全国阳光工程示范性培训任务为 300 万人，面向农业产前、产中与产后服务和农村社会管理领域的从业人员开展短期技能培训，具体培训任务涉及种植业生产服务人员、畜牧业和渔业生产服务人员、兽医服务人员、农机服务人员、农业经营管理和农村社会管理人员、涉农企业从业人员、农业创业人员等。2012 年农业部办公厅要求各地在申报阳光工程培训需求时要立足当地农业发展和建设新农村的人才需要，培训内容包含农业职业技能培训、农业创业培训以及农业实用技术普及型培训。

"阳光工程"培训项目的转型适应了农村发展方式转变和建设社会主义新农村的需要，有助于解决农业农村人才队伍匮乏的问题，但从培训新生代农民工来讲，在前一段由于新生代农民工群体数量较小，作用不明显，后一阶段基本不涉及新生代农民工培训。

（二）农村劳动力转移培训计划

"农村劳动力转移培训计划"是由教育部自 2004 年发起实施的一项农村劳动力转移培训工程，该计划主要依托各地各类职业技术学校、中职学校以及职业培训中心，通过城乡之间、东西部地区之间以"1＋2""2＋1""1＋1＋1"等灵活办学模式对农村转移劳动力开展引导性培训和职业技能培训。

据各省级教育行政部门统计，2009年教育系统共开展农村劳动力转移培训4249.31万人次，其中引导性培训1885.61万人次，占培训总人数的44.37%，技能性培训1564.46万人次，占培训总人数的36.82%，转移后（进城农民工）培训791.62万人次，占培训总人数的18.81%。

（三）雨露计划

"雨露计划"是国务院扶贫开发领导小组办公室于2004年在贫困地区开展的旨在提高贫困地区人口素质，提升贫困地区人口转岗就业能力，提高农民收入的一项农村劳动力培训工程。"雨露计划"根据所要培训的对象，采取分类实施、区别对待的培训方式。"雨露计划"的对象主要有三类：一是扶贫工作建档立卡的青壮年农民（16—45岁）；二是贫困户中的复员退伍士兵（含技术军士）；三是扶贫开发工作重点村的村干部和能帮助带动贫困户脱贫的致富骨干。据统计，自2004年以来，中央累计投入30亿元用以实施"雨露计划"培训项目，各地政府也在不断加大对农村贫困地区劳动力转移培训的力度。

（四）农村劳动力技能就业计划

"农村劳动力技能就业计划"是由人力资源和社会保障部（原劳动和社会保障部）自2006年起推广的对农村劳动者的技能培训计划，目的是为了促进农村劳动力向非农产业转移，实现其在城市的稳定就业。在"十一五"期间，"农村劳动力技能就业计划"年均培训800万人次，培训合格率达到90%以上，就业率达到80%以上。

对于参加"农村劳动力技能就业计划"的农村劳动者，各地给予一定的培训费用补贴。培训费补贴标准，由各地人力资源和社会保障部门在参考当地各职业培训项目的社会平均培训费用基础上，按照差额补贴的原则进行补贴。对于经认定属于劳动力市场紧缺职业的培训项目，与财政部门商定进行全额补贴。补贴资金由各地在就业再就业专项资金中优先安排，以确保补贴资金足额到位。中央对于"农村劳动力技能就业计划"的补贴资金从就业专项资金中支出，与地方财政资金合并使用。据有关部门统计，人力资源和社会保障部门2008年对"农村劳动力技能就业计划"的资金投入为24.11亿元。

(五) 星火计划

"星火计划"是国家实施的第一个面向"三农"的政策指导性科技计划,通过将先进、适用、科学的技术引进农村,以推动农村的科技进步和经济发展方式的转变。2003 年,为了适应新农村建设和农村劳动力资源结构变化的需要,科技部联合农业部等部门推出了"星火科技培训专项行动",通过星火培训提高农村劳动力的科技就业能力和创业能力。星火科技培训以农业生产者、乡镇企业人员、农民工等为主要培训对象,实行国家、省、地、县四级管理方式。

基于项目依托的农民工培训工作在表面看轰轰烈烈的同时,也存在一系列的问题,突出表现在以下五个方面:第一,培训项目管理不协调。目前五个国家部委组织的大型农民工培训项目都是由多部门参与组织实施,各部门之间管理不协调,缺乏统筹规划。培训任务由各部门自上而下进行分配,各部门有不同的培训标准与补贴标准,对于培训机构的认定标准也不一致,导致各培训项目之间为了争夺培训资源而交叉重复培训,资源浪费现象非常严重。各部门培训经费来源渠道不一致,难以发挥统筹效益。第二,实际培训受众面较小。与项目规划的培训规模和报道的培训成绩相比,我们调查的结果并不乐观,实际参加过职业培训的新生代农民工仅有两成左右。第三,培训内容相对单一。从目前各培训项目的现实选择来看,主要以提高农民工的基础职业技能为主,侧重解决农民工的就业和创业问题,以满足农民工生存性需求为职业培训的政策导向,这与我国农民工整体职业技能水平较低有一定关系。但与农民工全面提升自身文化素养、职业技能水平、道德素养,实现自身全面发展的多元化的高层次的职业发展需要相比还有很大差距。第四,培训项目的激励措施不足,导致利益相关者参与性不高。一方面,缺乏对培训机构的激励。有的项目通过发放"培训券"等形式将培训资金直接补贴给农民工,由职业培训单位承担招生、教学、安排就业的成本,在某种程度上影响了培训单位的积极性,使得培训质量难以保证。另一方面,缺乏对用人单位的有效激励。尽管用人单位可以从员工工资总额中提取一定比例的资金用于农民工培训,但是由于农民工流动性强、劳动合同管理不规范,企业对农民工缺乏有效的约束,实际执行效果并不理想。另外,国家对于积极参与农民工培训工作的企业也缺乏税收优惠、优先评级等的激励政策。第五,培训项目的监管不到位。目前,各部门的培训项目普遍缺乏对培训市场、培训机构以及培训资金的全方位监督,导致培训市场存在垄断、过度竞争等不良现象;培训机构造假现象时有发生,导致培训资金被恶意骗取,无法真正补贴给农民工。

四 新生代农民工的培训工作开始走向社会化

随着时间的推移,改革开放以后出生的新生代农民工群体逐渐壮大并成为农民工群体的主体。由于他们成长的物质环境明显优于老一代农民工,他们所面对的就业环境的竞争激烈程度明显严于老一代农民工,而他们的职业耐受性差但职业期待又高,所以被视为一个特殊的群体受到了决策者、管理者的高度关注。2010年国务院办公厅《关于进一步做好农民工培训工作的指导意见》(国办发〔2010〕11号)中第一次出现"新生代农民工"的称谓后,国家层面没有再出台专门针对新生代农民工培训的政策或文件,之前的五大项目出现了分化。由于此前的培训项目大多是以《(2003—2010年)全国农民工培训规划》为支撑的,所以其培训重点多为老一代农民工,有些项目重点也发生变化和调整,如第二阶段"阳光工程"已经从促进农村劳动力转移转变为适应农村发展方式转变和建设社会主义新农村的需要,主要面向农业从业人员培训农村实用技术和进行创业引导。由科技部主导的"星火计划"以推动农村的科技进步和经济发展方式的转变为目标,培训重点放在了农业生产者、乡镇企业人员、农民工身上,通过星火培训提高农村劳动力的科技就业能力和创业能力。由人力资源和社会保障部主导的"农村劳动力技能就业计划"和国务院扶贫开发领导小组办公室倡导的"雨露计划"在阶段性任务完成后又变换了一种形式存在。教育部实施的"农村劳动力转移培训计划"由于主要是依托职业学校通过城乡合作、东西合作的方式发挥东部和城市职业学校的办学资源和区位优势开展的学校层面的职业教育,其连续性较好。同时由于职业学校的受教育对象属于新生代的范畴,他们实质上已然对新生代农民工的职业教育培训工作做出了应有的贡献。

尽管自2010年后没有再出台新的农民工培训的政策文件,但实质上这一阶段正处于在政策效应释放期,培训的受益对象主要是新生代农民工,培训工作正逐步走向社会化。如,共青团中央从2010年开始启动了"进城青年农民工技能培训月活动"。中华全国总工会从2011年开始,以城镇就业困难群体和农民工为主要服务对象,每年3月下旬至4月下旬举办"全国工会就业援助月"。从2012年开始,人力资源和社会保障部联合全国总工会、全国妇联组织每年年初开展"春风行动"。"春风行动"期间,各地都会组织专场招聘会、开展职业技能培训、提供劳动维权服务和法律援助等活动。

2013年6月,国务院办公厅下发通知(国办发〔2013〕60号),为进一步加强对农民工工作的组织领导,国务院决定成立国务院农民工工作领导小组,作为国务院议事协调机构,国务院农民工工作联席会议同时撤销。领导小组的主要职责是组织拟订和审议农民工工作的重大方针、政策、措施,组织推动农民工工作,督促检查各地区、各部门相关政策落实情况和任务完成情况,统筹协调解决政策落实中的重点难点问题。

与此同时,基于网络的农民工信息平台于2004年创办,2007年开始上线运营。经过几年的艰苦创业,"民工网"已成为中低端人力资源行业创立最早,流量最大,影响力最广的行业媒体和人力资源网络信息服务平台。中国—联合国青年农民工项目核心成果之一——"中国青年农民工网"也于2010年7月16日正式开通。该信息平台由中国社会科学院人口与劳动经济研究所、国际劳工组织和联合国人口基金会共同建立,作为千年发展目标基金资助的"中国青年农民工项目"的重要成果之一,旨在整合共享资源、推动农民工问题研究、促进青年农民工发展。设有政策法规、数据调查、学术研究、培训、中国青年农民工项目等板块,主要面向与农民工相关的研究机构、政策部门以及青年农民工群体,信息资源按照不同主题、不同层面或区域以及性别视角进行了分类,平台上所有的政策、数据、报告等信息资源均可以免费共享,对于促进农民工问题研究和信息交流,推动青年农民工健康发展具有积极意义。

基于此,我们认为,新生代农民工群体的培训工作正逐步走向社会化,正在回归培训面向大众的本源价值。

第三节 农民工培训中存在的主要问题

我国从政府层面大力推进农民工培训工作已经十年有余。以政府为主的培训主导方从经济发展与社会和谐稳定的高度看待农民工培训工作，重视程度很高，应该说是处于较"热"的状态。培训能够提升受训者的人力资本水平，有助于农民工就业、转换工作、安全生产并融入城市，促进自身的职业发展，理论上也应该有很高的热度才对，而且调查中绝大多数农民工也都表现出了极高的热情，但实际上许多农民工并没有把这种感情上的"热"转化为培训行为，在现实社会并没有达到与政府的"热"相匹配的程度，而是在某种程度上表现出了"冷"。中国教育政策研究院《城市化进程中新生代农民工职业教育与社会融合问题研究》课题组2012年3月—2013年8月的调查表明：新生代农民工的培训参与率为14%。本课题组调查的新生代农民工参训率为20%。这种应该的"热"与实际的"冷"形成的极大地反差，实际上反映出了培训的制度设计与培训本身存在的深层次问题，在制度设计和培训运行环节还没有真正体现"以人为本"的要求。

笔者梳理农民工培训中存在的问题可以归纳为以下六个方面：

一 制度建设不完备，不利于培训工作的可持续发展

从培训的角度来讲，涉及的法律有《劳动法》《职业教育法》《就业促进法》等，但大多是对培训的原则要求，缺乏实施培训的刚性约束和具体操作性；从农民工特殊群体来看，还没有专门针对他们的完整法律。与农民工培训有关的常见的是政策类的《意见》《规划》，层级从党中央、中央政府一直到各地方政府都可以见到。但这些政策为了能够得到快速落实和具有指导性往往采取"项目化"的设计策略。

项目化的政策设计在项目启动期具有较强的可操作性，尤其是在农民工培训政策转变期有利于在短期内把培训工作组织起来。但项目本身带有阶段性、部门性、区域性和对象的限制性，容易划定特定的人群，归于特定的部门，受制于项目的时间节点性要求。一方面即使项目实施过程中存在一些问题，也往往以项目所剩时间不多、马上到期、到期再改等说辞进

行搪塞；另一方面由于越是基层、越是需要接受培训的农民工往往越不了解培训项目到期后能否继续执行的信息，一些培训机构也会因为拿不准下一阶段还有没有项目、项目形态有没有变化、自身还能不能继续获得培训授权而往往采取以最小的投入来应对这些不确定性，这就容易造成在项目启动期轰轰烈烈、热热闹闹，但到项目收尾期平平静静、无声无息。

二 培训项目的顶层设计倾向，抑制了基层主动创新的动力

培训农民工的工作实质上是我国农村劳动力乡城流动政策变化的一个缩影，它取决于中央政府的战略决策，需要中央政府来定调。所以，是否培训农民工不是一个单纯的技术问题，而是体现了国家农民工政策的变化与走向。在我国中央财政相对宽裕以及需要强力推进农民工培训的现实背景下，中央政府在21世纪初的十年出台了一系列的培训政策，这些政策的一个突出特点是"项目导向"，体现了不同行业或系统各自的意志，突出了本行业贯彻中央政府决定的决心和态度。各部委针对本部门的职能特点出台了相应的以"工程""计划"命名的培训项目，为了使培训的组织与实施具有本部门的特色和能够得到较快和较顺利的执行，必然要对培训的对象、培训的组织与实施等进行细致的规定，从而也就决定了培训设计的顶层化特点。

项目的顶层设计偏好和我国层级管理的体制必然会抑制基层创新的动力。基层主动创新少主要包括两个方面，一是基层由于政策、财力和精力限制，很少主动启动新的培训"项目"，开展有地方特色和"接地气"的培训活动，而是把主要精力放在贯彻落实上级培训项目上；二是在贯彻落实上级项目时由于受顶层政策约束，很难对项目本身做出大的调整，久而久之，就形成了逐级以文件的方式贯彻上级政策的僵化的应对策略，被动地执行培训要求，逐级分解落实培训任务，缺乏创新的激情和动力。培训文件的层层转达有时会形成大一统，以普遍性的要求代替个性化的培训设计。

张胜军（2012）认为，基于项目依托的农民工培训工作在表面看轰轰烈烈的同时，也存在培训项目管理不协调和缺乏有效激励问题。五个国家主导的农民工培训项目都是由本部门主导实施，各部门之间管理不协调，缺乏统筹规划。培训任务由各部门自上而下进行分配，各部门有不同

的培训标准与补贴标准，对于培训机构的认定标准也不一致，导致各培训项目之间为了争夺培训资源而交叉重复培训，资源浪费现象非常严重。同时，各部门也普遍缺乏对培训市场、培训机构以及培训资金的全方位监督，导致培训市场存在垄断、过度竞争的不良现象，培训机构造假现象层出不穷，培训资金被恶意骗取情况也时有发生。培训项目激励举措不到位，导致利益相关者参与积极性不高。有些地方政府通过发放"培训券"等形式将培训资金直接补贴给农民工，由职业培训单位承担招生、教学、安排就业的成本，在某种程度上影响了培训单位的积极性，使得培训质量难以保证，甚至出现有些培训机构为了套取项目资金补贴而虚报培训人数的现象。另外，缺乏对用人单位的有效激励。尽管用人单位可以从本单位员工工资总额中提取一定比例的资金用于农民工培训，但是由于农民工流动性强、劳动合同管理不规范，企业对农民工缺乏有效的约束，实际执行效果并不理想。国家对于积极参与农民工培训工作的企业也缺乏税收优惠等方面的激励政策。

三 培训体系建设不完备，影响培训的整体功能发挥

培训是一项复杂的系统工程，培训对象千差万别、各用人单位对劳动者的知识与技能需求也有地域和层次的差异性，不同层级和类别的培训机构应该承担起不同的培训职能，以适应不同地域、不同用人单位和不同人群的差别化需要。历经十年的农民工培训，尚未建立起统一完备的适应不同层次、类别、功能、性质和地域分布需要的培训体系。使得许多培训缺乏针对性，各培训机构提供的是同质化的培训项目和课程，既体现不出机构之间的差异和特色，也不能满足不同个体的特殊需求。

政策周期与需要节点不吻合。农民工处于"候鸟式"的流动之中，在不同的流动时间和地点培训需求不同。如在春节回乡期应该是输出地基层培训机构发挥作用的好时机，而在春节后进城择业期，应该是输入地各级机构发挥作用的好时机。但由于输出地和输入地培训机构缺乏沟通协调和明确的分工，且培训政策的周期是以自然年度来划分，在这两个最典型的高峰期正处于政策周期的空白期，影响了培训功能的整体发挥。

培训内容相对单一。目前各农民工培训项目大多以满足农民工生存性需求为职业培训的政策导向，主要以当前社会通用技能为主，侧重解决农

民工的就业和创业问题，项目趋同性问题突出。

四 培训体制僵化，运行机制不健全，影响培训质量的提高

同一部门的不同层级间、同一层级的不同部门间的沟通协调难。各个培训项目在培训机构的认定、培训信息的发布、招生策略、学员管理、考核发证、经费拨付机制与标准、企业与社会公益组织参与培训的方法与路径、农民工培训信息获知渠道、培训时机的选择、培训方案的制订规则与审定等方面都缺乏明确的依据和标准，项目间难以统筹协调。

农民工培训政策的落实一般是本系统内省级主管部门按照中央部门的要求和部署出台相关的实施文件，从管理与组织实施的角度进行全面的安排，以指导市县本系统的各级机构来落实，各市县级部门根据授权成立领导小组和办公室，然后筛选培训机构并报省级部门备案，根据省级部门分解的培训任务再分解到各培训机构，同时明确培训对象、招生要求、信息报备、方案制订与培训组织实施的相关细则。从任务逐级落实和分解来看，很完整也很完善，但由于太多时间和精力都消耗在行政体系内部，属于线性关系，所以培训成效检查的任务就落到最基层的县级部门。由于县级部门人员紧张、职能交叉且较多，很难有精力去督导检查各机构的实际培训效果，所以往往是在机构资质认定环节按照上级文件要求进行严格的资质审核，在培训实施过程中有可能根据上级的提醒和专项检查要求进行所谓的检查，大多数情况是根据各培训机构所提交的材料和并不全面系统的信息对培训成效进行认定。同时，如果认定培训机构成效不高，有可能影响上一级政府在来年的任务分配，在一定程度上影响本地的中央财政经费补助，所以一般不会主动承认培训成效不高的问题。

缺少评价的培训是不完整的培训。在培训管理中存在重培训授权轻培训管理的倾向，培训任务布置多，培训成效检查少。即使有监控措施，也存在监控主体不够民主、监控手段不够科学、评价量表主观简单的问题。

赵树凯（2009）认为农民工培训程序复杂烦琐。据调查，有些地方的农民工培训，至少要经过12道程序才能完成。培训机构在得到政府授权后，对农民工进行培训宣传动员、报名填表、逐级上报审批，程序复杂，课程设置多在培训班开设前由各级主管单位统一规划。杜永红、李鑫（2012）认为，政府还没有建立起有效的新生代农民工培训激励机制，未能充分激发起新生代农民工参与培训、企业组织举办培训的热情。从 2004 年国家启动培训以来，新生代农民工培训就是由多个部门共同管理、实施，但一直缺乏统筹管理新生代农民工培训的协调机制与监督机制。政府主导、企业辅助和个人参与的新生代农民工培训投入机制尚未形成，输出地与输入地之间也未建立起稳定的培训就业服务合作机制。不健全的培训机制影响了新生代农民工培训的实施和效果，未能有效地促进新生代农民工向技能型人才转变。

五　政府培训经费部门分管，不能集中满足大规模高质量的培训需要

从培训经费来源看，尽管国家有些文件提出要建立"政府、企业、个人"三方分摊的经费筹措机制，但由于只是原则要求，没有具体的实施要求和罚则，除了企业内部自主举行的员工培训外，处于职业搜寻阶段的农民工培训经费几乎清一色地来源于中央政府，地方配套经费和个人支付部分的培训费用一般也很少到位。在实际的培训组织环节，由于组织农民工参加培训的难度较大并基于减轻农民工负担的考虑，有时不但不向个人收取相应的费用，还要从捉襟见肘的经费中挤出一部分作为参训人员的生活补贴。在具体经费使用环节，中央专项经费一般都明确要专款专用，通常不考虑培训机构是否盈利。事实上，不管培训机构是公办还是私立，没有适度的盈利就不能保证培训的可持续性。对于政府附设的培训机构和公办职业院校而言由于有相关管理人员和教师的日常运行经费支撑，只要能够维持培训班运行即可，而社会培训机构由于缺乏日常经费支撑，所以只能靠虚报培训规模同时"缩水"培训内容和培训时间来获得一定的收益。地方主管部门一般也都心知肚明、听之任之。久而久之就形成了在"不盈利"的假象下的"真盈利"现象，最终不但侵害了受训者的利益，也形成了监管黑洞，容易滋生培训腐败。

与此同时，还存在条块分割、重复培训、浪费培训经费的现象。

六　农民工培训信息传播与获知主渠道错位，信息传导阻滞

一方面，许多农民工不知道政府在何时、何地组织什么样的培训；另一方面，众多无效培训所传递的负面效应使得农民工不愿主动去寻找培训信息。

政府传播培训政策与信息的渠道过于形式化,已经进入到了宣传误区,认为搞个启动仪式,请记者写篇稿子照个相,通过电视台、网络、报纸一放就是宣传了,其实那是在造舆论,做表面文章,是给上边主管部门看的,农民工一般不关注这些宣传渠道,他们大多是以同乡、同事、亲缘作为社会关系网络,他们认为关系网内传播的信息是最为可信的,因此更关注网内的口口相传,更关注同龄人的动向。

这种信息传播与获知主渠道的错位,造成了培训信息传导阻滞现象的发生。

综上所述,当前实施农民工培训工作的主体是企业、正规的职业院校和各级各类社会培训机构,三类机构在实际培训工作中的出发点、运行机制、作用发挥等方面差别较大,缺乏有效地统筹和衔接,尤其是政府主导的具有公益性质的各级各类培训活动虽然取得了巨大的成效,但问题也不少。所以需要我们从国家、个人和用人单位等多个视角来研究和分析他们对于农民工培训工作的意愿、现实的行为以及应该如何做出调整与改变,以切实做好农民工培训工作。

第三章 国际农村劳动力转移培训经验

国外没有所谓的"农民工"的概念，但国外有农村剩余劳动力向非农产业和城市转移的经历并一直延续着这一进程。农村剩余劳动力转移是经济发展和社会转型的必然要求，关系到国家的可持续发展和社会的长治久安。在农村劳动力转移过程中，由于各国国情不同，工业化和城市化的起始时间、发展进程、具体方式与路径不同，政府或社会所采取的转移措施亦不同，但对转移群体实施教育培训的救助措施则是大多数国家共同的经验。

第一节 国外农村劳动力转移培训经验比较

经过文献梳理发现，国外在长期的农村剩余劳动力转移培训实践中形成了一系列经验，涉及法律法规、经费来源、培训体系、培训主体、培训模式、培训内容、质量保障等方面，概括为培训保障、培训实施和培训质量管理三个领域。

一 培训保障领域

培训保障领域主要比较了法律法规、经费来源和培训体系三个方面，分别属于制度保障、经费保障和机构保障范畴。

（一）法律法规

为提高农村剩余劳动力素质，增强就业竞争力，许多国家都是通过立法的形式予以规范和保障。刘艳珍（2012）认为：只有通过立法，建立和健全农村剩余劳动力职业技术和技能培训的法律法规体系，才能保障农村剩余劳动力职业技术和技能培训健康、有序、稳步地发展。

英国是最早进行农村剩余劳动力转移的国家，历经圈地运动和工业革命，英国的农业人口占总人口的比例由圈地运动前的80%到19世纪初的35%再到19世纪中叶的25%[①]，基本完成了农村劳动力转移的任务。农村劳动力的快速转移一方面为城镇第二三产业的发展提供了丰富的劳动力资源；另一方面也带来了就业压力和严重的社会问题。1601年颁布的《济贫法案》在限制人口流动的同时，也规定贫民子弟不分性别都要接受学徒培训，1865年议会通过的《联盟负担法》扩大了救济贫民的区域范围和贫民居住地范围。[②] 1964年，针对当时职业培训缺乏法律依据的问题制定了《产业培训法》，该法对职业培训做出了明确的法律规定，特别是对职业培训控制协调机构的设置、职业培训的财政制度以及职业培训的设施等都做出了明确的法律规定。1967年颁布了《工业训练法》，1976年又颁布了《就业训练法》。职业培训被正式纳入战后英国教育政策的框架之中，是英国通过立法手段干预职业培训的具体表现。1982年颁布的《农业培训局法》，进一步明确了政府对农村剩余劳动力进行免费职业教育和技能培训的责任与义务。现在每年有1万名农民由国家负责对他们进行1年的义务农业职业培训，参加培训的人员每周由国家发给25英镑补助工资。

美国从20世纪60年代起，颁布了一系列法律法规以加强对农村剩余劳动力的教育和培训。1962年《人力发展与训练法》旨在通过提供教育和技能培训解决农业劳动力就业不足的问题。1964年颁布实施的《就业机会法》制订了一体化的农村发展计划，包括政府援助兴建成人教育、就业服务、医疗服务设施等，切实为农村劳动力转移构建了良好的服务体系。80年代制定的《就业培训合作法》旨在为就业困难的青年和失业工人提供职业技能培训，使其具备就业的技能。同时为了增强培训的有效性，法案的执行机构将培训与企业用工相结合，使企业在获得所需员工的同时协助政府改善就业培训服务体系。为确保弱势青年群体的就业与培训，美国政府于1998年通过了《劳动力投资法》，该法针对地方劳动力

[①] 刘国永：《国际农村劳动力转移培训经验及我国实践与政策思考》，中国教育经济学年会会议论文，2005年10月，第547—562页。

[②] 好搜百科：《英国圈地运动》，2013年6月（http：//baike.haosou.com/doc/5726461—5939199.html）。

市场的需求与社区的青年服务的需要，积极倡导政府、企业、工人和社区学院等建立起合作伙伴关系，通过各种社会力量的共同努力，来促进青年群体的就业。

日本从明治时代开始，历届政府都十分重视教育事业的发展，对农民的职业教育也高度重视。1949 年颁布了《社会教育法》，该法强调利用公民馆、图书馆等设施对农村成人进行职业技能教育和培训。1953 年颁布的《青年振兴法》十分重视通过政府资助对青年农民进行职业技能培训，有力地促进了日本农村职业技术教育的正规化、制度化。1961 年，政府制定了《农业基本法》和《农业现代化资金筹措法》，规定在 10 年内要将农村中农户总数的 60% 转移到非农领域。1971 年颁布的《农村地区企业导入促进法》明确规定："积极而有计划地促进农村地区导入工业，从而促进农业从事者依据其希望和能力进入工业中就业。"

韩国在农村劳动力培训和转移方面的立法也较多。1962 年制定了《农村振兴法》，1967 年 1 月随着韩国工业化的开始，制定了第一部的《职业培训法》，1973 年 12 月制定了《技术资格法》，1976 年 12 月制定了《职业培训基本法》，此法规定企业对员工进行培训是其最基本的义务。1989 年 4 月制定了《技能奖励法》，1997 年 12 月制定了《劳动者职业培训促进法》。此外还颁布了《职业培训义务制》《职业培训促进基金》等规章，从各方面保证农村劳动力素质提高和转移的顺利进行。

（二）培训经费

充足的经费是保障培训有效开展的重要基础，从各国的做法来看，政府拨款是经费来源的主渠道。

美国政府注重加强对职业培训的财政支持力度，由国家和州政府按比例拨专项资金用于职业培训，不向企业、社会团体等征收培训费用。美国政府的每一项事关农村职业教育的法案和政策基本都有经费的支持，政府用于就业和再就业培训方面的款项每年都有所增加。当然，除了联邦政府的经费投入外，企业资助也是经费来源的重要渠道，部分企业会向承办职业培训的院校提供培训所需设备。此外，工商界和各类基金会组织也通过多种形式向职业培训提供资助。据统计，美国每年用于培训的费用高达 600 亿美元，在《就业培训合作法》中政府要求国会每年拨出 35 亿美元培训 100 多万失业工人，并强调专款专用。

德国的职业培训经费由政府部门、企业和工会分别承担,政府大量拨款用于职业培训,企业用于职工的培训经费一般高于营业收入的1%,同时还鼓励企业、团体和私人投资职业培训。

日本政府认识到,只有不断提高农村剩余劳动力的素质,他们才能够顺利地转移到非农产业。为此,政府在各地建立了许多职业训练机构,负责对希望外出劳动的农民进行职业培训。与此同时,国家组织动员各界力量对他们进行免费职业技能培训,特别是鼓励各企业、社会团体积极开展岗前培训,为农村谋职者提供各种学习机会,使农业劳动力的素质不断提高,适应了城市工业和第三产业对劳动力素质的要求,从而有力地推动了农村剩余劳动力的有序转移。在日本,不但政府拨大量专款进行职业技能培训,而且日本企业雇主也认为开展职业培训是企业应尽的义务。日本还推行雇佣保险制度,企业、工人、雇佣事业团和政府按比例交纳雇佣保险金,用于保障就业安全和负责能力开发。

韩国通过政府主导、资金引入的方式来解决其农村剩余劳动力转移培训和农民培训的经费问题。

俄罗斯国家拨款是培训经费的主要渠道,同时鼓励社会组织、机构、企业及个人对培训进行投资,允许教育培训机构从事商业性经济活动取得收入进行教育培训再投入,允许学校从事非商业性经济活动取得收入。

在巴西,国家培训部门按工资总额的1%征收培训费用,建立国家培训基金。培训基金的一半用于培训管理机构对员工进行长期培训,另一半留在企业由雇主自主使用,但不能违法使用和不用。

(三) 培训体系

英国为了搞好对青年群体的就业和再就业培训工作,由就业部和教育科学部于1991年联合推出了《21世纪的教育和训练》白皮书,并首次提出了培训信用卡计划。计划规定年龄在16—17岁的离校青年可领取培训信用卡,通过持有这种货币凭证而获得培训场所和培训津贴。为提高18—24岁青少年的专业技能,英国政府在1998年制订了旨在促进其就业的"NEWDEAL"计划,强调通过政府、企业、社团和学校的合作,来办理符合市场需求与地方特色的技能培训体制,以帮助青少年群体更好地就业。在此基础上,英国又于2000年推出"个人学习账户",鼓励人们通过不断的学习获取更多的生存技能。由此就建立起了从学生离校到劳动生涯结束的终身职业培训体系。英国的农民职业教育与技能培训基本以农业培训网为主体,再加上高等学校和科研与咨询机构的积极参与,形成了高、中、初三个教育层次相互衔接,正规职业教育与业余职业技能培训相互补充,特色鲜明的农民职业教育与技术培训体系。目前,英国有200多个农业培训中心,每年约有30%的农业劳动者参加各种不同类型的农业培训活动,每年受基础教育的1万多名农村毕业生中,有4/5的学生要参加两年以上的不脱产的农业培训。

美国建立了提供培训、教育和就业一体的"一条龙服务中心",形成了包括工作岗位网、人力资源网、劳动力市场信息系统和职业培训网4个数据库的现代化劳动力网络信息系统,突出政府的主导作用和为个体的个性化发展服务职能,建立了较为有效的培训绩效考核和激励机制。

澳大利亚设立了国家培训权力机构(ANTA),建立了全国统一的职业能力标准体系和对应的职业资格证书制度、全国认可的学历资格框架体系和评定技术能力标准、行业企业参与职业培训的有效机制以及职业培训经费拨款制度。

日本政府非常重视对农民工的培训,结合本国的具体国情,制订了一些促进工业、农业以及城乡协调发展的指导性计划,同时也注重鼓励小农户向非农产业转移。与此同时,日本政府非常重视对国民的素质教育,农民工培训形成了以教育系统为主体,大学本科教育、农业大学教育、农业高等学校教育、就农准备校教育和农业指导式教育这五大不同层次的培训体系,并且各个层次的培训对象、培训目标都有所不同。大学本科教育主要是为培训培养高级的技术人才和教员,壮大培训的师资队伍;农业大学教育主要是实行培训大专、中专教育;农业高等学校教育主要是培训应用型的人才;就农准备校教育和农业指导式教育主要是进行短期的农业技术知识的教育与培训。

二 培训实施领域

(一)培训主体

在美国的职业培训发展过程中,政府是承办主体,但由于美国职业培训的内容与企业需求互相联系,因此企业、工商界较大程度的参与职业培训。企业雇主们或者与办学机构合作担任咨询委员会成员,或者为培训中心提供师资和设备，或者直接开办职业培训公司等综合性服务机构，对有就业困难的劳动者进行就业前培训。美国的农村教育培训不仅得到了政府、个人、广大志愿者的积极支持和参与，而且许多企业也为此做出了突出的贡献。

在加拿大，政府是职业培训的主要承办方。加拿大政府拨款资助各省建立专科技术学校和工艺学校，并建立两年制学院，提供高中后的职业技术教育和大学转学教育。各省市政府机构及大学也采取开设班级等方式为广大民众提供职业培训。此外，私人与社会团体也踊跃参与。

德国职业培训的承办主体是企业，联邦和各州政府负责对企业主办的职业培训提供资助。德国一半以上的职业培训都是由各大企业主办的，为了防止大企业和中小企业的职业培训效果差异过大，联邦和各州政府尤其对中小企业承办的职业培训提供优惠和资助。德国的农村劳动力培训由农牧渔业部负责，各个农业团体和协会配合工作开展。在这样的管理体制下，形成了包括培训机构、教会系统的职业培训机构和专业协会下的培训机构、合作社，并形成了"学徒式""双轨制"的培训形式。

日本形成了由农业主管部门负责，其他相关部门分工和协作的管理体制，具体培训以教育系统为培训主体，农业改良普及系统予以配合。

韩国的农民剩余劳动力教育培训是采用政府干预的方式。由国家统筹规划，通过立法保障，资金引入，以政府的农业技术推广指导机构和民间团体为主要培训主体，采取与市场运作相适应的学校教育培训制度，从而使国内的教育培训不断呈现多元化、个性化和人性化的特点。

（二）培训模式

法国的农民就业培训主要由农业职业技术学校、农学会等培训机构承担，培训内容丰富实用，培训形式多种多样。主要是对16—26岁的青年，采用合同制和非合同制的培训形式，实行"学徒式"的农民就业培训。合同制的"学徒式"农民工技术培训要求接受培训的青年农民工必须与农场或农业企业签订学徒合同，并到行业协会注册，接受行业协会的指导和监督；非合同制的"学徒式"农民工技术培训不需要学徒工和雇主签订合同，培训期间双方都可以提出终止学徒培训。在培训过程中，受训青年农民工与农场主或熟练的农业企业工人合作，一边从事实际工作或劳动，一边接受职业技术培训，待职业技术培训合格后，他们就可以获得国家承认的资格学历认证证书。

美国的教育培训形式灵活多样，一般实行弹性化的教学，为受训者提供多种可供选择的课时安排和个性化的教育。培训主要分为在公立学校内举办的系统、正规的培训和公立学校之外教育培训机构举办的业余培训两种。公立学校的培训方式主要包括课堂指导、实践实验指导培训、辅助农业经验培训等，业余教育培训一般是由当地的高中教师在夜校进行的，大多主要安排在秋季、冬季的农闲时期，培训机构可以为受训者提供一对一的辅导，时间可以是上午、下午或者晚上。

加拿大主要实行的是绿色证书培训，培训期间，培训者与受培训者签订相关培训合同，明确双方的责任，培训过程实行师徒式的培训模式，根据不同的就业需求，设置不同的培训等级与培训内容，注重实践操作，培训合格后便可获得更多的就业机会。

英国的农民工培训主要以市场为导向，建立了灵活培训机制。将就业培训与职业介绍统一，提供劳动力市场信息等服务。由于政府专门进行培训成本较高，通常采用招标等方式，实行购买培训的办法来实施再就业培训。

日本的培训主要是以学校为依托，注重政府、企业、学校等多部门的参与，在培训中，注重"产学"相结合，这种培训模式主要包含三个层次，一是企业与学校建立战略合作伙伴关系，企业出资委托学校对农民进行培训以及科研项目研究；二是企业与学校的双向交流与学习，优劣互补；三是产业界帮助学校解决资金困难问题，学校按照企业的要求为企业培训高级技能型人才。

（三）培训内容

美国开展教育培训主要是为了使劳动力具备就业条件和适应所在岗位的变化需求，培训的内容涉及很多方面，包括英语学习培训、学历课程培训、工作技能培训、发展能力培训等诸多项目。其课程设置紧贴企业的需要，针对性强，课时安排灵活，包括帮助员工树立职业道德观念以及进行各种职业技能培训，开设综合性基础教育课程，培养员工的管理和领导能力等。

德国的职业培训内容以市场为导向，培训内容与形式比较灵活，职业培训出来的劳动力产品适应就业市场需要以及技术发展提出的新生产要求。企业传授实际工作中所需的实际技能及必要的理论知识，学校则以课堂教学为主传授系统的理论知识，同时也进行必要的实训。这种培训与就业需求紧密结合的形式，更好的促进了劳动力直接进入工作岗位。

英国建立基础学位制度及相应课程培养模式，强调知识与技能并重，尤其突出各种技能培训。培训内容主要包括专门技能、学术知识、可迁移的技能三方面，并根据具体学科特点、专业特点和雇主需求来确定这三部分内容的侧重。

日本十分重视本国的农村劳动力教育培训，在不同阶段对农村劳动力的教育培训侧重点不同。在"跳跃式转移"时期，经济发展以重工业为中心，培训内容以职业技术培训为重点，目的是促进农村剩余劳动力向城市转移。在"农村非农化转移"时期，经济发展速度放缓，培训的目的是推动农业生产向广度和深度发展，而不是转移农村剩余劳动力，培训内容以农业技术为主。

韩国的农村剩余劳动力教育培训是在韩国的农业未能充分发展的背景下开展的，主要依靠发展劳动密集型产业为主的转移，其培训的重点在于提高培训对象的职业技能水平。近年来，逐步加大了培训对象的农业技术培训和为提高农民科技素质的培训，目的是扶持和培养具有国际市场竞争实力的种植大户，提高本国农业产品产量，减少和降低对农产品的进口依赖。

三 培训质量管理

多数国家通过建立严格的质量保障体系来保障培训质量，从入口到出口严格把关。从入口上，对参与培训机构通过分层次和市场竞争的方式来选择，对师资录用有严格要求，在培训内容上通过严格的市场调查才予以确定；从出口上，对学员严格规范考核和发证制度，考核合格后才予以颁发证书，并尽量做到培训与发证分开，避免滥发证书，对培训机构，通过"就业率"和"满意度"等对培训机构定期考核评估。

美国不但重视就业培训项目的制定以及实施过程，而且注重培训需求的反应以及对培训效果的评估。政府通常在培训之后对受培训人员的就业情况进行跟踪调查，以此作为对培训机构能力的测评及监督依据，并为培训机构评级，而培训机构的级别直接影响到其是否能吸引到更多的客户，这就促使培训机构在培训项目的规划及制定等方面更加符合市场的需求。

在英国各产业培训中，农民职业教育与技能培训是唯一能够得到政府资助的。为有效保证培训质量，建立了严格的考核制度和发证制度，成立了由各方面专家组成的培训与企业委员会，主要是对培训中心的培训质量进行考核和评估。农村剩余劳动力通过农业部培训局、地方教育局、农学院、农业企业等培训并考试合格，登报公布其考评结果后，才颁发"国家职业资格证书"，以此来加强培训管理。并且为避免滥发证书还专门成立了职业资格评审委员会。1987年，为了奖励在农民职业教育与技术技能培训工作中成绩突出的单位，英国设立了"国家培训奖"。

法国通过法律规定只有通过获得合格证书才能获得国家资助和享受相应的补贴和优惠政策，具体由农业部负责培训、教育部负责颁发基本文凭。通过培训与发证分开，双管齐下，保障培训质量。

澳大利亚对各类培训机构实行定期考核，凡就业率低于6.4%的将取消拨款计划，对连续几年社会满意度不达标的将予以关闭。

第二节　国外农村劳动力转移培训经验借鉴

在我国农业现代化、城镇化的发展进程之中，一方面要把农村富余劳动力转移出来并实现有效就业；另一方面又要不断提升产业工人素质以提高工作绩效，二者都与我们所说的"农民工培训"有关。国外农村劳动力转移培训经验对我们做好农民工培训工作具有很好的启发意义。

一　制定专门法规，提升农民工培训的法律保障水平

开展农民工培训是一项庞杂的系统工程，受到多方面因素制约。发达国家的实践表明：只有通过立法，建立起完善的职业培训法律体系，才能有效保障职业培训工作常态化的有序开展。目前，我国还没有专门针对培训的法律，在我国现有法律中涉及培训事宜的主要有4部，其余法律很少有涉及职业培训内容的条文。

1994年颁布并于1995年1月1日施行的《中华人民共和国劳动法》从劳动者享有的权利角度明确劳动者有"接受职业技能培训的权利"。围绕"职业培训"制定了四个法条：第六十六条，国家通过各种途径，采取各种措施，发展职业培训事业，开发劳动者的职业技能，提高劳动者素质，增强劳动者的就业能力和工作能力。第六十七条，各级人民政府应当把发展职业培训纳入社会经济发展的规划，鼓励和支持有条件的企业、事业组织、社会团体和个人进行各种形式的职业培训。第六十八条，用人单位应当建立职业培训制度，按照国家规定提取和使用职业培训经费，根据本单位实际，有计划地对劳动者进行职业培训。从事技术工种的劳动者，上岗前必须经过培训。第六十九条，国家确定职业分类，对规定的职业制订职业技能标准，实行职业资格证书制度，由经过政府批准的考核鉴定机构负责对劳动者实施职业技能考核鉴定。

1995年9月1日施行的《中华人民共和国教育法》作为教育领域的母法，把职业培训纳入到职业教育与成人教育领域。第十九条从宏观角度提出"国家实行职业教育制度和成人教育制度"。"各级人民政府、有关行政部门以及企业事业组织应当采取措施，发展并保障公民接受职业学校教育或者各种形式的职业培训"。第四十条重申了"从业人员有依法接受职业培训和继续教育的权利和义务"。"国家机关、企业事业组织和其他社会组织，应当为本单位职工的学习和培训提供条件和便利"。

1996年9月1日施行的《中华人民共和国职业教育法》把职业培训作为职业教育的一部分，明确"本法适用于各级各类职业学校教育和各种形式的职业培训"。把职业培训纳入职业教育体系之中，"国家根据不同地区的经济发展水平和教育普及程度，实施以初中后为重点的不同阶段的教育分流，建立、健全职业学校教育与职业培训并举，并与其他教育相互沟通、协调发展的职业教育体系"。在第十四条中规定了类别、层次、实施机构，"职业培训包括从业前培训、转业培训、学徒培训、在岗培训、转岗培训及其他职业性培训，可以根据实际情况分为初级、中级、高级职业培训"。"职业培训分别由相应的职业培训机构、职业学校实施"。"其他学校或者教育机构可以根据办学能力，开展面向社会的、多种形式的职业培训"。其后从职业教育实施和保障条件等方面对职业培训进行了全面的涉及。

2008年1月1日起施行的《中华人民共和国就业促进法》是一部以"促进就业，促进经济发展与扩大就业相协调，促进社会和谐稳定"为主旨的法律，设立了"职业教育和培训"专章，有八个法条。

涉及农民工培训的立法滞后与我国曲折的农民工发展历程有关。在改革开放到入世之前，我国的农民工政策重在管理，入世之后尤其是 2002 年中央农村经济工作会议之后，农民工政策由管理向服务转型，提出了"公平对待、合理引导、完善管理、搞好服务"的 16 字方针，作为"服务"的重要举措之一——培训农民工才纳入到各级政府的工作事项之中。2003 年 1 月 5 日国务院办公厅以一号文件的形式发布了《关于做好农民进城务工就业管理和服务工作的通知》，文件共涉及六个方面的内容，其中就包括农民工培训。文件明确了劳务输入、输出地方政府间的责任，提出了农民工个人自愿选择并承担、政府给予补贴的费用分担原则等。同年 9 月，农业部、劳动保障部、教育部、科技部、建设部、财政部六部门联合签发的《2003—2010 年全国农民工培训规划》被称为农民工培训的元文件，奠定了这一时期农民工培训的主基调，随后农业部组织的"阳光工程"、教育部组织的"农村劳动力转移培训计划"、人力资源和社会保障部组织的"农村劳动力技能就业计划"、国务院扶贫办公室组织的"雨露计划"以及科技部组织的"星火计划"等工程相继实施，掀起了农民工培训的新高潮。

  2010 年 1 月，国务院办公厅针对"农民工培训工作仍然存在着培训项目缺乏统筹规划、资金使用效益和培训质量不高、监督制约机制不够完善等问题"，下发了《关于进一步做好农民工培训工作的指导意见》（国办发〔2010〕11 号），对农民工培训工作进行了全面部署，该文件第一次使用了"新生代农民工"的概念，是迄今为止国家针对农民工培训工作最全面、最细致的政策性文件。但之前农民工培训"五大工程"要么转型、要么由于缺乏经费支撑淡出，群团组织逐渐走到前台。例如，中华全国总工会从 2011 年开始，以城镇就业困难群体和农民工为主要服务对象，每年 3 月下旬—4 月下旬举办"全国工会就业援助月"。从 2012 年开始，人力资源和社会保障部联合全国总工会、全国妇联组织每年年初开展"春风行动"等。

  正是由于缺乏强有力的法律支撑，农民工培训工作才呈现出阶段性波动的特点。相信随着我国经济结构调整和经济发展方式转型对劳动者素质要求越来越高，随着作为终身学习型社会重要支撑的教育培训体系建设越来越完善，国家出台与职业培训有关的专门法规的时间不会遥远了。

二　发挥地方政府在农民工培训中的主导作用，统筹社会培训资源

从国外农村劳动力转移过程来看，政府都发挥着重要作用。在我国农民工形成过程以及培训的发展过程中，政府也是起决定作用的推动者。但如果具体分析我国农民工培训产生与发展过程，很显然中央政府起着决定性作用，这在农民工培训的起始阶段是很必要的，但进入常态化阶段就需要转变角色了。中央政府的这种决定性作用主要体现在对待农民工的意愿和态度、农民工培训政策制定、农民工培训的组织与实施等方方面面，部分省级以下地方政府现在都处于等待执行的状态，一些地方政府只是在僵化地执行，有时是怠惰地执行上级的有关决定和安排，缺乏主动性和创新性。地方政府是在为中央政府做事，而不是在为农民工做事，使得培训开展的广度和培训成效大打折扣。所以必须明确地方政府在推进农民工培训工作中的主体责任，发挥他们在培训中的主导作用，也只有发挥他们的主导作用，培训才能更贴近农民工的实际，才能更有成效。

地方政府应该发挥统筹当地培训资源的作用。在当前和今后一个时期，除了中央政府层面应统筹涉农民工培训部门以外，各市县地方政府层面在统筹当地培训资源方面也有许多工作要做。地方政府是农民工职业培训的管理主体，应将农民工职业培训活动纳入到地方政府的发展战略和投资计划中，要建立区域内农民工培训资源和培训信息统一平台，实现农民工培训管理与实施的信息化。要发挥地方公立职业院校培训农民工的主渠道作用，积极统筹企业、民办职业院校、民间培训机构等社会资源。要将企业员工培训纳入培训信息管理体系中来，做好企业员工培训的监督、指导和服务工作，鼓励社会力量培训机构改善基础设施、提升培训能力、扩大培训规模、提高培训质量。还要建立区域内可以共享的培训教师资源库，打破机构壁垒。国外的农村劳动力培训都十分重视培训师资队伍建设，法国对农村职业技能培训中就需要培训教师具备相当于我国硕士学位的工程师，美国在农业技术培训中让具有丰富经验的农场主、大学教授担任培训任务。我国的实际情况是，培训师资队伍参差不齐，没有一个严格的教师录用标准和相应的考核指标对教师进行考核，教师队伍流动性大。开展农民工培训要注意挖掘现有的职业学校和企业的教师资源。在长期的认知视域下，学校形态的职业教育一直是人们关注的重点，职业培训作为一种点缀可有可无。因此，应该赋予职业学校更多的培训职能，尤其是在师资队伍建设方面要充分发挥职业学校体系完整、覆盖面广和专业教育资源相对充裕的优势，将其与企业、社会培训机构教师一起纳入到地方培训资源平台的教师资源库中，统筹共管共用。

三 建立公共财政为主体的多元化经费筹措机制，确保经费充足到位

大规模地开展农民工培训需要有强大的资金支持。农民工培训作为一项针对特殊群体的培训，具有一定的公益性质，公共财政拨款应该成为农民工培训经费的主渠道。我国现行的农民工培训经费属于中央财政专项，是以项目或工程为载体的拨付方式，具有阶段性特征，往往带来基层工作的不确定性，影响地方长期规划的制定和统筹地方培训工作的积极性。企业内员工培训经费主要由企业自行负担，我国原则上规定了企业要按员工工资总额的 1.5% 提取员工培训经费，但由于缺乏罚则和监督检查，各单位执行情况不一。多数规模以上企业由于机制健全，有完整的员工培训机构和培训规划，培训比较到位，但多数中小企业受制于自身经营规模、劳动用工方式、缺少监督检查等因素，培训资金往往不到位，所开展培训也大多以入职培训为主。为此，建议建立以公共财政资金为主体的多元化经费筹措机制，设立市县统筹的农民工培训基金。中央财政以不低于目前专项资金的额度建立农民工培训一般性支付项目，根据前推三年各地完成的培训任务量按比例直接划拨到市县统筹基金中，稳定公共财政资金拨款渠道。企业员工培训经费可以划分三种情况：对于有培训能力的规模以上企业经审核批准可以独立使用本企业的员工培训经费用于本企业员工培训，政府主管部门对其培训情况进行备案管理；对于有一定培训能力但不能完全履行培训责任的企业，自培情况进行备案管理，核定自培支出额度后计提剩余培训经费进入培训基金，由政府和企业共同委托培训机构完成其不足部分员工的培训任务；对于不具备培训能力的小微企业，可以根据经营状况计提一定比例（给予一定的优惠）的培训经费，政府委托培训机构全额培训其员工。公共培训基金主要用于政府推动的特殊培训如安全培训、处于职业搜寻状态的农民工、国家和地方战略引导性培训等，也弥补一部分小微企业亏欠的培训经费。这种制度安排有助于强化企业责任，救助和引领弱势企业重视员工培训，还有助于发挥公共财政资金的公益职能。

为稳定农民工培训基金规模，除了中央财政的一般性拨款外，还要鼓励企业、社会团体和个人捐资助训，不断充实农民工培训基金。鼓励银行等金融机构向培训机构或个人提供贷款，用于职业培训。培训受益人——农民工也应承担一定比例的培训费用。

四 推行农民工培训课程模块化设置方案，制定培训课程标准

农民工就业主要集中在建筑、机械制造、旅游服务等领域，要依据农民工求职、履职、职业发展等不同阶段的需求和行业企业生产运行、技术进步、产业升级要求建立模块化的课程库，供培训机构和个人自主与协商选择适合的培训课程和培训时间，既便于管理部门对培训机构进行管理和绩效考核，也有利于体现受训者自身需要，体现个性培训与发展要求。要围绕行业从业资格和员工知识与素质要求以及产业转型升级的发展要求制定培训课程标准，从而建立起以职业资格为导向的标准化、模块化课程体系。要引导培训机构按照以农民工为中心的培训工作开展流程，搞好培训需求调查与分析、合理设定培训目标、加强与企业的沟通与协商、做好培训情境设计和确定好培训模式等工作事项，不断提升培训质量。

五 建立农民工培训评估机制，完善培训质量管理与监控机制

目前，我国除了中央层面成立的全国农民工工作领导小组，还没有具体承担管理职能的部门和机构，部门分散管理，权责模糊，职能交叉现象严重。为此要建立实现统筹的区域农民工培训管理部门，负责区域内农民工培训规模、数量、绩效的检查与评估。要允许社会培训机构有适当的盈利，以保护他们开展培训工作的积极性。要建立与资金拨付比例挂钩的奖惩评估机制，根据招生数、培训考核合格率、就业率、满意率等对培训机构进行评估，依据评估结果确定人均拨款系数，办得好的奖励，办得不好的调低拨款系数，违规的惩罚甚至取消培训资格。

第四章 新生代农民工就业与培训现状[①]

从农民工群体变迁和农民工培训发展历程不难看出,新世纪以来新生代农民工群体逐渐成为我国农民工的构成主体,研究新生代农民工的培训意愿和行动必须从新生代农民工的群体特征和对就业与培训状况的认知开始。

第一节 新生代农民工基本情况

一 群体特征

（一）男性占比较高

从被调查群体的性别构成来看,男性高出女性 13 个百分点,这一比例与相关文献资料中农民工群体的性别比例大致相当。

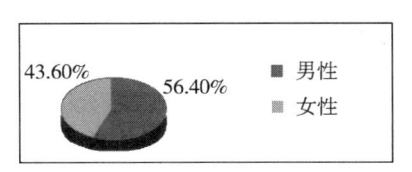

图 4—1 新生代农民工性别构成

（二）年龄集中度高

从群体年龄状况看,被调查新生代农民工群体年龄集中度最高的是 22—24 岁,集中度为 31.0%,年龄中位数是 23 岁,按频次和年龄段计算

[①] 注：第 4—6 章数据是基于涉及 26 个省（市、区）的 12790 份《新生代农民工职业培训状况调查问卷》资料统计而得。由于部分问卷信息填写不全,进行频数统计时以实际填写样本数量为基数。

平均年龄为 24 岁。年龄分布状况（2011 年）见表 4—1。

表 4—1　　　　　　　　新生代农民工年龄结构

年龄段	频数（人）	百分比（%）
16—18 岁	148	1.2
19—21 岁	3388	27.2
22—24 岁	3861	31.0
25—27 岁	2700	21.7
28—30 岁	1991	16.0
31—33 岁	357	2.9
合计	12445	100.0

（三）独生子女比例较低

从调查数据看，非独生子女比例较高，约为 82.2%，独生子女比例不足两成，这也比较符合 20 世纪 80 年代以后农村计划生育情况的实际。

表 4—2　　　　　　　新生代农民工是否独生子女情况

是否独生	频数（人）	百分比（%）
是	2251	17.8
不是	10416	82.2
合计	12667	100.0

（四）受教育程度相对较高

新生代农民工受教育程度不但反映了他们的文化素质，也反映了他们未来发展的潜力。被调查群体平均受教育年限 11.75 年[①]，远高于 2010 年全国从业人员平均 9.6 年的受教育年限，低于全国 2010 年新增劳动力 12.4 年的平均受教育年限水平。说明被调查群体的受教育程度和整体素质较其父辈有了较大提高但仍低于同龄人。从学历层次分布来看，高中以上学历层次占 56.6%，而小学文化程度占比为 6.3%。

---

① 注：平均受教育年限＝（大专以上文化水平人数×16＋高中文化水平人数×12＋初中文化水平人数×9＋小学文化水平人数×6＋未读过书的人数×0）/被调查总人数。

表4—3　　　　　　　　新生代农民工文化程度分布

文化程度	频数（人）	百分比（%）
小学	799	6.3
初中	4718	37.1
高中（职高）	3237	25.5
大专以上	3952	31.1
合计	12706	100.0

（五）政治面貌结构较为合理

表4—4　　　　　　　　新生代农民工的政治面貌

政治面貌	频数（人）	百分比（%）
团员	6094	48.0
党员	716	5.7
民主党派	270	2.1
群众	5614	44.2
合计	12694	100.0

中共党员占调查总数的5.7%，与全国平均水平大致相当。需要说明的是，绝大多数新生代农民工年龄正处于团龄期，但由于农村学生一旦离开学校团关系往往就失去了接收的单位，所以有相当多的团员因接转或年龄问题变成了群众。另外，该群体党员大多数是在校期间发展，真正在农村社区入党的比例很小，农村基层党员发展较为滞后。

（六）未婚比例高

新生代农民工群体的绝大多数已达到了婚嫁年龄，如果他们继续像其父辈那样虽然在外务工但重心仍在农村的话，相信应有较高比例的人已经结婚。但受当前社会整体结婚年龄推迟、农村适龄青年较早离开生活地外出务工以及务工地群体性别结构趋同等客观因素影响，新生代农民工群体结婚年龄有推迟的趋势，因此相关部门要关注新生代农民工的婚恋问题。

表 4—5　　　　　　　新生代农民工的婚姻状况

婚姻状况	频数（人）	百分比（%）
未婚	8022	63.3
已婚无子女	1576	12.4
已婚有子女	2824	22.3
其他	257	2.0
合计	12679	100.0

（七）务工时间短

调查显示，新生代农民工外出务工时间集中在 6 年以下区间，1—3 年的比例达到了一半，工作阅历尚浅，初始工作年龄一般在 20 岁左右，尚有较大可塑空间。

表 4—6　　　　　　　新生代农民工工作年限

工作年限	频数（人）	百分比（%）
1 年以下	2415	21.7
1—3 年	5605	50.6
4—6 年	2076	18.7
7 年以上	1001	9.0
合计	11097	100.0

二　文化程度的性别年龄差异

文化程度是表征个体人资水平的重要指标，也是影响人们培训认知与行为选择的重要因素。为了探究群体内部文化程度的差异性，课题组进行了新生代农民工文化程度与性别、年龄的相关性分析。

（一）文化程度与性别的相关性

表 4—7　　　　　　　文化程度与性别的相关性

		小学	初中	高中（职高）	大专及以上	总计
男性	频数	555	2983	1903	1645	7086
	占比（%）	7.8	42.1	26.9	23.2	100.0

续表

		小学	初中	高中（职高）	大专及以上	总计
女性	频数	235	1668	1302	2266	5471
	占比（%）	4.3	30.5	23.8	41.4	100.0

卡方检验结果：统计量 $X^2 = 513.503$，自由度 $df = 3$，$p = 0.000$。

由卡方检验结果可知：性别对文化程度影响达到极显著水平。观察表中数据可见，文化程度的性别差异主要表现为逆交叉，随着学历层级的提高，男性所占比例逐渐减小，女性呈现加大的趋势。男性群体中初中学历人数最多，达到42.1%，女性群体中大专以上学历人数最多，达到41.4%。从平均受教育年限来看，女性为12.48年，男性为11.20年。女性受教育程度高于男性的调查结果与传统的观念中农村较为重视男孩受教育，男性受教育水平应高于女性的认知不同。之所以会出现这种情况，可能的原因之一是农村女性群体外出务工的比例低于男性，而受教育程度是影响女性外出的一个因素，换言之，留守女性中低学历人员相对较多。另外也可能是，在较为平等的受教育环境中，女性学习的稳定性和踏实性特点，可以使得她们在学习的道路上走的相对远些。女性农民工的受教育水平明显高于男性，这是值得注意的一个社会现象，也是在培训工作开展中不能忽视的一个现实。

（二）文化程度与年龄的相关性

表4—8　　　　　　　文化程度与年龄的相关性

		小学	初中	高中（职高）	大专及以上	合计
16—20岁	频数	77	502	292	971	1842
	占比（%）	4.2	27.3	15.8	52.7	100.0
21—25岁	频数	294	2482	1901	2202	6879
	占比（%）	4.3	36.1	27.6	32.0	100.0
26—30岁	频数	310	1454	891	656	3311
	占比（%）	9.4	43.9	26.9	19.8	100.0
31—33岁	频数	54	140	85	78	357
	占比（%）	15.1	39.2	23.8	21.9	100.0

卡方检验结果：统计量 $X^2 = 749.810$，自由度 $df = 10$，$p = 0.000 < 0.01$。

由卡方检验结果可知：年龄对新生代农民工文化程度影响达到极显著水平。被调查群体的年龄差距在十年左右，从调查时间起回溯十年正是我国高等教育扩招的起始时间段，其后在我国高等教育扩招的拉动下民众的整体受教育年限明显提升。从各年龄组学历构成变动曲线可以看出，小学学历呈现较为明显的下降趋势，大专以上组呈现较为明显的上升趋势，年龄最小的16—20岁群组大专及以上学历人数超过了50%。随着学历层次的提升，职业培训内容、方式和培训决策等也必然要有所调整。

三 主要结论

综合以上调查信息，新生代农民工以"受教育程度"为核心的人资状况与其父辈当年相比有了很大的提升，与同时期的城市新生代青年相比，差距在明显缩小，从而奠定了新生代农民工与城市新生代青年竞争的基础。但长期以来以户籍为核心的城乡割裂形成了城乡青年群体不平等成长的社会环境，并形成了惯性，因此，在新的历史时期，除了从政策上进一步营造公平的社会环境外，还要通过有计划有组织的培训活动助力新生代农民工这一特殊群体的人力资本成长，增强其在未来城乡一体化社会中的竞争力。

第二节 新生代农民工工作现状

从调查来看，新生代农民工作为年轻群体，尚无较长的工作经历。五年以下工作经历的人员占调查样本的83.6%，与群体年龄中数22—24岁相比较，说明他们的初次就业年龄在17—19岁之间，处于出校门入城门的状态。所以了解他们的工作追求、择业渠道、工作状态对于做好择业引导、就业推荐、引领职业发展等具有重要的现实意义。

一 新生代农民工工作现状调查

（一）务农经历

调查表明，新生代农民工群体中超过六成（62.1%）的人有务农经历，这一点与其他文献资料不一致。原因可能有两点，一是本课题的调查对象以回乡过春节农民工为主，这部分人的父母都没有离开农村，从小到大在农村这个环境下生长生活，必然会参与一定的农业生产劳动，所以比例相对较高。二是对务农经历的标准没有界定,一般自认为了解农时、帮助家里从事过农业生产的就认为有务农经历,后面的调查表明,被调查群体每年在外实际工作时间往往不能足年,如他们 2010 年实际在外工作时间满年的仅占 7.6%,47.8% 的人在半年以下,他们中的一部分人在非工作时间或在农忙时节会从事一些农业生产活动,所谓务农的经历并不是全职务农。农村成长的背景和有务农经历的事实使他们保留了一份不能割舍的农业情感,增加了未来职业选择和职业成长的变数,存在将来回到农村生活并继续从事农业生产的可能性,这是在促进农村剩余劳动力转移并推进城镇化进程中不能忽视的问题。

进一步统计分析表明,新生代农民工务农经历与年龄呈负相关关系。从趋势上看,随着时间的推移,在十余年间,有务农经历的比例由 78.9% 下降到了 45.8%,说明年轻一代呈现出越来越明显的离农倾向,这是我们在进行新生代农民工培训顶层设计和具体实施时必须要考虑的因素。

表 4—9　　　　　　　　　　年龄与务农经历的关系

		有	无	合计
16—20 岁	频数	787	933	1720
	占比(%)	45.8	54.2	100.0
21—25 岁	频数	3828	2620	6448
	占比(%)	59.4	40.6	100.0
26—30 岁	频数	2271	813	3084
	占比(%)	73.6	26.4	100.0
31—33 岁	频数	243	65	308
	占比(%)	78.9	21.1	100.0

卡方检验结果:统计量 $X^2 = 424.286$,自由度 $df = 10$,$p = 0.000 < 0.01$。

(二)外出务工的目的

群体外出务工的动因直接影响他们的就业目标和就业行为选择。新生代农民工外出务工的目的性很强,选择"看着别人出来我也出来"的仅有 1.8%,说明进入城镇务工的行为选择对绝大多数而言不是一时的冲动,而是一种既定的坚定意愿。选择"学点技术"的仅为 8.9%,说明新生代农民工进城的主要目的不仅仅是想学点技术这么简单，换言之，学技术也仅仅是手段，不是目的。他们外出打工的目的集中在"开阔眼界，寻求更好的发展契机"（36.4%）、"赚钱以提高家人和自我的生活水平"（33.9%）和"改变务农的生活方式"（18.1%）三个方面。所以能够顺利就业是他们外出打工的首要任务，只有就业了他们才有可能在城镇立足，从而改变传统的在农村务农的生活方式，提高收入水平，提升生活质量，并有可能寻找到更好的发展契机，获得更大的发展。这与众多文献所强调的新生代农民工与老一代农民工的差异主要体现在"求发展重于求生存"的观点略有差异。显而易见，新生代农民工的成长经历和生存环境确实已经不同于上辈了，他们的家庭负担减轻了不少，但个人的生活质量要求的提升使得他们作为一独立的经济体首先还是要考虑自身的生活问题，要能自立，尽可能减少对家庭的依赖，减轻家庭的负担，同时还要生活得有尊严，不受委屈，所以，他们的追求应该是在满足自我生存基础上的发展要求，所不同的是他们对生存、生活的要求层次和维持成本远高于他们的父辈而已。

表4—10　　　　　　　　新生代农民工外出务工目的

打工目的	频数（人）	百分比（%）
改变务农的生活方式（非农就业）	2105	18.1
开阔眼界，寻求更好的发展契机	4250	36.4
赚钱以提高家人和自我的生活水平	3951	33.9
学点技术	1037	8.9
看着别人出来我也出来	210	1.8
其他	108	0.9
合计	11661	100.0

（三）求职路径和压力

外来务工人员获得职业岗位的渠道随时代的变迁而变化。一般来讲，传统农民工进城求职主要靠亲朋引路或指点，称为依靠社会网络求职，通过职业介绍所、招聘会求职被看作是依靠市场求职。调查显示，尽管新生代农民工通过亲朋同乡介绍求职的比例依然排在首位，达到41.9%，但依靠自己闯荡、报纸电视网络媒体、职业介绍所、培训机构等其他路径求职的比例达到59.1%，说明新生代农民工在找工作时已逐渐摆脱社会网络求职的单一路径，更加多元化。

表4—11　　　　　　　　新生代农民工求职路径

途径	频数（人）	百分比（%）
报纸、电视、网络等媒体	1344	11.4
通过亲戚朋友、同乡介绍	4952	41.9
自己闯荡	2313	19.6
雇主到当地招工	583	4.9
通过本县劳务输出部门	314	2.7
通过务工地职业中介机构	840	7.1
培训机构	167	1.4
咨询机构	202	1.7
毕业学校推荐	650	5.5
镇村集体组织	347	2.9
其他	106	0.9
合计	11818	100.0

在多元化的求职过程中，新生代农民工群体感受到的求职压力主要来源于自身的知识技能水平和工作经验。调查表明，学历低、缺乏工作技能与工作经验排在了就业压力的前三位。

表4—12　　　　　　　　新生代农民工外出务工压力源

外出务工压力来源	频数（人）	百分比（%）
学历低	4101	33.1
缺乏技能	3382	27.3
缺工作经验	2637	21.3
没有当地户口	659	5.3
没有熟人	713	5.8
缺少招聘信息	117	0.9

续表

外出务工压力来源	频数（人）	百分比（%）
找工作的人太多	711	5.7
其他	79	0.6
合计	12399	100.0

（四）工作选择的策略

每个人在择业时都有一个遵循，由此来决定择业的策略。在回答选择工作单位时优先考虑的问题时，36%的人选择了工资福利待遇，其次是单位的发展前景占21.7%，随后分别是工作、生活环境占14.7%，能不能学到技术提升自己，以便获得更大的发展占12.3%排在第四位，这与同类文献中描述的新生代农民工更注重求发展的表述不一致。事实上，当一个人远离家乡来到一个相对陌生的环境求职时，他首先考虑的是能不能在尽可能短的时间内获得一个收入相对较高的职业以求立足，这也是其最基本的生存需要，只有在此基础上才有可能考虑发展的需要。

表4—13　　新生代农民工选择工作单位时考虑的因素

选择单位时首先考虑的问题	频数（人）	百分比（%）
发展空间大不大，有没有前途	1906	21.7
工作、生活环境	1291	14.7
专业对不对口	777	8.8
工资、福利待遇	3165	36.0
能不能学到技术以便更好发展	1080	12.3
企业文化，工作单位的发展后劲	568	6.5
合计	8787	100.0

不管抱有什么样的预期，农民工在求职过程中都会遇到挫折，面对挫折他们会有什么样的应对策略呢？面对求职过程中遇到的挫折，农民工也很务实。由于绝大多数新生代农民工属于"候鸟式"流动，在城市没有固定居所，求职时间过长会增加就业成本，造成生活压力，所以在找不到心仪的工作时，大多会退而求其次，找份差点的工作，再做他谋，这也就是为什么职业变动频繁的原因之一，有这种想法的人占到了50.6%。有25.4%的人会选择返回

农村,但其中超过七成的人是"等待时机",寻找再次外出就业的机会,只有不到三成的人会选择"务农",占总数的6%。有24%的人会选择参加培训,期望通过培训获得技能、寻找机会、促进就业。

表4—14 新生代农民工面对求职挫折时的行为表现

找不到满意的工作咋办	频数(人)	百分比(%)
退而求其次,找一份差一点的工作	6144	50.6
返回农村等待时机	2356	19.4
返回农村务农	730	6.0
参加培训	2917	24.0
合计	12147	100.0

(五) 工作地域和工作岗位特点

1. 新生代农民工工作地域分布

一般来说,我国根据区域和经济发展水平划分了东、中、西三个区域,东部沿海省市开放较早,经济较为发达,吸纳劳动力能力较强,在人们传统意识上更关注在沿海地区打工群体,久而久之形成了好像打工者多集中在沿海发达地区的印象,但实际上从外出务工群体数量和吸纳劳动力人数来看,中部地区不能小视,尤其是由于经济梯度的存在,不同地区吸纳不同素质劳动力的能力也不同,对于新生代农民工群体而言,经济发展水平处于中等水平对劳动力素质要求也相对较高的中部地区更适合他们。调查结果也证明了这一点,在调查群体中超过六成的是在中部地区就业,沿海发达省份仅吸纳了1/3的打工者。

表4—15 新生代农民工的工作区域

工作区域	频数(人)	百分比(%)
东部地区	4022	32.3
中部地区	7648	61.5
西部地区	776	6.2
合计	12446	100.0

我国经济的发展水平和就业吸纳能力除了整体的东西大的区域差异外，也存在着由省会中心城市向地市、县等中小城市逐级衰减的状况。调查显示省会和地级市等二三线城市成为吸纳新生代农民工的主体城市，二者合起来接近60%，在乡镇和村落就地转移人员非常少，这与老一代农民工更青睐于"离土不离乡"的转移情结不同，但他们也很现实，不盲目地向大城市转移，具有一定的理性。

表4—16　　　　　　　　新生代农民工的工作地点

工作地点	频数（人）	百分比（%）
直辖市	1598	12.8
省会城市	2744	21.9
地级市	4707	37.7
县城	2423	19.4
乡镇	687	5.5
村	335	2.7
合计	12494	100.0

2. 工作岗位情况

工作单位一方面表征职业地位；另一方面也与工资待遇和工作稳定性密切相关。调查表明，56.6%的新生代农民工就职于私营企业，这也是当前困扰农民工职业地位和生存尊严提升的主要障碍，可喜的是有7.7%的人是自己创业。

表4—17　　　　　　　　新生代农民工的工作单位

工作单位	频数（人）	百分比（%）
党政机关	233	1.9
军队	352	2.9
事业单位	1372	11.4
国有企业	1150	9.5
私营企业	6840	56.6
三资企业	216	1.8

续表

工作单位	频数（人）	百分比（%）
自有企业（自己创办）	935	7.7
社区	290	2.4
其他	696	5.8
合计	12084	100.0

从具体工作岗位来看，新生代农民工就业以竞争性职业岗位为主。通过对填写具体工作的 8409 份问卷按照《中华人民共和国职业分类大典》(1999) 划分的八个职业大类进行统计，新生代农民工中 42.8% 的人从事商业与服务工作，35.9% 的人从事生产、运输设备操作类工作，二者合计约占八成。根据工作性质分类，这些行业都属于进入门槛低，工作保障相对较差、工作稳定性不高的工作。与职业愿望差距明显，这一方面体现了普通劳动者对职业地位的认知；另一方面也体现了他们渴望改善职业现状的愿望。与此之前北京市 2009 年发布的对职业声望调查的结果基本一致。

表 4—18　　　　新生代农民工的工作类别

工作大类	频数（人）	百分比（%）
国家机关、党群组织、企业、事业单位负责人	178	2.2
专技人员室内装饰设计师企业人资管理人员	833	9.9
办事人员和有关人员	189	2.2
商业、服务业人员	3595	42.8
农、林、牧、渔、水利业生产人员	200	2.4
生产、运输设备操作人员及有关人员	3027	35.9
军人	34	0.4
不便分类的其他从业人员	353	4.2
合计	8409	100.0

表 4—19　　　　新生代农民工希望从事的工作

具体工作	频数（人）	百分比（%）
国家机关、党群组织、企业、事业单位负责人	2632	31.9

续表

具体工作	频数（人）	百分比（%）
专技人员室内装饰设计师企业人资管理人员	1511	18.3
办事人员和有关人员	1356	16.5
商业、服务业人员工	1387	16.8
农、林、牧、渔、水利业生产人员	26	0.3
生产、运输设备操作人员及有关人员	706	8.6
军人	40	0.5
不便分类的其他从业人员	588	7.1
合计	8246	100.0

（六）劳动权益保障情况

我国《劳动法》规定，劳动者享有平等就业和选择职业的权利、取得劳动报酬的权利、休息休假的权利、获得劳动安全卫生保护的权利、接受职业技能培训的权利、享受社会保险和福利的权利、提请劳动争议处理的权利以及法律规定的其他劳动权利。在本次调查中，主要围绕劳动合同签署情况、劳动时间长短以及是否加入工会组织进行了调查。

1. 劳动合同签署情况

劳动合同是保障劳动者权益的最重要的劳动关系文件，调查中明确表示签署了劳动合同的占49.8%，不知道的占10%，明确表示没有签订劳动合同的占40.2%，应该说在劳动合同法颁布五年后的今天仍有如此大比例的人工作在没有合同保障的状态下实属很严重的社会问题，值得决策和执法层关注，劳动权益保护也应成为培训的重要内容之一。

表4—20　　　　　　新生代农民工签订劳动合同情况

劳动合同	频数（人）	百分比（%）
签订了合同，有"五险"	1368	11.0
签订了合同，有"三险"	4828	38.8
没有签订合同	5012	40.2
不知道	1245	10.0
合计	12453	100.0

2. 劳动时间

劳动时间包括两个方面，一是全年可以工作的时间；二是每天（每周）的工作时间。前者关系到年劳动收入水平，后者关系到劳动权益保护。

影响每年工作时间的长短的因素较多，由于没有固定的劳动合同，劳动关系较为灵活，聘用辞退较为随意。受以春节为分界线的传统的工作周期影响，春节成为农民工辞职的高峰，所以大多数人春节回家过年没有工资报酬，节后重新选择工作，这就影响了工作的连续性。同时由于大多在非正规单位非正规就业，用人机制较为灵活，聘多少人、聘多长时间往往与订单的多少、有无有关，同时用人的随意性和农民工个人的自主性也增加了用人单位解雇或个人辞工的概率。农村农忙季节也需要用人。调查中只有8.1%的人能够工作年满12个月，接近一半的人年工作时间不足半年，如此，就极大地影响了农民工的实际收入。

表4—21　　　　　　　新生代农民工每年外出工作时间

外出工作时间	频数（人）	百分比（%）
不足3个月	2783	22.3
3—6个月	3203	25.7
7—11个月	5489	43.9
12个月	1010	8.1
合计	12485	100.0

劳动者每天工作时间长短的主动权一般不掌握在劳动者手里。经过多年的努力和随着劳动权益保障法规的出台以及劳动者自我保护和择业自主权的加大，过度延长劳动时间的现象在减少，但工作时间仍然偏长。从调查情况来看，平均每天工作8小时的人占38.5%，工作9—10小时的占到45.4%，个别还有12小时以上的。这种置国家法律于不顾的行为应该得到监管。

表4—22　　　　　　　新生代农民工每天工作时间

每天工作时间	频数（人）	百分比（%）
8小时	4719	38.5
9—10小时	5571	45.4

续表

每天工作时间	频数（人）	百分比（%）
11—12 小时	1689	13.8
12 小时以上	284	2.3
合计	12263	100.0

侵犯农民工权益的不仅仅表现在工作时间较长上，还体现在节假日休息权的保障上。根据调查，每周双休日能正常休息的只占27.9%，有近1/3的人不休息（32.2%），其余休1天。有1/5的人国庆节不休息（20.6%），能够休满3天以上（含调休）的不足50%。

表4—23　　　　　新生代农民工周末休息情况

周六日休息情况	频数（人）	百分比（%）
不休息	3042	32.2
休1天	3771	39.9
休2天	2646	27.9
合计	9459	100.0

表4—24　　　　　新生代农民工国庆节休息情况

国庆休息情况	频数（人）	百分比（%）
不休息	2351	20.6
休1天	2036	17.8
休2天	1500	13.1
休3天	3015	26.4
休4—7天	2527	22.1
合计	11429	100.0

工会组织是职工的自助组织，是保护自身权益的重要支撑。但新生代农民工群体中只有一成的人加入了工会组织（10.8%），这可能与他们工作稳定性差有关。在回答"对工会的了解程度"这一问题时，不了解的占46.9%，了解一些的占43.6%，回答了解的不足一成。在回答"是否希望加入工会组织"时，明确表示希望加入工会组织的仅为42.7%，说

明相当一部分农民工就业的单位工会力量薄弱，农民工表达诉求和维护自身权益的能力较弱，相关单位和组织在发挥工会维护职工权益方面的职能还有待加强。

表 4—25　　　　　新生代农民工对工会组织的了解情况

对工会组织了解程度	频数（人）	百分比（%）
了解	1187	9.5
了解一些	5441	43.6
不了解	5846	46.9
合计	12474	100.0

表 4—26　　　　　新生代农民工参加工会情况

是否是工会会员	频数（人）	百分比（%）
是	1334	10.8
不是	11039	89.2
合计	12373	100.0

表 4—27　　　　　新生代农民工参加工会的意愿

是否希望加入工会	频数（人）	百分比（%）
希望	5306	42.6
不希望	2272	18.3
无所谓	4862	39.1
合计	12440	100.0

经过改革开放三十多年的建设，我国社会主义法律体系已基本建成，接下来的关键问题是实施问题。应该说，我国非常重视保障劳动者权益的法律法规建设，但对于普通劳动者而言还知之甚少，还不能做到知法、用法。调查显示，新生代农民工自身对自我权益保护的法律如《劳动法》《劳动合同法》有所了解，但比例不高。在回答"您了解与您务工相关的哪些法律法规"时，15%的人填写了《劳动法》，10%的人填写了《合同法》。正是因为这一庞大群体自我法律意识相对缺乏，所以针对农民工群

体的侵权案件才相继发生。侵权事件发生后,农民工也不会(能)拿起法律武器去斗争,大多选择默默忍受或采取极端手段反抗,由此酿成的悲剧事件时有发生。

(七)劳动报酬及支出

新生代农民工群体择业时比较看重劳动报酬,但调查结果显示,该群体的整体收入处于较低水平。收入状况调查结果显示,59.9%的人平均月收入在1000—2000元之间,高于3000元的仅有4.9%,月工资众数为1500元左右,折合年收入1.8万元左右,低于国家统计局公布的2010年城镇非私营单位在岗职工年平均工资37147元、私营单位就业人员年平均工资20759元的水平,收入明显偏低。如果把农民工群体全年不充分就业等因素考虑进来收入总量会更低。

表4—28　　　　　　　新生代农民工收入状况

工资税后收入	频数(人)	百分比(%)
1000元以下	1652	13.3
1001—1500元	3730	30.1
1501—2000元	3713	29.9
2001—2500元	2015	16.2
2501—3000元	694	5.6
3000元以上	613	4.9
合计	12417	100.0

从收支情况看,86.3%的人都有一定的剩余,但年结余一般在万元以下,也就是说尽管工资水平不高,但绝大多数都能自给自足,不再依靠父母。剩余工资中,1/3的人自行支配,半数交给父母一部分,14.6%的人全部交给父母。说明家里边也不指望着他们挣多少钱,他们谋职养家的压力并不是很大。

表4—29　　新生代农民工外出务工收入扣除务工期间的支出后剩余情况

年务工支出剩余	频数(人)	百分比(%)
没剩余	1678	13.7
5000元以下	4058	33.0

续表

年务工支出剩余	频数（人）	百分比（%）
5000—10000 元	4504	36.6
10000 元以上	2058	16.7
合计	12298	100.0

表 4—30　　　　新生代农民工剩余工资支配情况

年剩余工资支配	频数（人）	百分比（%）
部分交给父母支配	5350	50.9
全部交给父母支配	1538	14.7
自行支配	3615	34.4
合计	10503	100.0

从他们的支出结构看，居住费用是他们务工期间的主要支出，占到 57.2%，日常开支费用占 26%，养育子女费用占 14.4%，人际交往支出占 1.8%，业余时间娱乐消遣、读书看报、参加培训支出几乎没有。可见，新生代农民工的支出都是最基本的生活支出，业余文化生活较为单调贫乏。分析其原因，尽管没有赡养父母等家庭的牵挂，但收入水平较低、缺少业余时间等因素极大地影响了他们与外界的交往和自身素质的提升，如果不加以重视和调整，必然导致他们在较长的职业生涯中始终处于弱势的地位。

表 4—31　　　新生代农民工外出务工期间主要的支出项目

务工期间的主要支出项目	频数（人）	百分比（%）
租房	4758	57.2
养育子女	1196	14.4
日常生活开支	2162	26.0
交友或人际交往	152	1.8
娱乐消遣	35	0.4
读书看报	10	0.1
参加培训	5	0.1

续表

务工期间的主要支出项目	频数（人）	百分比（%）
其他	1	0
合计	8319	100.0

（八）职业发展与职业期盼

农民工入职后，对自身在工作单位地位的认识既影响到工作的心态和心情，也影响职业的稳定和职业发展。从调查来看，39.8%的人认为有技术的人在企业更受欢迎，会搞关系的（29.3%）排在第二位，与老板有亲缘关系的（16.5%）排在第三位，老实肯干的排在最后。结果表明，随着我国经济领域改革的深入，现代企业治理理念逐渐普及，以前靠血缘关系维系的企业内部人际生态关系发生了较大变化，老板更看重员工素质与和谐的人际关系，从而也为一般员工通过提升自身素质与能力改善自身境遇提供了动力。

表4—32　什么样的员工在工作单位最吃香

欢迎度	频数（人）	百分比（%）
有技术的	4514	39.8
老板的亲戚	1868	16.5
会搞关系的	3329	29.3
老实肯干的	1637	14.4
合计	11348	100.0

对未来职业发展的期盼或认知方面，有39.2%的人选择自己创业当老板，32.9%的人期望找一份更好的工作，也就是相对稳定、收入较高、有保证、有前景的工作，15.7%的人对当前的单位和工作充满了信任和期待，较为满意，有敬业乐业的精神，有12.2%的人尚不确定。

表4—33　新生代农民工的工作憧憬

将来的打算	频数（人）	百分比（%）
自己创业，做老板	4816	39.2
找一份更好的工作	4049	32.9

续表

将来的打算	频数（人）	百分比（%）
成为公司的骨干	1935	15.7
不确定	1498	12.2
合计	12298	100.0

表4—34 新生代农民工创业动机

想自主创业的原因	频数（人）	百分比（%）
赚钱	5387	51.8
兴趣	1616	15.5
出名	1109	10.7
自由	2218	21.3
其他	72	0.7
合计	10402	100.0

就创业而言，绝大多数人有创业的意愿和冲动，但赚钱增加收入是第一位的，自由排在第二位占21.3%，有15.5%的人是出于兴趣，出名占一成。总体看，他们的创业动机还过于感性和冲动，尚不了解创业的艰辛，从而也就缺乏创业的计划和有意识的积累。

就创业的障碍而言，被调查群体认为，首先是资金不足占24.1%，其次是缺乏经验占20.5%，然后是社会关系缺乏和创业风险大，分别占17.6%和16.8%，自身专业水平较差（10%）也是一方面，在心理承受能力方面较为自信，认为存在政策羁绊的仅占1.4%，说明对政策环境的认可度较高。

表4—35 新生代农民工自主创业障碍（可多选）

自主创业的障碍	频数（人）	百分比（%）
资金不足	3375	24.1
创业风险大	2346	16.8
经验不足	2865	20.5
社会关系缺乏	2469	17.6

续表

自主创业的障碍	频数（人）	百分比（%）
心理承受能力差	475	3.4
政策限制	194	1.4
专业水平不够	1400	10.0
人才缺乏	730	5.2
其他	144	1.0
合计	13998	100.0

综上，新生代农民工的就业环境相对宽松，就业目的明确，就业选择也相对理性，择业的社会网络也逐渐多元化，就业质量和社会保障程度相对较低，对未来充满梦想和期许。

（九）居留城镇意愿和现实

与老一代农民工相比，新生代农民工少了家庭牵挂，对农业生产的感情以及靠农业生产维系生活的意愿和能力不足，离农倾向明显，且由于农业比较效益低，农村生活环境较差的现实，使得他们更愿意留在打工地。只有18.2%的人表示没有在打工地长期居住生活的想法。

表4—36　　　　新生代农民工在打工地居住生活的意愿

有无在打工地居住生活的意愿	频数（人）	百分比（%）
有	5728	47.1
没想过	4222	34.7
没有	2206	18.2
合计	12156	100.0

这一点与对城镇户口的认知也基本吻合（2014年国家出台户籍管理办法后，城镇户口之于农民工的重要性会更低），在回答"您认为城镇户口是不是很重要"的问题时，近一半的人，即46.1%的人认为不重要，25.3%的人没想过这个问题，28.6%的人认为重要。

表4—37　　　　　城镇户口对新生代农民工求职的重要性

城镇户口	频数（人）	百分比（%）
不重要	5743	46.1
没想过	3148	25.3
重要	3553	28.6
合计	12444	100.0

新生代农民工对融入城市持乐观态度。在回答"您认为自己已经融入城市了吗"的问题时，超过1/3（36.5%）的人认为已经或基本融入了，42.1%的人表示正在融入，只有1.4%的人表示无法适应城市生活。说明对新生代农民工来讲，与他们的父辈有很大的不同，融入城市不是一件很难的事。他们一方面少了融入的牵挂；另一方面较强的沟通和适应能力以及良好的自我心态使得他们少了许多融入的物质和心理障碍。

表4—38　　　　　　新生代农民工融入城市情况

融入城市	频数（人）	百分比（%）
已经融入	998	8.0
基本融入	3552	28.5
正在融入	5260	42.1
没有融入	2502	20.0
无法适应城市生活	179	1.4
合计	12491	100.0

二　主要结论

（一）新生代农民工离农倾向越来越明显

尽管调查表明新生代农民工群体中超六成的人有务农经历，但这一比例十年来由78.9%下降到了45.8%，呈现出较为明显的离农倾向。同时，由于这种务农经历大多是被动的、短暂的，不足以支撑他们获得相应的农业生产技术并建立起投身农业的劳动感情，因此，如何引导新生代农民工群体顺利就业并促进其职业发展，是我们必须做出的选择。

（二）新生代农民工外出务工意愿坚定，目的明确

与父辈们外出务工大多是生活压力和周围环境使然的状况不同，新生代农民工外出务工已经成为一种自然而然的选择和潮流，没有退路。新生代农民工外出务工目的体现出性别和文化程度差异性，但都是为了更好地发展，以满足自尊和自立的需要。

（三）新生代农民工求职路径多元化，心态平和

新生代农民工较强的自立意识和接受新生事物的能力使他们摆脱了父辈们单纯的路径依赖，能够综合运用多种路径获得工作。在多元化的求职过程中，他们感受到的求职压力主要来源于自身的知识技能水平和工作经验，而归结为外在客观因素的如"户口""没有熟人""找工作的人太多"等的比例较低。

（四）新生代农民工工作选择策略较为务实

在调查中，有超过1/3的人把"工资福利待遇"作为择业的首选要素，把"发展空间的大小"排在了第二位。在择业过程中，一旦找不到心仪的工作，超过半数的人会降低求职预期，找一份差一点的工作先谋求立足，有近1/4的人选择参加培训，近1/5的人选择回村等待时机。这一选择受学历程度影响较大，越是高学历群体留下来的愿望越强烈，在求职遇到困难时，更倾向于通过培训提升职业竞争力。

（五）求职地域和工作地点的选择开始向中西部和中小城市回归

与父辈们往往集中到大城市、到东部沿海不同，随着东西部地域就业难度和收入差距的缩小，中西部和中小城市对新生代农民工的吸引力逐渐增强。调查表明，就地域而言，中部地区吸纳了六成多的新生代农民工；就地点而言，设区市和省会城市是吸纳新生代农民工的主体。

（六）工作岗位仍以充分竞争性岗位为主

对农民工而言，私营企业是其就业的主战场。工作岗位以商业服务、生产运输、设备操作等服务性、操作技能性岗位为主。

（七）劳动权益保障不到位情况较为突出

新生代农民工职业的边缘化、低层化和流动性，不利于其劳动权益的落实和巩固。调查中仅有一半的人与工作单位签有劳动合同，能够享受到"三险""五险"；长期以来形成的"候鸟式"的工作周期使得绝大多数人每年都在重复着求职——辞职的过程，由此就造成了每年只有8.1%的

人能够工作满12个月，接近一半的人年工作时间不足半年；在工作期间节假日的休息权利也不能得到完全的保障，每天工作时间多于八小时的超过了六成；工会在维护农民工权益方面的力量薄弱，农民工自我法律意识不浓。

（八）劳动报酬相对较低，经济独立性较强，租房费用近六成

新生代农民工群体的月收入众数在1500元左右（2011年），低于同期城镇非私营单位在岗职工和私营单位就业人员平均工资水平。从调查看，尽管他们的平均工资不是很高，但有86.4%的人表示有一定的剩余，不再靠父母，具有了一定的经济独立性，而且有65.5%的人还要交给父母一部分或全部，家庭意识较为浓厚。在他们的日常支出中，租房费用占总支出的57.2%，日常开支、养育子女分列二三位，业余时间娱乐消费、读书看报和参加培训支出几乎没有，从一个侧面反映了农民工业余生活较为单调。

（九）对现有工作岗位满意度低，自主创业意愿高

新生代农民工群体意识到，在企业"会搞关系的""老板的亲戚""老实肯干"的员工不如"有技术的"员工吃香，也就是说"技术水平"是影响员工在企业中的地位和发展的最主要因素。在对未来工作憧憬中有近四成的人选择自己创业，近1/3的人希望找一份更好的工作，说明大多数员工都没有把现有工作岗位作为长期岗位对待，体现了对现有工作岗位的不满足。

（十）在务工地居留意愿强烈

新生代农民工少了家庭牵挂，对农业生产的感情淡漠、靠农业生产维系生活的意愿和能力不足，以及农村生活环境较差的现实，使得他们更愿意留在打工地。总体看他们对融入城市持乐观态度，只有1.4%的人表示"无法适应城市生活"，表达了不愿居留的意愿。

第三节　新生代农民工培训现状

一　新生代农民工培训现状调查

课题组围绕农民工学习培训这一中心问题，对影响农民工学习培训的工作风格、学习认知与学习倾向以及培训选择倾向等进行了调查。

（一）工作风格

在现实生活中，由于能力、性格和毅力等方面的差异，在工作中遇到问题时所采取的策略也不同，不同的策略选择实际上对于他的培训决策和培训行为也有影响。在"如果给您一个工作流程图，您属于哪种类型的人"的选题中，选择"如果有困难，选择放弃"的人占6.5%，超过九成的人都选择了努力完成这项工作，只是路径选择有差异，64.4%的人是通过请教别人来完成，实际上表现出了强烈的合作愿望，说明在人际交往方面有较强的自信并有一种不达目的不罢休的勇敢，29.1%的人选择了自己琢磨，说明肯钻研、执着。对于选择放弃的人也就很难有主动学习的动力，而对于"自己琢磨并努力完成这种工作"的人来讲，学习就是他的必然选择。通过本选题我们也能感受到新生代农民工群体有着一股积极进取、不甘落后的精神，在培训方面如果设计组织得当，会对他们有较强的吸引力。

表 4—39　　　　　　　　　　工作风格

类　型	频数（人）	百分比（%）
自己琢磨并努力完成这种工作	3624	29.1
请教别人并努力完成这种工作	8008	64.4
如果有困难选择放弃	812	6.5
合　计	12444	100.0

（二）学习认知和学习倾向

一个人对学习价值的认知决定了他的学习态度，也是左右其学习行为取向的重要价值观基础。在调查中，认为"学习对我们越来越有用"的占43.3%，认为"学习是对未来的投资"的占到了39.7%，二者合计超过了八成，说明绝大多数人认同学习的价值。

表 4—40　　　　　　　　　对学习价值的认知

学习认同	频数（人）	百分比（%）
没多大用处	887	7.1
越来越有用	5389	43.3

续表

学习认同	频数（人）	百分比（%）
无奈之举	1225	9.9
未来的投资	4935	39.7
合计	12436	100.0

在回答"哪一种学习状态描述更符合您"的问题时，选择"经常主动学习，有计划地持续学习"的占21.0%；"偶尔主动学习，但没有计划性，不能坚持"的占38.3%；"有学习的念头或打算，但没有实施"的占14.2%；"有工作需要的时候才会针对需要学习"的占19.0%；"很少有学习的念头"的占6.2%；其他占1.3%。说明近六成的农民工群体有一定的学习主动性和学习习惯。

表4—41　　　　新生代农民工学习状态描述

学习状态	频数（人）	百分比（%）
经常主动学习，有计划地持续学习	2575	21.0
偶尔主动学习，没计划不能坚持	4692	38.3
有学习的念头或打算，但是没有实施	1737	14.2
有工作需要的时候才会针对需要学习	2332	19.0
很少有学习的念头	763	6.2
其他	164	1.3
合计	12263	100.0

在培训决策和培训实施过程中，不同的培训方式需要有不同的培训条件和培训情景与之相匹配，这不但影响了学习的热情、学习的成效，更影响到培训后成果的转化。行动导向的培训方式由于更加注重真实的培训情境与培训的理实一体化的统一，因而备受青睐。在"您认为什么途径学习到的知识效果最好"选题中，选"边干边学"的占64.3%，远远高于"与身边的人讨论交流""到专门的培训机构学习"的选项，说明农民工群体更倾向于在干中学，学以致用，讲求实效性。

表 4—42　　　　　　　　获取知识的最佳途径

学习效果最好的途径	频数（人）	百分比（%）
到专门的培训机构学习	1932	16.6
边干边学	7476	64.3
与身边人的讨论交流	1922	16.5
自学	293	2.5
合计	11623	100.0

新生代农民工现在还处于职业生涯的初级阶段，缺少自己创业的条件和能力，但自我创业的冲动很强烈。在回答"如果您有一笔资金最想做的是什么"问题时，67.9%的人选择"自己创业"，23.2%的人选择"继续上学"。其实不管选创业还是继续上学，都体现了新生代农民工强烈的自我实现的愿望，只是不同的人基于对自身能力的不同认识和具体目标的不同定位选择的路径不同而已。

表 4—43　　　　　　如果您有一笔资金最想做的是什么

投资方向	频数（人）	百分比（%）
继续上学	2843	23.2
自己创业	8343	67.9
日常消费等	1097	8.9
合计	12283	100.0

当学习机会就摆在面前时，新生代农民工中有36.2%的人选择"接受短期职业培训"，58.0%的人选择"接受正规学历教育"，5.8%的人选择"放弃"。表面看这一选择结果与前述"影响职业升迁和流动"的回答结果不一致，但二者并不矛盾，正好说明人们传统观念中对学历的崇拜并不因是农民工身份而放弃向往，尤其是在经历了职业选择的艰辛后更向往接受更高层次的正规学历教育；另外也在提示人们在满足农民工对眼前职业选择的需要而搞好职业培训的同时，也要考虑这个群体素质提升的要求。

表 4—44　　　　　　面对受教育机会对教育形式的选择

教育形式	频数（人）	百分比（%）
短期职业培训	4463	36.2
正规学历教育	7148	58.0
放弃	723	5.8
合计	12334	100.0

在回答"您未来三年是否有接受教育培训计划"问题时，46.2%的人回答"有"；53.8%的人回答"没有"。通过对培训内容选择倾向的观察也可以看出，培训内容的选择与被调查者的自我认知状况和急于达到的目的有关。从"最希望接受的培训内容"调查结果看，专业技术类占49.9%，法律知识类占15.6%，文化教育类占18.1%，自我管理类占12.3%，休闲娱乐类占3.6%。专业技术类和法律知识类培训受到青睐，是人们急用先学的思维习惯的反映。

表 4—45　　　　　　未来三年有没有接受教育培训的计划

未来是否有接受培训的计划	频数（人）	百分比（%）
有	5489	46.2
没有	6399	53.8
合计	11888	100.0

表 4—46　　　　文化程度差异在学习规划方面的差异比较　　　　单位:%

文化程度	有规划	无学习规划
小学	39.22	60.78
初中	36.89	63.11
高中	44.46	55.54
大专及以上	59.03	40.97

（三）业余时间支配

对大多数群体来讲，工作与学习存在着现实的矛盾，但对于有明确发展目标和执着追求的人，往往利用业余时间来学习。了解新生代农民工在本已繁重的工作之余，如何利用业余时间可以帮助管理者制定有针对性的举措。调查表明，网络已成为年轻人离不开的生活和娱乐伴侣，占29.3%，排在第一位；学习业务知识以25.6%的比例排在第二位，读书看报排在第三位，占比为16.1%。说明在现实生活中，新生代农民工群体已经把在业余时间学习提高作为一种主要的消遣方式之一，表现出了较为高涨的学习热情。

表4—47　　　　　　　农民工业余文化生活排序

业余文化生活	频数（人）	百分比（%）
休闲娱乐	1360	10.9
读书看报	2004	16.1
学习业务知识	3190	25.6
上网	3651	29.3
听音乐	630	5.0
看电视	771	6.2
与老乡工友聊天	779	6.2
其他	89	0.7
合计	12474	100.0

从不同文化程度业余生活取向差异比较来看，读书看报和学习业务知识比例除初中组最低外，随着学历层次的提升比例逐渐增加，上网比例除了小学文化程度的偏低外，其余基本相当，而休闲娱乐、看电视和聊天比例随文化程度的提升而逐步降低，听音乐正好相反，体现了不同文化程度群体业余生活有分化的趋向。

表4—48　　　　不同文化程度对业余生活的影响　　　　单位：%

文化程度	休闲娱乐	读书看报	学习业务	上网	听音乐	看电视	聊天	其他
小学	20.40	16.91	24.82	17.28	2.02	8.82	9.01	0.74
初中	12.45	12.45	21.30	32.33	4.53	7.14	9.06	0.72
高中	9.10	16.13	26.70	29.70	5.28	6.87	5.57	0.65
大专及以上	7.35	17.98	29.47	30.52	6.62	4.55	2.90	0.60

（四）对影响职业发展因素的认知

影响一个人职业发展的因素不同，其解决的策略也不同。新生代农民工在回答"您觉得影响自己职业升迁和流动的主要因素是什么"时，49.2%的人选择了"专业技能水平"，18.2%的人选择了"受教育程度"。在此选题中，分别有13.7%、12.2%和5.6%的人选择了"所在地域""家庭背景"和"工作单位"，把影响职业升迁和职业流动的因素归结到了外在因素。

如果要提升农民工群体的专业技能水平，一般有两条路径，一是在工作过程中通过经验的积累而自主获得；一是通过接受专门的培训获得。

对于受教育程度而言，其提升的策略只能是参加学历继续教育，事实上，在高等教育大众化的今天，包括自学考试、远程教育、成人函授教育、电大开放教育等多种形式在内的学历性质的继续教育仍有较大市场，所以我们在考虑新生代农民工群体的职业培训过程中不要忽视他们的学历教育需求。深圳市开展的农民工"圆梦行动"之所以能够产生较为强烈的社会影响即在于此。

表4—49　　　　　影响自己职业升迁或流动的主要因素

影响升迁的主要因素	频数（人）	百分比（%）
受教育程度	2031	18.2
专业技能水平	5488	49.2
所在地域	1532	13.7
家庭背景	1360	12.2
所在单位	627	5.6
其他	128	1.1
合计	11166	100.0

（五）参加培训情况和培训成效评价

表4—50　　　　有培训经历的新生代农民工对培训质量的总体评价

总体评价	频数（人）	百分比（%）
非常有帮助	373	20.7
有较大帮助	816	45.3

续表

总体评价	频数（人）	百分比（%）
多少有点帮助	556	30.8
没帮助	30	1.7
不好说	28	1.5
合计	1803	100.0

国家高度重视农民工群体的培训工作，投入了大量人力、物力和财力，其培训覆盖面如何，培训成效怎么样？新生代农民工群体是职业培训参与和效果检验的主体，其对职业培训效果的评价主要是基于培训对就业或职业发展愿望满足程度做出的，相对客观。在接受过职业培训的人群中，认为培训"非常有帮助"和"有较大帮助"的比例达到66.0%，比选择"没有帮助"和"不好说"的（仅为3.2%）高出20倍，对培训效果给予了高度肯定。

资格证书比例有待提高。90年代后期国家开始推行职业资格证书制度，它既是技能水平的凭证又是求职的介绍信。调查结果显示，仅有32.6%的人有资格证书，46.5%的人虽然自认为有技术专长但没有资格证书。其原因一是国家对大多数充分竞争的行业没有严格的执行就业准入制度，使得他们取得资格证书的动力不足；二是他们对资格证书缺乏认识以及对其获取路径不了解导致大部分人自认为有技术专长但没有资格证书的现状。

表4—51　　　　　　　新生代农民工职业技能水平

是否有职业等级证书	频数（人）	百分比（%）
有	3995	32.6
没有，但有技术专长	5700	46.5
无特别技能	2388	19.5
其他	175	1.4
合计	12258	100.0

（六）对培训的期望

在回答"您参加职业培训最看重的是什么"问题时，57.2%的人选择了"提高技能水平"，其余选择"扩大交际面""更新观念""提高学历"等，可见，面向新生代农民工开展的职业培训必须把切实提高"职业技能"放在突出位置，要让他们能够有所提升、有所改变，同时要有职业岗位针对性。

表 4—52　　　　　　　　　职业培训最看重的方面

参加职业培训最看重	频数（人）	百分比（%）
提高学历	1001	8.8
提高技能水平	6514	57.2
更新观念	1485	13.0
扩大交际面	1609	14.1
其他	784	6.9
合计	11393	100.0

新生代农民工在面对纷繁复杂的社会生活时，他们的培训需求也是纷繁各异的。他们对培训内容的选择与他们对影响就业因素的认知有关。新生代农民工外出打工的直接目的是获得经济收入，其依托是就业，在学历水平一定的情况下，尤其是在起始素质都差不多的群体中，在面对就业岗位相似性极高的技能性岗位来说，专业技术类培训是他们最好的选择，对他们而言有了技术，获得了岗位资格证书就相当于有了某一领域的敲门砖。

在"您最希望接受的培训是什么"选题中，选择"专业技术类"（49.9%）的人接近一半，法律知识类培训的也不少，占15.6%，排在第三位，说明他们的法律意识和自我保护意识在不断增强，传统的忍耐和不理性的反抗的倾向越来越小，对于更好地融入城市、为市民接受同时维护自身权益提供了很好的注脚。文化教育类、自我管理类这类提升自身素质的培训也受到大家的青睐，说明这部分人的自我素质提升的需要比较迫切，由此也看到了农民整体素质提升的希望，也为终身教育提供了很好的契机，只要我们能够瞄准他们的需要，设计好项目，就能够吸引这些人利用业余时间提升自身素质，对于提高未来民众的整体市民素质、构建和谐社会具有重要的作用。如何打发闲暇时间，使业余生活更丰富多彩、更健康是我们设计这一选项的原因,尽管只有 3.6% 的人选择了休闲娱乐类选项,但也说明还有一定市场的,作为社会组织有责任有义务正确引导他们的娱乐观,丰富他们的业余生活。可见,培训主题和内容应该突出"职业岗位的核心技能",以回应他们的期望。

表 4—53　　　　　　　　　　最希望接受的培训

最希望接受的培训	频数(人)	百分比(%)
文化教育类	1999	18.1
专业技术类	5500	49.9
法律知识类	1720	15.6
自我管理类	1353	12.3
休闲娱乐类	405	3.6
其他	55	0.5
合计	11032	100.0

培训机构是实施职业培训的主体,不同机构在组织方式、运行机制和培训成效等方面差异较大。目前社会上各级各类培训机构较为繁杂,但新生代农民工群体在培训机构的选择上较为理性。在"最信赖的培训机构"的选择上,"有政府背景的人才市场的培训机构"(46.7%)最受欢迎,是"社会职业中介举办的培训机构"(4.6%)的 10 倍,其次是"正规院校的培训机构"(30.1%),近两成的人选择了"企业或行业协会培训机构"(18.6%)。培训机构的选择倾向一方面体现了公众最看重的是培训机构的信誉,"政府背景"和"正规院校"是培训机构可信度的金字招牌,私人培训机构的规范性有待提高,无论是收费标准、培训内容还是承诺兑现情况都影响到了他们的社会声誉;另一方面反映了我国还没有广泛形成面向社会的行业企业培训机构,行业企业培训机构开展培训一般是面向自身招聘和内部员工需求,大多数人被排除出了培训范畴。

新生代农民工居住地一般远离城市中心,生活交通设施相对较差,同时从培训的针对性来讲,与社会中介举办的培训机构相比,用人单位更受欢迎一些,用人单位的针对性可能更强一些,同时由于是单位的统一安排,不必过多地考虑交通、食宿甚至是工资问题,所以他们选择在用人单位接受培训的比例要高于选择社会培训机构的人。这也反映出人们的矛盾心理，对于工作较稳定和已经找到工作的人是这样，但对于正在寻找工作的人来说，没有了单位的依托，这种期望只是一种奢望。因此，人们在选择培训机构时更看重"有政府背景的"和"正规职业院校的"培训机构，一方面较正规，另一方面能在就业方面给予一定方向性的引领。

表 4—54　　　　　　　　最信赖哪些培训机构

最信赖的培训机构	频数（人）	百分比（%）
有政府背景的人才市场培训机构	5706	46.7
正规职业院校的培训机构	3677	30.1
企业或行业协会培训机构	2278	18.6
社会职业中介举办的培训机构	566	4.6
合　计	12227	100.0

（七）培训时机和时长的倾向

与择业和工作节点相匹配的时点是最好的培训时机。从促进择业视角来看，培训时机应与工作周期和求职状况密切相关。农民工的工作周期往往以农历新年为中止和起始点。在以春节为分水岭的节后求职高峰期，求职者众，但岗位供给也相对充裕，农民工的就业机会和选择余地也较大，其求职的迫切心情和担心错失选择机会的心态使他们不屑于"浪费时间"参加常规性的培训。所以春节后是最不适宜的培训时机，但节后过了正月用人高峰如果还没有找到如意的工作的人，往往降低求职预期，此时是组织有针对性培训的较好时机。

在非择业节点组织的培训要充分考虑农民工的职业特点，农民工群体大多在企业工作，一般不享有正规工作单位职工或所谓正式工所享有的带薪培训待遇，收入多少与在岗与否和工作时间长短紧密相关，所以正常上班期间的长时间培训很少有人能够参加。在回答"您认为培训时间安排在什么时候比较合适"问题时，选择"正常上班期间"的占13.2%，选择"休息日"和"晚上"的占49.6%，选择"外出务工之前"的占23.3%，选择"无所谓"的占13.9%。

表4—55　　　　　　　　　　培训时机选择

培训时间安排	频数（人）	百分比（%）
正常上班期间	1659	13.2
休息日	4840	38.6
外出务工之前	2924	23.3
无所谓	1747	13.9
晚上	1381	11.0
合计	12551	100.0

一般而言，新生代农民工求职的迫切心情和在履职过程中很少能享受到免费在职培训的待遇，认为他们更愿意接受时间短的培训，从调查情况来看，1/3 的人没有特定的要求，视课程而定，29.8% 的人认为一星期最好，对于 1 天以内的培训并没有得到更多的认同，只有 17.0% 的人选择，说明在促进自身发展以及在工作与发展的抉择中，人们更愿意接受培训，更愿意接受能够改变他们命运的培训，看得较远。

表4—56　　　　　　　　　　乐意接受的培训时长

乐意接受的培训时间长度	频数（人）	百分比（%）
半天	686	5.5
1 天	1445	11.5
2—3 天	2458	19.6
一星期	3747	29.8
无所谓，看课程需要而定	4221	33.6
合计	12557	100.0

（八）培训地点

如果要提高培训的吸引力，地点的选择也很关键。从回答"如果您有机会参加培训，请您选择接受培训的地点"问题的结果分析，如果把家庭住地和务工地二者对应起来，选择务工地的是家庭所在地的 3 倍，说明在务工地接受培训，离就业岗位更近些，更有助于搜寻职业，同时务工地的培训一般也与当地的用工需求相匹配，有了一定的职业指向，培训也就有了针对性,效果会好些。但在整体选项中,选择"用人单位"的占到了38.5%,选择"培训单位"的占到了31.9%,"无所谓"的占8.2%。所以总体来看,人们更倾向于用人单位和专门的培训机构,其根源可能在于在用人单位接受培训基本上就已经不用为寻找工作发愁了,在专门的培训机构接受培训一般较为系统,知识体系更为完整。

表4—57　　　　　　　　　更乐意接受培训的地点

培训地点安排	频数(人)	百分比(%)
家庭住所	630	5.4
务工地	1873	16.0
用人单位	4491	38.5
培训单位	3720	31.9
无所谓	955	8.2
合计	11669	100.0

(九) 培训模式与培训方式

培训模式一般是指培训的组织运作形式,它更多地涉及培训组织者与用人单位之间的联系方式和联系的紧密程度,与培训后的就业方式和就业状况密切相关。在"您喜欢哪种培训模式"选题中,选"半工半读模式"的占79.0%,选"订单模式"的占18.0%。实际上,半工半读不仅仅体现在学习的组织方式上,它更加彰显的是培训机构与用人单位合作,对现有员工和准员工进行的一种具有岗位针对性的培训,培为所用,用其所培,培用关联,既解除了员工培训后还要选择工作单位的后顾之忧,又能带着问题学,岗位针对性强。订单模式实际上是一种以培训机构为主体的培训模式,是根据用人单位的预期合约开展的一种具有职业指向性的培训,所以二者的差别还是很大的。

表4—58　　　　　　　　　喜欢的培训模式

培训模式	频数(人)	百分比(%)
订单模式	2159	18.0
半工半读模式	9488	79.0

续表

培训模式	频数（人）	百分比（%）
其他	357	3.0
合计	12004	100.0

培训方式是指培训机构在实施培训过程中培训者、受训者和培训环境间相互关联、相互作用的一种课程组织形式，它既关系到受训者的学习兴趣，也影响着培训成效。现在较为常用的方式有教师以教室为授课空间的讲授模式、在生产或服务场所进行的现场讲解或参观考察训练活动，在不同的场所也可以辅以多媒体授课或其他多种方式相配合，培训方式的选择与运用受多种因素制约。在"您最喜欢哪种培训方式"选题中，选"现场培训"的占52.5%，"多种方式结合"的占21.4%，"面对面授课"的占19.1%，选"多媒体培训"的占7.0%。现场培训能够提供真实的工作情境，便于培训成果的转化和应用，超过一半的人选择"现场培训"方式，一方面体现了农民工群体对培训内容的要求较为实际，偏重应用；另一方面也表现出了对传统培训脱离实际岗位、成效不高的担心。

表4—59 喜欢的培训方式

培训方式	频数（人）	百分比（%）
面对面授课	2342	19.1
现场培训	6445	52.5
多媒体培训	858	7.0
多种方式结合	2620	21.4
合计	12265	100.0

（十）自费培训意愿

在回答"您参加工作以来是否参加过职业培训"问题时，只有接近两成（没参加过：10325人，参加过：1971人）的人表示参加过培训，如此少的参训率与国家的投入以及原先对培训参加情况的估计无疑是个打击。客观来讲其原因可能与新生代农民工求职路径多元化、职业经历时间尚短、职业变动频繁和优质就业岗较少等有关，当然也可能与本课题组调查对象基本上全是"候鸟式"的农民工群体有一定关系。但从农民工群体的自我认知来讲，造成参训率过低的原因也是多方面的，在回答"如果没有参加过培训，原因是什么"的问题时，"没时间参加"占19.7%、"不知道如何参加"占16.1%、"不知道哪里有培训"占15.8%、"经济条件不允许"占15.2%、"工作太累没精力"占12.7%、"参加培训不方便"占10.3%、"听说培训质量不高"占6.2%、"内容不适合我"占3.6%，各种原因较为分散（见下表），但可归结为培训的组织与宣传、工作状况、自我培训认知三大原因。

表4—60　　　　　新生代农民工参训率较低的原因

没参加培训原因	频数（人）	百分比（%）
不知道哪里有培训	3084	15.8
没时间参加	3852	19.7
不知道如何参加	3142	16.1
参加培训不方便	2022	10.3
经济条件不允许	2976	15.2
内容不适合我	697	3.6
听说培训质量不高	1214	6.2
工作太累，没精力	2485	12.7
其他	74	0.4
合计	19546	100

参训者对职业培训效果的高评价与大多数没有参加培训经历（机会）的现实，往往会激发出新生代农民工群体强烈的培训愿望和期待，即使是自费培训也愿意参加。被调查群体在回答"您是否愿意自己花钱参加想要的培训"的问题时，表示"愿意"的高出"不愿意"的三个百分点。这一意愿和表态应该引起职业培训的组织与设计者注意。

表4—61　　　　　是否愿意自己花钱参加想要的培训

是否愿意自费	频数（人）	百分比（%）
愿意	6039	51.6
不愿意	5660	48.4
合计	11699	100.0

（十一）单位培训开展情况

对用人单位培训现状的评价也体现出他们对单位加强培训工作的期盼。在回答"您所在单位重视职工职业培训吗"问题时，26.9%的人认为"重视，经常培训"，38.1%的人回答"只是偶尔培训一下"，35.0%的人认为"不重视，从来不培训"。较为突出的是，在国家高度重视安全生产以及出台了相关政策后，各单位的劳动安全教育还是得到了应有的重视，只有30.6%的人回答不进行，这可能与工作单位性质有关。

表4—62　　　　对所在单位是否重视职工职业培训的判断

单位重视与否	频率	百分比（%）
重视，经常培训	3300	26.9
不重视，从来不培训	4288	35.0
偶尔培训一下	4666	38.1
合计	12254	100.0

（十二）对现有培训项目了解情况

与前述培训参训率相关联，被调查群体对现有培训项目的了解程度也非常有限，在回答"为更好地开展农民工培训工作，国家或地方政府实施了一些培训工程，请列举您所知道的工程名称"问题时，只有极少数人列举出了：阳光工程、农村劳动力转移培训等培训项目，说明项目宣传工作还有待加强。

二　主要结论

（一）新生代农民工继承了其父辈较为朴实的工作风格

调查表明，新生代农民工群体在工作中表现出了积极进取、顽强拼搏的工作作风，具有较强的合作意识。这种朴实的工作风格奠定了他们求知的欲望。

（二）新生代农民工实际参训率较低

尽管国家从进入新世纪以来出台了一系列提升农民工素质、促进农民工就业的举措，投入了巨大的财力物力人力开展农民工培训工作，但实际参训人数不足调查群体的两成，对国家现有免费培训项目不甚了解，没有时间甚至不知道如何参加培训，工作单位开展职业培训情况也不是很到位。

（三）新生代农民工大多数具有正确的知识价值观，认同知识与技能对职业发展的促进作用

调查中超过八成的人认为学习对他们很有用，把学习看作是对未来的投资，近七成的人认为专业技能水平和受教育程度是影响自身职业升迁和流动的主要因素。

（四）对培训促进就业和提升职业能力持肯定的态度，职业培训期待较高

在接受过培训的人群中，认为有较大帮助和非常有帮助的比例达到了2/3，认为没帮助或不好说的仅占3.2%。他们非常希望参加专业技术类、文化知识类和法律类的培训，期望通过培训提高技能水平、扩大交际面、更新观念。有超过一半的人甚至表现出了可以自费参加培训的意愿。

（五）新生代农民工自我实现愿望强烈，在学习机会面前倾向于正规学历教育

尽管新生代农民工作为职业人有强烈的提升职业技能的愿望，但在调查中也表现出了对学历崇拜的一面。当学习机会摆在面前时，58.0%的人选择接受"正规学历教育"，是选择接受"短期职业培训"的1.5倍。

（六）在业余时间有学习习惯但缺乏长远规划

新生代农民工群体在繁重的工作之余，有41.7%的人学习业务知识和读书看报，休闲娱乐、看电视、聊天的比例不足三成，说明有一定的学习意愿和学习习惯。但在回答"未来三年是否有接受教育培训的计划"时，超过一半的人表示没有，说明新生代农民工群体的学习热情和学习习惯需要引导。

（七）新生代农民工在培训诉求上体现了他们一以贯之的实效性追求

调查表明，促进就业尤其是高质量的就业是他们接受培训的根本目的，技能培训是他们的首选，在培训时机上期望与择业和工作节点相匹配，对培训机构与培训地点的选择注重信誉和便利，培训方式上更加青睐行动导向的培训方式，倾向于"干中学""现场培训"和"半工半读"的培训模式。

第五章 人资要素对新生代农民工职业认知与职业行为的影响

职业是新生代农民工立足城镇的支柱和载体，职业差异深刻影响着新生代农民工的培训意愿与行动。从影响人的职业认知与职业行为的内在因素来看，性别、年龄、工作年限、文化程度等人资要素是核心要素。由于不同的要素对职业认知与行为影响的侧重点不同，基于调查数据进行的相关性统计分析项目和结果也不尽相同。

第一节 性别对新生代农民工职业认知与行为影响

统计表明，性别差异对新生代农民工职业认知与行为的影响主要体现在工作搜寻路径、外出务工目的、城市居留意愿、收入水平、收入盈余、剩余收入支配方式、自主创业动机、对城镇户口重要性的认识、找不到满意工作后的行为表现等方面。

一 性别对外出务工目的的影响

表 5—1 性别与打工目的的关系

		改变务农的生活方式	开阔眼界，谋更大发展	赚钱	学技术	看着别人出来我也出来	其他	合计
男性	频数	1277	2257	2336	572	119	57	6618
	占比（%）	19.3	34.1	35.3	8.6	1.8	0.9	100.0
女性	频数	803	1940	1580	455	88	51	4917
	占比（%）	16.3	39.5	32.1	9.3	1.8	1.0	100.0

卡方检验结果：统计量 $X^2 = 46.386$；自由度 $df = 5$；$p = 0.000$

在农村传统文化中，性别不同所承担的家庭责任不同，工作任务亦有差异。在外出务工目的方面也应该表现出性别差异性。由卡方检验可知：性别对新生代农民工的打工目的影响达到极显著水平（$X^2 = 46.386$，$p = 0.000 < 0.01$）。男性外出打工的首要目的是"赚钱以提高家人和自己的生活水平"，可见其承担的家庭经济责任要重些，女性外出打工的首要目的是"开阔眼界，谋求更大的发展"，可见在成长过程中女性的封闭程度相对高些，但经济责任压力相对较轻，可以有较大的自由度。二者的差异还体现在"改变务农的生活方式"上，男性比例明显高于女性，因为在实际生活中，年轻的男性在家协助家人从事农业生产的概率要远远高于女性，所以逃离这一务农的环境才能使"离农"成为现实。这也充分反映了"离农"依然是年轻人外出的重要理由。

二 性别对职业搜寻策略的影响

（一）性别对工作搜寻路径的影响

农民工获取职业信息的渠道可以有多种，但主渠道相对单一，在职业选择上更注重熟人取向，所以存在着某一地区农民工职业趋同的现象。本调查项列举了十项可能的职业信息获取路径，从趋势上看，男女农民工都主要依靠自身强关系寻找工作，说明长期以来国家希图通过由政府或中介来推进农民工就业的政策和成效需要检讨。由卡方检验可知：性别

表5—2　　　　　　　　性别与找工作路径的关系

		媒体途径	亲朋途径	自己闯荡	雇主直招	劳务输出	中介机构	培训机构	咨询机构	毕业学校推荐	镇村集体组织	其他	总计
男性	频数	643	2824	1340	331	182	475	80	78	301	224	43	6521
	占比(%)	9.9	43.3	20.5	5.1	2.8	7.3	1.2	1.2	4.6	3.4	0.7	100.0
女性	频数	687	2061	951	246	124	358	83	121	342	119	55	5147
	占比(%)	13.3	40.0	18.5	4.8	2.4	7.0	1.6	2.4	6.6	2.3	1.1	100.0

卡方检验结果：统计量 $X^2 = 111.955$；自由度 $df = 10$；$p = 0.000$。

对新生代农民工找工作路径影响达到极显著水平（$X^2=111.955$，$p=0.000<0.01$）。从差异比较来看，女性借助媒体、培训机构、毕业学校和咨询机构等具有教育和宣传性质的第三方单位找工作的比例高于男性，而男性在亲朋和自我闯荡方面的比例较高，说明农民工求职路径中确实存在性别差异，这种差异将最终体现在接受培训的意愿上。

（二）性别对在城市中找不到满意工作后行为表现的影响

表 5—3　　　　　　性别与求职行为表现之间的关系

性别		退而求其次	返回农村等待时机	返回农村务农	参加培训	合计
男性	频数	3427	1494	421	1437	6779
	占比(%)	50.6	22.0	6.2	21.2	100.0
女性	频数	2644	826	292	1452	5214
	占比(%)	50.7	15.8	5.6	27.9	100.0

卡方检验结果：统计量 $X^2=114.470$；自由度 $df=3$；$p=0.000<0.01$。

农民工的求职过程一般都不是一帆风顺的，都经历过职业岗位低于求职预期的磨砺。在面对不能及时找到理想的职业的问题时，农民工会有怎样的行为表现，这种表现有没有性别差异呢？经卡方检验可知：性别对新生代农民工在城市找不到满意工作后的行为影响达到了极其显著水平（$X^2=114.470$，$p=0.000<0.01$）。从统计数据看，男女农民工在找不到满意的工作时，都有超过一半的人降低求职意愿，退而求其次，因为他们还是较为现实的，一旦找不到合适的工作，在城镇生活成本还是很高的，但在"等机会"与"参加培训"上，男女表现出了显著差异，差异主要体现在男性返回农村等待时机的比例要高于女性，女性选择参加培训的比例高于男性。这一结果与女性学历水平较高相呼应，说明女性有更强的学习意愿和学习能力，面对挫折做出选择时表现出了明显的性别差异。

三 性别对收入状况及盈余支配的影响

(一) 性别对收入水平的影响

表 5—4　　　　　性别与务工期间平均税后月收入的关系

		1000元以下	1001—1500元	1501—2000元	2001—2500元	2501—3000元	3000元以上	合计
男性	频数	644	1945	2174	1316	466	431	6976
	占比(%)	9.2	27.9	31.1	18.9	6.7	6.2	100.0
女性	频数	992	1751	1482	671	217	178	5291
	占比(%)	18.7	33.1	28.0	12.7	4.1	3.4	100.0

卡方检验结果：统计量 $X^2 = 396.472$；自由度 $df = 5$；$p = 0.000 < 0.01$。

性别不同，职业选择倾向也不同，必然会影响到群体的收入水平。由卡方检验结果可知：性别对新生代农民工在外务工期间平均税后收入影响达到了极显著水平（$X^2 = 396.472$，$p = 0.000 < 0.01$）。男性群体的收入众数在1500—2000元之间，女性群体低一个等级。在1000元以下的女性是男性的2倍，3000元以上的男性是女性的2倍。在1500元以上区段，男性明显高于女性，女性2000元以下占79.8%，而男性为68.2%。如果以每个收入统计段的上线为准统计收入（3000元以上以3500元计），女性的平均收入为1298元，男性的平均收入为2022元。二者相差35.8%。从男女收入比例变化看，男性随着收入层级的提高比例逐渐加大，女性则相反。这一方面体现了两个群体在工作岗位性质上存在差异，收入水平也存在差异；另一方面也不排除性别上的收入不均衡现象的存在。

(二) 性别对收入盈余的影响

表 5—5　　　　　性别与年扣除务工期间支出后盈余状况的关系

		没剩余	5000元以下	5000—10000元	10000元以上	合计
男性	频数（%）	751	2065	2743	1343	6902
	占比（%）	10.9	29.9	39.7	19.5	100.0
女性	频数（%）	902	1936	1714	689	5241
	占比（%）	17.2	36.9	32.7	13.2	100.0

卡方检验结果：统计量 $X^2 = 243.362$；自由度 $df = 3$；$p = 0.000 < 0.01$

农民工外出务工收入盈余的大小既与总体收入水平有关，还与个人消费倾向有关。通过性别对收入盈余影响的卡方检验结果可知：性别对新生代农民工在外务工期间扣除支出年剩余工资影响达到极显著水平（$X^2 = 243.362$，$p = 0.000 < 0.001$）。对比可见，女性全年收入没有剩余或有少量剩余的比例明显高于男性，这种差异既与男性的平均收入水平高于女性有关，也与男性由于家庭责任重注重削减不必要的开支以及女性日常消费高于男性有关。

（三）性别对剩余收入支配方式的影响

表 5—6　　　　　　　　性别与年剩余工资支配的关系

		部分交给父母	全部交给父母	自行支配	合计
男性	频数	2983	851	2080	5914
	占比（%）	50.4	14.4	35.2	100.0
女性	频数	2320	672	1501	4493
	占比（%）	51.6	15.0	33.4	100.0

卡方检验结果：统计量 $X^2 = 3.585$；自由度 $df = 2$；$p = 0.167 > 0.05$

对剩余收入如何支配，一方面体现了个人对家庭收入的贡献度；另一方面体现了个人经济的独立性程度，对后续的培训支付意愿和能力等有一定的影响。由卡方检验结果可知，在剩余工资支配方面，男女差异不显著，超过半数的人至少交一部分给父母，但也有 1/3 的人自行支配，说明对于新生代农民工群体而言，他们的收入已不是家庭收入的主要来源，父母基本不靠他们养活，收入的自由支配度较高。

四　性别对自主创业动机的影响

表 5—7　　　　　　　　性别与自主创业原因的关系

		赚钱	兴趣	出名	自由	其他	合计
男性	频数	3132	843	681	1159	48	5863
	占比（%）	53.4	14.4	11.6	19.8	0.8	100.0
女性	频数	2185	749	412	1035	29	4410
	占比（%）	49.5	17.0	9.3	23.5	0.7	100.0

卡方检验结果：统计量 $X^2 = 47.560$；自由度 $df = 4$；$p = 0.000 < 0.01$

每个人都有自己的创业梦想和冲动,创业的动机因人而异,从性别的角度考量有没有差异呢?由卡方检验结果可知:性别对新生代农民工创业动机的影响达到了极显著水平($X^2 = 47.560$,$p = 0.000 < 0.01$),说明在创业动机方面男女是有差异的。男女双方都以赚钱作为自主创业的首选原因,但女性创业更看重自由和兴趣,男性在"出名"也就是社会声望方面的需求更强烈一些,更加注重自我价值的实现。

五 性别对城市融入的影响

(一)性别对城镇户口重要性认识的影响

表5—8　　　　　　性别与城镇户口重要性认识的关系

		不重要	没想过	重要	合计
男性	频数	3246	1762	1920	6928
	占比(%)	46.9	25.4	27.7	100.0
女性	频数	2423	1348	1593	5364
	占比(%)	45.2	25.1	29.7	100.0

卡方检验结果:统计量 $X^2 = 6.129$;自由度 $df = 2$;$p = 0.047 < 0.05$

在户籍制度改革之前,从农村户口转变为城镇户口就意味着命运的改变,人们非常看重城镇户口。随着我国户籍制度改革的深入,附着在城镇户籍上的各种福利逐渐剥离或弱化,户口的重要性也就降低了。对于农民工而言,有时基于便利谋职和获得较好的社会保障考虑有改变户口的希望。课题组调查显示,接近一半的人认为城镇户口不重要,认为重要的比例不足30%。但这种认知具有性别差异性。卡方检验结果可知:新生代农民工对城市户口重要性看法的性别差异达到了显著水平($X^2 = 6.129$,$p = 0.047 < 0.05$),女性对城镇户口重要性的认识高于男性两个百分点,说明女性更倾向于获得城镇户口。

(二)性别对城市居留意愿的影响

表5—9　　　　　　性别与在打工地长期居住的想法的关系

		有	没想过	没有	合计
男性	频数	3236	2410	1160	6806
	占比(%)	47.6	35.4	17.0	100.0

续表

		有	没想过	没有	合计
女性	频数	2407	1769	1022	5198
	占比（%）	46.3	34.0	19.7	100.0

卡方检验结果：统计量 $X^2=13.680$；自由度 $df=2$；$p=0.001$

城市居留意愿有无或高低将影响人们对职业和务工地的选择。由卡方检验结果可知：性别对新生代农民工在务工地长期居住想法的影响达到极显著水平（$X^2=13.680$，$p=0.001 \leqslant 0.01$）。观察表中数据可知，其差异主要体现在没有长期居住想法的女性比例略高于男性，反映出男性群体的居留意愿要高于女性，这必然要影响到他们的努力程度。这一表现与打工目的中的反应相印证。

（三）性别对城市融入程度认知的影响

表 5—10　　　　　性别与对城市融入看法的关系

		已经融入	基本融入	正在融入	没有融入	无法适应	合计
男性	频数	519	1955	2897	1485	105	6961
	占比（%）	7.5	28.1	41.6	21.3	1.5	100.0
女性	频数	464	1560	2298	986	67	5375
	占比（%）	8.6	29.0	42.8	18.3	1.3	100.0

卡方检验结果：统计量 $X^2=22.156$；自由度 $df=4$；$p=0.000<0.01$

对城市融入程度的认知既体现了不同人群的融入体验，也昭示着我们应如何促进他们融入。卡方检验结果表明：性别对新生代农民工城市融入的看法影响达到了极其显著水平（$X^2=22.156$，$p=0.000<0.01$），女性对融入程度的估计较男性乐观，说明在城市融入方面，男性的隔膜感要高于女性。这启示我们在制定农民工城镇融入方面的政策时要考虑到性别差异。

第二节 年龄对新生代农民工职业认知与行为的影响

对新生代农民工而言，年龄就意味着经历和经验。年龄的大小对务工区域、务工地域和工作选择策略、在务工地长期居留意愿和对城镇户口重要性认识等方面表现出差异性。

一 年龄对工作地点选择的影响

（一）年龄对工作区域选择的影响

表 5—11　　　　　　　　年龄与工作区域的关系

		东部地区	中部地区	西部地区	合计
16—20 岁	频数	752	941	82	1775
	占比(%)	42.4	53.0	4.6	100.0
21—25 岁	频数	2195	4138	387	6720
	占比(%)	32.7	61.6	5.7	100.0
26—30 岁	频数	894	2147	243	3284
	占比(%)	27.2	65.4	7.4	100.0
31—33 岁	频数	86	220	43	349
	占比(%)	24.7	63.0	12.3	100.0

卡方检验结果：统计量 $X^2 = 155.045$；自由度 $df = 10$；$p = 0.000 < 0.01$。

年轻人往往比较感性，容易受外在舆论的影响。在外出务工之初，既有到发达地区闯一闯的冲动，也有在发达地区可能更容易找到工作和获得更高收益的认知，进而影响到工作区域的选择。由卡方检验结果可知：年龄对新生代农民工工作区域选择的影响达到极显著水平（$X^2 = 155.045$，$p = 0.000 < 0.01$）。在新生代农民工四个年龄组中，随着年龄的增长，工作区域越呈现出远离沿海发达地区的趋势：42.4%—32.7%—27.2%—24.7%。但西部地区对新生代农民工缺乏吸引力也是显而易见的。中部地区作为东西部地区的缓冲地带吸纳了六成左右的劳动力。说明随着年龄的增长、务工经验的积累，在务工区域选择上逐渐由感性趋向理性，不再刻意追求东部地区。

（二）年龄对工作地域选择的影响

表 5—12　　　　　　　年龄与工作地域的关系

		直辖市	省会城市	地级市	县城	乡镇	村	合计
16—20 岁	频数	217	349	813	261	68	55	1763
	占比(%)	12.3	19.8	46.1	14.8	3.9	3.1	100.0
21—25 岁	频数	897	1428	2510	1386	372	165	6758
	占比(%)	13.3	21.1	37.1	20.5	5.5	2.5	100.0
26—30 岁	频数	410	824	1137	638	201	84	3294
	占比(%)	12.4	25.0	34.5	19.4	6.1	2.6	100.0
31—33 岁	频数	30	76	126	81	25	15	353
	占比(%)	8.5	21.5	35.7	22.9	7.1	4.3	100.0

卡方检验结果：统计量 $X^2 = 114.026$；自由度 $df = 10$；$p = 0.000 < 0.01$。

大城市相对于中小城市意味着更多的就业机会和更高的收入水平，所以在外出务工地域上也会表现出年龄差异。经卡方检验：年龄对新生代农民工工作地域选择的影响达到极显著水平（$X^2 = 114.026$，$p = 0.000 < 0.01$）。从统计数据看，新生代农民工的主体是在大中城市就业，只有三成左右的人在县乡村就业。从年龄分布特点来看，随着年龄的增长，县乡村就业比例略有回升。相比较而言，地级市已成为吸纳新生代农民工的主阵地，其原因可能是一方面地级市比县级以下地区有更多的就业机会；另一方面又比省会以上大城市具有生活成本较低的优势。

二　年龄对工作选择策略的影响

表 5—13　　　　　　　年龄与工作选择策略的关系

		退而求其次	返回农村等待时机	返回农村务农	参加培训	合计
16—20 岁	频数	801	312	110	480	1703
	占比(%)	47.0	18.3	6.5	28.2	100.0
21—25 岁	频数	3428	1210	339	1616	6593
	占比(%)	52.0	18.4	5.1	24.5	100.0

续表

		退而求其次	返回农村等待时机	返回农村务农	参加培训	合计
26—30 岁	频数	1600	662	237	687	3186
	占比(%)	50.2	20.8	7.4	21.6	100.0
31—33 岁	频数	200	87	23	84	394
	占比(%)	50.8	22.1	5.8	21.3	100.0

卡方检验结果：统计量 $X^2 = 57.570$；自由度 $df = 10$；$p = 0.000 < 0.01$

任何人在求职过程中都不会是一帆风顺的，都会遇到职业岗位供给与自身预期不匹配的情况。每当此时，不同的人会表现出不同的应对策略。由卡方检验结果可知：年龄对新生代农民工工作选择策略差异的影响达到极其显著水平（$X^2 = 57.570$，$p = 0.000 < 0.01$）。既然已经来到城里，如果一时没有找到合适的工作，半数左右的人都选择退而求其次，先落下脚再说。较为特殊的是 16—20 岁年龄组近三成的选择参加培训，而且该选项的比例随着年龄的提升而逐渐减少。分析原因可能是刚出校门的人更愿意通过参加培训提升自身的知识与技能水平来寻找机会。而"返回农村等待时机"选项的选择比例随着年龄增加而增高，从一个侧面也反映出阅历可以使人更加平和。这种选择策略上的差异应该对我们制定培训政策有一定的指导意义。

三 年龄对在打工地长期居留意愿的影响

（一）年龄对城镇户口重要性认知的影响

城镇户口是千万农村居民曾经的向往，也曾经是农民工进城需要迈出的第一个门槛，但时过境迁，不同年龄段的人可能有不同的体验和感受。由卡方检验结果可知：年龄对新生代农民工户口重要性认知影响达到极其

表 5—14　　　　　　　　年龄与户口认知的关系

		不重要	没想过	重要	合计
16—20 岁	频数	757	495	521	1773
	占比(%)	42.7	27.9	29.4	100.0

续表

		不重要	没想过	重要	合计
21—25 岁	频数	3221	1689	1837	6747
	占比(%)	47.8	25.0	27.2	100.0
26—30 岁	频数	1475	794	979	3248
	占比(%)	45.4	24.5	30.1	100.0
31—33 岁	频数	141	90	118	349
	占比(%)	40.4	25.8	33.8	100.0

卡方检验结果：统计量 $X^2 = 27.958$；自由度 $df = 10$；$p = 0.000 < 0.01$。

显著水平（$X^2 = 27.958$，$p = 0.000 < 0.01$）。31—33 岁年龄组的人认为户口重要的比例最高，为 33.8%，认为不重要的比例最低，为 40.4%；21—25 岁年龄组的人认为户口重要的比例最低，为 27.2%，认为不重要的比例最高，为 47.7%。说明年龄大的人群在求职初期对户口的影响体会更多些，随着国家就业环境的改善和就业地域歧视的弱化，户口因素对求职的影响在减弱，年轻人对户口影响就业的体会较少。

（二）年龄对在务工地居留意愿的影响

表 5—15　　年龄与在打工地长期居住的想法的关系

		有	没想过	没有	合计
16—20 岁	频数	806	628	321	1755
	占比(%)	45.9	35.8	18.3	100.0
21—25 岁	频数	3053	2261	1268	6582
	占比(%)	46.4	34.3	19.3	100.0
26—30 岁	频数	1549	1096	521	3166
	占比(%)	48.9	34.6	16.5	100.0
31—33 岁	频数	169	123	52	344
	占比(%)	49.1	35.8	15.1	100.0

卡方检验结果：统计量 $X^2 = 15.861$；自由度 $df = 10$；$p = 0.015 < 0.05$。

由卡方检验结果可知：年龄对新生代农民工在打工地长期居住的想法影响达到显著水平（$X^2 = 15.861$，$p = 0.015 < 0.05$）。没想过的人相对平

稳,均为1/3多一点,有居住想法的人随年龄的增长而增长,从45.9%到49.1%。说明年轻人对家的留恋、对父母的依赖相对强些,随着年龄的增长独立性越来越强,对城乡差距的体验越来越深,留在打工地的意愿越强烈。

第三节 务工年限对新生代农民工职业认知与行为的影响

务工年限长短深刻影响着新生代农民工的职业体验,对他们的工作单位选择、收入水平、劳动保障、城镇融入程度的认知等都会产生较大影响。

一 务工年限对选择工作单位的影响

表5—16 务工年限与选择单位时考虑问题的关系

		发展空间大不大	工作、生活环境	专业对不对口	工资、福利待遇	能不能学到技术	单位发展后劲	合计
0—1年	频数	487	295	173	627	288	140	2010
	占比(%)	24.2	14.7	8.6	31.2	14.3	7.0	100.0
2—4年	频数	915	640	425	1762	580	287	4609
	占比(%)	19.9	13.9	9.2	38.2	12.6	6.2	100.0
5—7年	频数	343	251	116	685	187	107	1689
	占比(%)	20.3	14.9	6.9	40.5	11.1	6.3	100.0
8—10年	频数	133	104	49	274	65	42	667
	占比(%)	19.9	15.6	7.4	41.1	9.7	6.3	100.0
11—15年	频数	17	26	15	53	12	7	130
	占比(%)	13.1	20.0	11.5	40.8	9.2	5.4	100.0

卡方检验结果:统计量 $X^2 = 76.370$;自由度 $df = 10$;$p = 0.000 < 0.01$。

由卡方检验结果可知:务工年限对新生代农民工单位选择时关注的问题的影响达到极显著水平($X^2 = 76.370$,$p = 0.000 < 0.01$)。说明受务工年限长短的影响较大,年限长的较为关注工资福利待遇、工作和生活环境,年限短的在关注工资福利待遇的同时更关注发展空间,能不能

学到技能的比例也较高。相比较而言，年限短的比年限长的更关注未来发展性的问题如发展空间和职业技能水平的提升，年限在 10 年以上的群体对工作生活环境、专业是否对口关注的比例明显高于年限短的，说明他们经过十年左右的打拼已经能够在职场立足了，他们更关注工作与生活的便利、职业发展的稳定。这一点对职业培训的应对策略也是很有启迪意义的。

二 务工年限对劳动保障状况的影响

（一）劳动合同签署率与务工年限长短的相关性

表 5—17　　　　　　务工年限与劳动合同的关系

		签订了"五险"合同	签订了"三险"合同	没签订合同	不知道	合计
0—1 年	频数	255	837	964	302	2358
	占比（%）	10.8	35.5	40.9	12.8	100.0
2—4 年	频数	587	2228	2225	466	5506
	占比（%）	10.6	40.5	40.4	8.5	100.0
5—7 年	频数	221	821	842	159	2043
	占比（%）	10.8	40.2	41.2	7.8	100.0
8—10 年	频数	77	358	336	62	833
	占比（%）	9.3	43.0	40.3	7.4	100.0
11—15 年	频数	15	70	60	16	161
	占比（%）	9.3	43.5	37.3	9.9	100.0

卡方检验结果：统计量 $X^2 = 60.768$；自由度 $df = 10$；$p = 0.000 < 0.01$。

卡方检验结果可知：务工年限对新生代农民工劳动合同签订影响达到极其显著水平（$X^2 = 60.768$，$p = 0.000 < 0.01$）。从表 5—17 可知，签订的合同中，有"五险"的比例并没有随劳动时间延长而增加，相反劳动时间短的群体还略高一些，"三险"的比例随务工年限的延长略有增加，11—15 年限组没有签订合同的比例最低。由此可以说明签不签合同以及劳动保障的是否到位与劳动年限有一定关系，但不是很明显，可能与工作单位有关，同时随着劳动执法检查力度加大和国家劳动

保障制度的完善，年轻人可能更有这方面的诉求且满足的概率在增大。当然总体看，尽管劳动合同签署率和劳动保障情况刚刚过半，还有很大提升空间，但也呈现出对劳动保障的了解和签订合同率随着务工年限的增加逐渐增加的趋势。

（二）务工年限对了解工会深入程度的影响

表 5—18　　　　　务工年限与对工会了解程度的关系

		了解	了解一些	不了解	合计
0—1 年	频数	212	1002	1142	2356
	占比(%)	9.0	42.5	48.5	100.0
2—4 年	频数	466	2426	30	2922
	占比(%)	16.0	83.0	1.0	100.0
5—7 年	频数	191	868	984	2043
	占比(%)	9.3	42.5	48.2	100.0
8—10 年	频数	85	367	364	816
	占比(%)	10.4	45.0	44.6	100.0
11—15 年	频数	22	84	54	160
	占比(%)	13.8	52.5	33.7	100.0

卡方检验结果：统计量 $X^2 = 1920.333$；自由度 $df = 10$；$p = 0.000 < 0.01$

由卡方检验结果可知：务工年限对新生代农民工了解工会程度的影响达到极其显著水平（$X^2 = 1920.333$，$p = 0.000 < 0.01$）。总体看，新生代农民工群体对工会的了解并不深入，一般在一成左右，这与加入工会的比例低相关联，但多数人对工会的性质与功能还是有一定了解的，这一比例一般占四成到五成，不了解的比例接近五成。在"了解和了解一些"选项的比例上，一般也呈现出了随着工作年限的增长而增加的趋势。但较为特殊的是 2—4 年年限段"了解"和"了解一些"的比例明显偏高，达到了 99%，这可能与在全球金融危机之前国家出台了较为严厉的劳动合同保障条款，并进行了大量的宣传，而危机发生后又并未严格执行有关，这一时间段前后参加工作的人的自我保护意识较强，所以也更加关注工会组织。

三 务工年限对个体收入水平的影响

表 5—19　　　　　　　务工年限与收入的关系

		<1000元	1001—1500元	1501—2000元	2001—2500元	2501—3000元	>3000元	合计
0—1年	频数	485	721	622	300	101	103	2332
	占比（%）	20.8	30.9	26.7	12.9	4.3	4.4	100.0
2—4年	频数	632	1719	1784	872	291	209	5507
	占比（%）	11.5	31.2	32.4	15.8	5.3	3.8	100.0
5—7年	频数	154	586	619	396	163	126	2044
	占比（%）	7.5	28.7	30.3	19.4	8.0	6.1	100.0
8—10年	频数	75	214	245	174	64	56	828
	占比（%）	9.1	25.8	29.6	21.0	7.7	6.8	100.0
11—15年	频数	15	39	36	37	14	17	158
	占比（%）	9.5	24.7	22.8	23.4	8.9	10.7	100.0

卡方检验结果：统计量 $X^2=333.945$；自由度 $df=10$；$p=0.000<0.01$。

由卡方检验结果可知：务工年限对新生代农民工收入影响达到极其显著水平（$X^2=333.945$，$p=0.000<0.01$）。从上表可见，务工年限较短的两个组薪酬水平在1000元以下的比例明显偏高，随着务工年限的增加，收入水平呈现出增长趋势，务工年限在10年以上的组别，高收入组比例明显较高。这可能与农民工务工年龄一般伴随着工作经验和工作技能的提升，从而能够获得较高的劳动报酬有关。

四 务工年限对城市融入的影响

（一）务工年限对城镇户口重要性看法的影响

表 5—20　　　　　　　务工年限与户口看法的关系

		不重要	没想过	重要	合计
0—1年	频数	1101	621	631	2353
	占比（%）	46.8	26.4	26.8	100.0

续表

		不重要	没想过	重要	合计
2—4 年	频数	2504	1398	1612	5514
	占比(%)	45.4	25.4	29.2	100.0
5—7 年	频数	910	504	607	2021
	占比(%)	45.0	24.9	30.1	100.0
8—10 年	频数	327	207	282	816
	占比(%)	40.1	25.4	34.5	100.0
11—15 年	频数	65	36	56	157
	占比(%)	41.4	22.9	35.7	100.0

卡方检验结果：统计量 $X^2=23.244$；自由度 $df=10$；$p=0.003<0.01$

由卡方检验结果可知：务工年限对新生代农民工城市户口的看法影响达到极其显著水平（$X^2=23.244$，$p=0.003<0.01$）。随着务工年限的增长，没考虑过户口问题的比例在逐渐降低，说明在实际的工作和生活中，是否城镇户口问题给他们带来过相应的不便。同样，随着年限的增加，认为重要的比例上升较为明显，认为不重要的比例则降低了。较为特殊的是 8—10 年的群体在"不重要"的选项上更低些，没想过的比例相对高些，具体原因未能透彻。

（二）务工年限对在打工地长期居住想法的影响

表 5—21　　务工年限与在打工地长期居住的想法的关系

		有	没想过	没有	合计
0—1 年	频数	1077	839	391	2307
	占比(%)	46.7	36.4	16.9	100.0
2—4 年	频数	2496	1827	1034	5357
	占比(%)	46.6	34.1	19.3	100.0
5—7 年	频数	970	641	370	1981
	占比(%)	49.0	32.3	18.7	100.0
8—10 年	频数	377	291	134	802
	占比(%)	47.0	36.3	16.7	100.0

续表

		有	没想过	没有	合计
11—15 年	频数	77	51	25	153
	占比（%）	50.3	33.3	16.4	100.0

卡方检验结果：统计量 $X^2 = 14.855$；自由度 $df = 10$；$p = 0.062 > 0.05$。

由卡方检验结果可知：工作年限长短对新生代农民工在打工地长期居住想法的影响没达到显著水平（$X^2 = 14.855$，$p = 0.062 > 0.05$）。说明在居住地长期居住的想法与务工年限的相关性不显著。其原因可能是农民工务工地点经常变化，工作流动性强，同时由于个体间的工作单位和工作岗位差异较大，所以即使是务工时间较长的人也可能在某一固定地点实际工作时间较短，所以没有产生较为强烈的长期居住的愿望。同时由于在人的传统观念中，所谓长期居住是指在一个地方购房置业甚至是娶妻生子，只有这样才能稳定下来，而现在大中城市的生活成本尤其是住房成本很高，单凭自己现有的低收入水平很难维持或不可能实现长期居留的目标，所以表现出了"根本不敢想"的心态。

（三）务工年限对城市融入程度认知的影响

表 5—22　　　　　　务工年限与城市融入认知的关系

		已经融入	基本融入	正在融入	没有融入	无法适应	合计
0—1 年	频数	195	652	999	477	29	2352
	占比（%）	8.3	27.7	42.5	20.3	1.2	100.0
2—4 年	频数	363	1653	2367	1062	71	5516
	占比（%）	6.6	29.9	42.9	19.3	1.3	100.0
5—7 年	频数	169	548	890	393	35	2035
	占比（%）	8.3	26.9	43.8	19.3	1.7	100.0
8—10 年	频数	78	212	338	181	12	821
	占比（%）	9.5	25.8	41.2	22.0	1.5	100.0
11—15 年	频数	18	49	53	34	6	160
	占比（%）	11.2	30.6	33.1	21.3	3.8	100.0

卡方检验结果：统计量 $X^2 = 42.620$；自由度 $df = 10$；$p = 0.000 < 0.01$。

由卡方检验结果可知：务工年限对新生代农民工融入城市想法的影响达到极其显著水平（$X^2 = 42.620$，$p = 0.000 < 0.01$）。从统计表可以看出，随着工作年限的增长，表示"已经融入""正在融入"的比例呈上升趋势。相应地，表示正在融入的比例（除了10年左右及以上年限的以外）为四成多，三者相加一般都接近八成，说明新生代农民工在城市融入方面已不存在大的障碍。但较为特殊的是，在"无法适应城市生活"选项中尽管比例都很小，但长年限组的不适应比例明显高于其他组，这也可能与随着在城市生活时间的增长，遇到的问题更多、感触更深有关。

第四节 文化程度对新生代农民工职业认知与行为的影响

文化程度是标度人力资本水平的重要标尺。文化程度对新生代农民工职业认知与行为的影响较为广泛和深入，主要体现在务工目的、职业选择意向与策略、收入水平、城市融入差异和职业期待等方面。

一 文化程度对外出务工目的的影响

表5—23 文化程度与打工目的的关系

		改变务农的生活方式	开阔眼界	赚钱提高生活水平	学点技术	看着别人出来我也出来	其他	合计
小学	频数	249	357	377	172	50	15	1220
	占比(%)	20.4	29.3	30.9	14.1	4.1	1.2	100.0
初中	频数	1459	2018	2491	810	207	36	7021
	占比(%)	20.8	28.8	35.5	11.5	2.9	0.5	100.0
高中(职高)	频数	987	1811	1494	647	112	23	5074
	占比(%)	19.5	35.7	29.4	12.7	2.2	0.5	100.0
大专及以上	频数	980	2505	1673	782	89	74	6103
	占比(%)	16.1	41.0	27.4	12.8	1.5	1.2	100.0

卡方检验结果：统计量 $X^2 = 358.860$；自由度 $df = 3$；$p = 0.000 < 0.01$。

由卡方检验结果可知：文化程度对新生代农民工打工目的的影响达到极其显著水平（$X^2=358.860$，$p=0.000<0.01$）。初中和小学群体都把"赚钱以提高家人和自我的生活水平"作为第一选择，把"开阔眼界，寻求更好的发展机会"放在第二位，而高中以上群体则把"开阔眼界，寻求更好的发展机会"放在第一位。说明文化程度对农民工外出务工的目的确实有较为明显的影响，高学历群体更加注重长远的发展，更倾向于在务工过程中寻找更好的发展机会，而低学历群体更加注重从改变自身生活着眼，二者处于不同的需求层次。

二 文化程度对职业选择意向和策略的影响

（一）文化程度对选择工作区域的影响

表 5—24　　　　　　文化程度与工作区域的关系

		东部地区	中部地区	西部地区	合计
小学	频数	277	408	87	772
	占比（%）	35.9	52.8	11.3	100.0
初中	频数	1129	3211	302	4642
	占比（%）	24.3	69.2	6.5	100.0
高中	频数	866	2124	183	3173
	占比（%）	27.3	66.9	5.8	100.0
大专及以上	频数	1721	1867	199	3787
	占比（%）	45.4	49.3	5.3	100.0

卡方检验结果：统计量 $X^2=521.716$；自由度 $df=3$；$p=0.000<0.01$。

由卡方检验结果可知：文化程度对新生代农民工工作区域的影响达到极其显著水平（$X^2=521.716$，$p=0.000<0.01$）。大专及以上学历人群在沿海发达地区与在中部地区工作的比例较为接近，45.4%的人群在沿海发达地区务工，明显高于其他学历层次的人群，在西部地区务工的比例明显低于其他学历层次人群；初中、高中层次群体近七成在中部地区务工。较为特殊的是小学群体在沿海发达地区的比例达到35.9%，处于次高的位置，而在西部地区务工的比例较其他群体都高。

（二）文化程度对选择工作地域的影响

表 5—25　　　　　　　文化程度与工作地域的关系

		直辖市	省会城市	地级市	县城	乡镇	村	合计
小学	频数	148	187	216	131	57	40	779
	占比(%)	19.0	24.0	27.7	16.8	7.3	5.2	100.0
初中	频数	617	1074	1515	976	316	170	4668
	占比(%)	13.2	23.0	32.5	20.9	6.8	3.6	100.0
高中	频数	382	718	1189	666	190	48	3193
	占比(%)	12.0	22.5	37.2	20.9	5.9	1.5	100.0
大专及以上	频数	436	744	1762	641	111	75	3769
	占比(%)	11.6	19.7	46.8	17.0	2.9	2.0	100.0

卡方检验结果：统计量 $X^2 = 323.972$；自由度 $df = 3$；$p = 0.000 < 0.01$。

由卡方检验结果可知：文化程度对新生代农民工工作地域的影响达到极其显著水平（$X^2 = 323.972$，$p = 0.000 < 0.01$）。如果把直辖市和省会城市、乡镇及村就业比例合并可以发现，随着学历层次的提升，在省会以上大城市和在乡镇以下地区就业的比例都是逐渐降低的，在省会以上大城市就业的小学群体达到43.0%，大专群体为31.3%；而在地级市就业的比则呈现出逐渐增大的趋势，尤其是大专以上学历群体在地级市就业的比例达到46.8%。

（三）文化程度对选择工作单位的影响

表 5—26　　　　　　　文化程度与工作单位的关系

		党政机关	军队	事业单位	国有企业	私营企业	三资企业	自有企业	社区	其他	合计
小学	频数	35	53	62	52	397	19	69	29	31	747
	占比(%)	4.7	7.1	8.3	7.0	53.1	2.5	9.2	3.9	4.2	100.0
初中	频数	34	115	361	282	2987	78	422	109	124	4512
	占比(%)	0.8	2.5	8.0	6.3	66.2	1.7	9.4	2.4	2.7	100.0
高中（职高）	频数	52	75	366	369	1918	58	223	57	99	3217
	占比(%)	1.6	2.3	11.4	11.5	59.6	1.8	6.9	1.8	3.1	100.0

续表

		党政机关	军队	事业单位	国有企业	私营企业	三资企业	自有企业	社区	其他	合计
大专及以上	频数	109	103	531	539	1512	60	216	92	337	3499
	占比(%)	3.1	3.0	15.2	15.4	43.2	1.7	6.2	2.6	9.6	100.0

卡方检验结果：统计量 $X^2 = 869.168$；自由度 $df = 3$；$p = 0.000 < 0.01$

由卡方检验结果可知：文化程度对新生代农民工工作单位选择的影响达到极其显著水平（$X^2 = 869.168$，$p = 0.000 < 0.01$）。总体看，个体私营企业是各层次学历水平农民工就业的主战场，但高学历群体在事业单位和国有企业等收入水平相对较高的单位就业比例相对高些，几乎是小学文化程度群体所占比例的两倍。如果单从工作单位性质来看，小学文化程度群体在党政机关和军队的比例在各群体中是最高的，这一点不好理解，但将工作区域、工作地域与工作单位综合起来观察就会发现：小学文化程度群体在新生代农民工群体中所占比例较低，而沿海发达地区、省会以上大城市以及党政机关对职业声望较低岗位劳动者的需求仍然大量存在，这是导致小学文化程度农民工在以上地区和单位所占比例相对较高的原因。

（四）文化程度对择业行为表现的影响

表5—27　　　　　　　　文化程度与择业行为的关系

		退而求其次	返回农村等待时机	返回农村务农	参加培训	合计
小学	频数	318	256	86	112	772
	占比（%）	41.2	33.2	11.1	14.5	100.0
初中	频数	2423	948	301	847	4519
	占比（%）	53.6	21.0	6.7	18.7	100.0
高中（职高）	频数	1534	562	163	827	3086
	占比（%）	49.7	18.2	5.3	26.8	100.0
大专及以上	频数	1835	564	177	1121	3697
	占比（%）	49.6	15.3	4.8	30.3	100.0

卡方检验结果：统计量 $X^2 = 25.236$；自由度 $df = 3$；$p = 0.000 < 0.01$。

由卡方检验结果可知：文化程度对新生代农民工择业行为的影响达到极其显著水平（$X^2=25.236$，$p=0.000<0.01$）。由上表可以看出，小学文化程度的农民工群体在择业过程中遇到挫折时虽然也倾向于"退而求其次找一份差点的工作"，但相对而言"返回农村等待时机"和"返回农村务农"的比例也很高，而其他群体除了"退而求其次找一份差点的工作"外，更倾向于选择"参加培训"，且比例随着学历层次的提升而明显提高。随着学历层次的提升返回农村"等待时机"和"务农"的比例呈明显下降趋势。可见，越是高学历群体留下来的愿望越强烈，在遇到求职困难时，更倾向于通过培训提升职业竞争力。

（五）文化程度对选择工作单位时考虑问题的影响

由卡方检验结果可知：文化程度对新生代农民工选择工作单位考虑问题的影响达到极其显著水平（$X^2=1185.709$，$p=0.000<0.01$）。尽管各文化程度群体都把"工资福利待遇"放在第一位，但比例差异较大。

表5—28　　　　　　　文化程度与考虑问题的关系

		发展空间大不大	工作、生活环境	专业对不对口	工资、福利待遇	能不能学到技术	单位的发展后劲	合计
小学	频数	152	89	48	247	28	38	602
	占比(%)	25.2	14.8	8.0	41.0	4.7	6.3	100.0
初中	频数	66	587	262	1655	408	204	3182
	占比(%)	2.1	18.5	8.2	52.0	12.8	6.4	100.0
高中（职高）	频数	528	356	237	938	363	183	2605
	占比(%)	20.3	13.7	9.1	36.0	13.9	7.0	100.0
大专及以上	频数	791	431	323	820	461	241	3067
	占比(%)	25.8	14.1	10.5	26.7	15.0	7.9	100.0

卡方检验结果：统计量 $X^2=1185.709$；自由度 $df=3$；$p=0.000<0.01$

初中文化程度组占52.0%的人选择了这一项，同时把"工作生活环境"放在了第二位，占18.5%；大专及以上文化程度组虽然有26.7%选择了"工资福利待遇"，但25.8%的人选择了"发展空间大不大"，排第三位的是"能不能学到技能"，占15.0%；高中组的排序与大专组相近，但差别也较大；较为特殊的是小学文化程度组也把"发展空间大不大"排在了第二位,"工作生活环境"放在了第三位。总体趋势是随着学历层次提升,在关注收入水平的同时,更加关注未来发展空间的大小,在探究农民工培训的有效性时要关注这一点。

三 文化程度对收入水平和剩余工资支配方式的影响

(一) 文化程度对月收入水平的影响

表5—29　　　　　　　文化程度与月收入的关系

		<1000元	1001—1500元	1501—2000元	2001—2500元	2510—3000元	>3000元	合计
小学	频数	104	243	233	109	51	42	782
	占比(%)	13.3	31.1	29.8	13.9	6.5	5.4	100.0
初中	频数	2446	1463	1499	788	269	183	6648
	占比(%)	36.8	22.0	22.5	11.9	4.0	2.8	100.0
高中(职高)	频数	303	1042	990	604	141	107	3187
	占比(%)	9.5	32.7	31.1	18.9	4.4	3.4	100.0
大专及以上	频数	788	956	972	500	228	277	3721
	占比(%)	21.2	25.7	26.1	13.4	6.1	7.5	100.0

卡方检验结果:统计量 $X^2 = 1137.491$;自由度 $df = 3$;$p = 0.000 < 0.01$。

由卡方检验结果可知:文化程度对新生代农民工月收入的影响达到极其显著水平($X^2 = 1137.491$,$p = 0.000 < 0.01$)。从趋势上看,初中文化程度群体整体收入水平偏低,月收入1000元以下的人数占到36.8%,在1000—1500元区间高中文化程度最高,比例接近1/3,1500—2000元区间大专以上文化程度人群占比最高,为26.1%,在高收入组中所占比例也较高。较为特殊的是小学文化程度群体收入水平在高收入区间比例较高。说明文化程度对收入水平有影响,但并没有呈现出正相关性,可见,农民工收入水平受多种因素制约,高学历只是为农民工收入水平的提高提供了可能性,具体如何还要看他自身的职业素养、就业区域、地域和职业选择。应该说,对于有确定职业的人群来说,开展具有针对性的培训有助于提升岗位工作能力,也应该有助于提升收入水平。

（二）文化程度对剩余工资支配方式的影响

表 5—30　　　　　文化程度与剩余工资支配的关系

		部分交给父母	全部交给父母	自行支配	合计
小学	频数	280	107	253	640
	占比（%）	43.8	16.7	39.5	100.0
初中	频数	2021	606	1339	3966
	占比（%）	50.9	15.3	33.8	100.0
高中（职高）	频数	1467	376	897	2740
	占比（%）	53.6	13.7	32.7	100.0
大专及以上	频数	1556	438	1114	3108
	占比（%）	50.1	14.1	35.8	100.0

卡方检验结果：统计量 $X^2 = 25.236$；自由度 $df = 3$；$p = 0.000 < 0.01$。

由卡方检验结果可知：文化程度对新生代农民工剩余工资支配的影响达到极其显著水平（$X^2 = 25.236$，$p = 0.000 < 0.01$）。剩余工资的支配方式体现了新生代农民工群体的家庭负担、担当精神以及自主性程度。老一辈农民工群体是家庭的支柱，其收入主要用于赡养老人、养育子女和改善家庭生活等家庭支出，新生代农民工一般尚未脱离父母这一大家庭，家庭生活对其贡献大小的要求具有很大的弹性。从上表中可以看出，将剩余工资部分交给父母支配的人约在一半左右，应该说这是较为合理的一种支配方式，一方面体现对父母的尊重和对家庭的责任担当；另一方面在家庭条件允许的情况下还留下了自主发挥的空间。在完全自行支配的群体中，一般都达到了群体的 1/3 左右，这个比例还是很高的（较为特殊的是小学文化程度的比例明显高于其他学历水平群体）。如此就有一个如何引导他们合理有效消费的问题。

四　文化程度对城市融入情况的影响

表 5—31　　　　　文化程度与城市融入的关系

		已经融入	基本融入	正在融入	没有融入	无法适应	合计
小学	频数	53	219	299	195	19	785
	占比（%）	6.8	27.9	38.1	24.8	2.4	100.0

续表

		已经融入	基本融入	正在融入	没有融入	无法适应	合计
初中	频数	259	1253	1946	1097	76	4631
	占比(%)	5.6	27.1	42.0	23.7	1.6	100.0
高中(职高)	频数	241	848	1456	585	42	3172
	占比(%)	7.6	26.7	45.9	18.5	1.3	100.0
大专及以上	频数	434	1209	1531	610	41	3825
	占比(%)	11.3	31.6	40.0	16.0	1.1	100.0%

卡方检验结果：统计量 $X^2 = 213.770$；自由度 $df = 3$；$p = 0.000 < 0.01$

由卡方检验结果可知：文化程度对新生代农民工城市融入的影响达到极其显著水平（$X^2 = 213.770$，$p = 0.000 < 0.01$）。选择"没有融入"和"无法适应城市生活"的比例随着学历层次的提升而逐渐降低，小学文化程度群体有27.2%的人选择了这两项，大专及以上文化程度群体只有17.1%的人选择了这两项，而选择"已经融入"和"基本融入"的比例达到了42.9%，各组别比例最高，说明学历层次越高对个体融入的信心越高，融入能力越强，也越容易融入。

五 文化程度对职业期待的影响

表5—32　　　　　　文化程度与将来打算的关系

		自己创业做老板	找一份更好的工作	成为公司的骨干	不确定	合计
小学	频数	310	266	96	977	1649
	占比（%）	18.8	16.1	5.8	59.3	100.0
初中	频数	1797	1552	549	683	4581
	占比（%）	39.2	33.9	12.0	14.9	100.0
高中(职高)	频数	1185	1133	478	340	3136
	占比（%）	37.8	36.1	15.2	10.9	100.0
大专及以上	频数	1502	1071	806	368	3747
	占比（%）	40.1	28.6	21.5	9.8	100.0

卡方检验结果：统计量 $X^2 = 2365.751$；自由度 $df = 3$；$p = 0.000 < 0.01$。

由卡方检验结果可知：文化程度对新生代农民工将来打算的影响达到极其显著水平（$X^2 = 2365.751$，$p = 0.000 < 0.01$）。从统计数据看，小学文化程度群体对未来的发展最不确定，达到 59.3%，而随着学历层次的提高，这一比例降低为 9.8%。在"自己创业当老板"的选项中，大学文化程度群体中有 40.1% 的人选择了这一项，比例最高；在"找一份更好的工作"选项中，高中组比例最高；在"成为公司骨干"的选项中选择比例随着学历的提升而增长。综合来看，文化程度较高的群体对自己未来的发展趋势和路径较为清晰，自信心更强一些。

第六章 人资要素对新生代农民工培训意愿与行动的影响

一般认为,影响新生代农民工群体培训认知与培训行为选择的因素可以包括性别、年龄、文化程度、务工年限、工作地域和工作单位、收入水平等方面,本章依据调查数据对影响的方向和深度做了进一步分析。

第一节 性别对新生代农民工培训认知与行为的影响

一 性别对学习价值认知与学习行为的影响

(一)性别对学习价值认知的影响

表6—1　　　　　　　性别与学习价值认知差异的关系

		没有多大用处	越来越有用	是无奈之举	是对未来的投资	合计
男性	频数	560	3031	720	2625	6936
	占比(%)	8.1	43.7	10.4	37.8	100.0
女性	频数	316	2282	490	2255	5343
	占比(%)	5.9	42.7	9.2	42.2	100.0

卡方检验结果:统计量 $X^2=39.322$;自由度 $df=3$;$p=0.000<0.01$。

学习价值认知差异一方面体现了对象的价值判断;另一方面也影响着对象的学习行为。课题组按照价值认知趋向设计了两对四个选项:"学习没有多大用处""学习对我们越来越有用"和"学习是对现实的无奈之举""学习是对未来的投资"。由卡方检验结果可知:性别对新生代农民工学习价值认知的影响达到了极其显著水平（$X^2 = 39.322$，$p = 0.000 < 0.01$），从选项上来看，男女在"学习对我们越来越有用"和"学习只是对现实的无奈之举"的选择差异不大，都比较认同学习的价值。在"学习没有多大用处"的认知上，男性明显高于女性，而在"学习是对未来的投资"的认知上女性也明显高于男性。所以，总体来看，女性对学习价值的认同要高于男性，表明在学习面前，女性表现出了更高的参与愿望。这一选择结果与男女的文化程度差异具有一致性。

（二）性别对业余文化生活的影响

表6—2　　　　　　　性别与业余文化生活选择的关系

		扑克等娱乐	读书看报	学习业务知识	上网	听音乐	看电视	聊天	其他	合计
男性	频数	962	1098	1681	2018	232	377	523	53	6944
	占比(%)	13.9	15.8	24.2	29.1	3.3	5.4	7.5	0.8	100.0
女性	频数	386	876	1459	1597	391	389	250	37	5385
	占比(%)	7.2	16.3	27.1	29.6	7.3	7.2	4.6	0.7	100.0

卡方检验结果：统计量 $X^2 = 283.237$；自由度 $df = 7$；$p = 0.000 < 0.01$。

看似不重要的业余生活其实隐含着对象对生活的态度，既影响到学习行为也影响到社会关系圈，决定着职业发展的趋向和可能的发展水平。由卡方检验结果可知：性别对新生代农民工业余文化生活选择的影响达到极其显著水平（$X^2 = 283.237$，$p = 0.000 < 0.01$），从分类统计结果可知，上网都是男女群体的首要的业余生活选项，差异不大，都接近三成。在读书看报、学习业务知识、听音乐、看电视等方面，女性明显高于男性，而在打扑克、玩麻将、聊天等方面男性明显高于女性。说明男性的社会性交往方面的需要较为强烈，女性的交往圈子较小，但女性学习倾向依然高于男性，说明自我控制力较强。此调查项的意义在于在当代社会，尽管男女都有学习的潜质和倾向，但女性群体更容易组织和引导。

（三）性别对学习状态的影响

表 6—3　　　　　　　　　性别与学习状态的关系

		有计划地持续学习	有计划，不能坚持	有打算，没有实施	需要的时候学习	少有学习念头	其他	合计
男性	频数	1378	2554	999	1307	514	110	6862
	占比(%)	20.1	37.2	14.6	19.0	7.5	1.6	100.0
女性	频数	1169	2074	709	990	248	53	5243
	占比(%)	22.3	39.6	13.5	18.9	4.7	1.0	100.0

卡方检验结果：统计量 $X^2=57.197$；自由度 $df=5$；$p=0.000<0.01$。

学习状态是衡量学习习惯的重要指标，有的对象可能有学习规划但缺乏恒心和毅力，有些对象具有较强的学习功利性，需要时才学，有的很少有学习的念头。由卡方检验结果可知：性别对新生代农民工学习状态的影响达到极其显著水平（$X^2=57.197$，$p=0.000<0.01$）。从分项统计可以看出，女性在"经常主动学习"和"偶尔主动学习"选项中的比例都高于男性，而在"很少有学习的念头"选项中，男性高出女性近40%，说明女性学习的主动性和计划性都强于男性。

（四）性别对学习途径选择的影响

表 6—4　　　　　　　　　性别与学习途径的关系

		到培训机构学习	边干边学	与身边人的交流	自学	合计
男性	频数	1018	4237	1060	184	6499
	占比(%)	15.7	65.2	16.3	2.8	100.0
女性	频数	883	3131	842	106	4962
	占比(%)	17.8	63.1	17.0	2.1	100.0

卡方检验结果：统计量 $X^2=15.733$；自由度 $df=3$；$p=0.000<0.01$。

课题组设计了几种学习情景：到专门的培训机构学习是一种较为正规的学习方式，这种方式一般要付出较高的学习成本。边干边学体现了工作学习的一体化，成本低、针对性强，其方式可能是体现组织意志和要求的学徒、学习岛等方式，但更多的是属于以身体技能为主的工作性质的学习，适合在经验积累中提升技能水平。在学习过程中，由于个体性格和学习习惯使然，有些人愿意与身边的人交流，有些人愿意自主学习。在日常生活中，人们对学习途径的选择一般考虑与工作生活的便利性或学习成效最高的学习途径。由卡方检验可知：性别对新生代农民工学习途径影响达到极其显著水平（$X^2 = 15.733$，$p = 0.001 < 0.01$），从数据比较可知，女性更倾向于到专门培训机构中去学，与身边的人交流的比例也略高于男性；男性则更倾向于"边干边学"。这一差异就要求在进行培训决策与实施时要考虑到性别差异。

二 性别对培训要素选择的影响

（一）性别对培训时长选择的影响

表 6—5　　　　　　　　性别与培训时长的关系

		半天	1 天	2—3 天	1 星期	视需要定	合计
男性	频数	366	850	1363	2032	2377	6988
	占比(%)	5.2	12.2	19.5	29.1	34.0	100.0
女性	频数	311	584	1048	1663	1798	5404
	占比(%)	5.7	10.8	19.4	30.8	33.3	100.0

卡方检验结果：统计量 $X^2 = 9.799$；自由度 $df = 4$；$p = 0.044 < 0.05$。

由卡方检验结果可知：性别对新生代农民工所倾向的培训时长影响达到显著水平（$X^2 = 9.799$，$p = 0.044 < 0.05$）。男女双方的选择大致趋势都是较为排斥时间过短的培训。当时设计选项时之所以没有超过 1 周，主要考虑农民工择业的过程是一个纯消耗的过程，在培训时间选择上也可能比较倾向于短时间，但通过选择结果来看，在成效与时间消耗的天平上，时间服从于成效，所以在培训设计时可以打消这一顾虑。

（二）性别对培训时间选择的影响

表 6—6　　　　　　　　性别与培训时间安排的关系

		上班期间	休息日	外出务工之前	无所谓	晚上	合计
男性	频数	885	2625	1690	1029	760	6989
	占比（%）	12.7	37.5	24.2	14.7	10.9	100.0

续表

		上班期间	休息日	外出务工之前	无所谓	晚上	合计
女性	频数	751	2138	1195	707	608	5399
女性	占比（%）	13.9	39.6	22.1	13.1	11.3	100.0

卡方检验结果：统计量 $X^2 = 18.544$；自由度 $df = 4$；$p = 0.001 < 0.01$。

由卡方检验可知：性别对新生代农民工在培训时间安排方面的影响达到极其显著水平（$X^2 = 18.544$，$p = 0.001 < 0.01$）。从表6—6数据看，尽管总体达到了极显著差异，但从选项上没有表现出一致性，这是本题选项设计上存在缺陷造成的。应该说，外出务工之前的选项与其他选项不是同一领域的，可以理解为非工作时间这样一个意味，因为外出务工之前显然不是务工时间，但也不属于相对于工作的休息时间。从选项来看，选择占用工作时间参加培训的人数较少，这可能与当前农民工在职培训权利的落实有关。大家都想在不耽误工作、不影响收入的前提下，接受相应的培训。相对而言，男性更倾向于外出务工之前，女性更倾向于在外出务工期间进行。

（三）性别对培训地点选择的影响

表6—7　　　　　　　性别与培训地点的关系

		家庭住所	务工地	用人单位	培训单位	无所谓	合计
男性	频数	357	1233	2449	1918	567	6524
男性	占比（%）	5.5	18.9	37.5	29.4	8.7	100.0
女性	频数	259	610	1979	1757	378	4983
女性	占比（%）	5.2	12.2	39.7	35.3	7.6	100.0

卡方检验结果：统计量 $X^2 = 116.651$；自由度 $df = 4$；$p = 0.000 < 0.01$。

由卡方检验可知：性别对新生代农民工培训地点选择的影响达到极其显著水平（$X^2 = 116.651$，$p = 0.000 < 0.01$）。务工地与家庭所在地是两个相对应的选项，从总体趋势上看，人们更倾向于在务工地接受培训，用人单位和培训的单位是两个相对应的选项，人们更倾向于在用人单位，说明在务工地以及在用人单位培训的针对性和培训的实效性可能更强些。从性别上看，二者的差异主要体现在女性选择用人单位和培训单位的比例都

比男性高。

(四) 性别对培训内容选择的影响

表 6—8　　　　　　　　性别与培训内容的关系

		文化教育类	专业技术类	法律知识类	自我管理类	休闲娱乐类	其他	合计
男性	频数	1092	3165	958	711	211	42	6179
	占比(%)	17.7	51.2	15.5	11.5	3.4	0.7	100.0
女性	频数	897	2258	746	611	192	15	4719
	占比(%)	19.0	47.9	15.8	12.9	4.1	0.3	100.0

卡方检验结果：统计量 $X^2 = 23.261$；自由度 $df = 5$；$p = 0.000 < 0.01$

由卡方检验可知：性别对新生代农民工培训内容选择的影响达到极其显著水平（$X^2 = 23.261$，$p = 0.000 < 0.01$）。从统计结果看，男性农民工群体"专业技术类"选项高出女性3个百分点，说明他们更倾向于技术；而女性农民工群体在"文化教育类""自我管理类"的选项都高于男性，说明文化素养类培训更受女性青睐。

(五) 性别对培训模式选择的影响

表 6—9　　　　　　　　性别与培训模式的关系

		订单式	半工半读式	其他	合计
男性	频数	1262	5253	179	6694
	占比（%）	18.8	78.5	2.7	100.0
女性	频数	867	4108	177	5152
	占比（%）	16.8	79.8	3.4	100.0

卡方检验结果：统计量 $X^2 = 12.843$；自由度 $df = 2$；$p = 0.002 < 0.01$

由卡方检验结果可知：性别对新生代农民工培训模式选择的影响达到极其显著影响（$X^2 = 12.843$，$p = 0.002 < 0.01$）。相较于"订单式"培训模式，"半工半读式"更受农民工群体的欢迎，但相较而言，女性的两项比例之差要大于男性。一般来讲，订单式培训往往是大企业的预招工，高技术工种偏多，有些不适合女性，所以女性的选项比例低于男性。但之所以选半工半读的都接近八成，可能与人们理解的半工半读一般是先入职后

培训有关,这种培训一般都是在保障工资前提下的培训,所以是首选。其意义在于对于农民工而言,除了必要的上岗前的培训外,应尽可能保证在职培训,以更好地维护在职员工的权益。

(六) 性别对培训方式选择的影响

表6—10　　　　　　　　性别与培训方式的关系

		面对面授课	现场培训	多媒体培训	多方式结合	合计
男性	频数	1267	3721	430	1395	6813
	占比(%)	18.6	54.6	6.3	20.5	100.0
女性	频数	1045	2743	417	1196	5401
	占比(%)	19.4	50.8	7.7	22.1	100.0

卡方检验结果:统计量 $X^2=21.829$;自由度 $df=3$;$p=0.000<0.01$。

由卡方检验结果可知:性别对新生代农民工培训方式选择的影响达到极其显著影响（$X^2=21.829$,$p=0.000<0.01$）。统计数据表明,超半数的人更倾向于现场培训,但男性明显高于女性,女性选择"多种方式结合""面对面"和"多媒体培训"的比例高于男性,这可能与男性较多从事技能性工作,更倾向于直观感受和长于实际动手操作有关。

第二节　年龄对新生代农民工培训认知与行为的影响

一　年龄对学习价值认知与学习行为的影响

(一) 年龄对学习价值认知的影响

表6—11　　　　　　　年龄与学习价值认知的关系

		没多大用处	越来越有用	是无奈之举	是对未来的投资	合计
16—20岁	频数	119	724	149	790	1782
	占比(%)	6.7	40.6	8.4	44.3	100.0
21—25岁	频数	462	2907	701	2653	6723
	占比(%)	6.9	43.2	10.4	39.5	100.0

续表

		没多大用处	越来越有用	是无奈之举	是对未来的投资	合计
26—30 岁	频数	255	1444	314	1247	3260
	占比（%）	7.8	44.3	9.6	38.3	100.0
31—33 岁	频数	33	161	28	125	347
	占比（%）	9.5	46.4	8.1	36.0	100.0

卡方检验结果：统计量 $X^2 = 30.631$；自由度 $df = 10$；$p = 0.000 < 0.01$。

由卡方检验结果可知：年龄对新生代农民工学习作用认知的影响达到极其显著水平（$X^2 = 30.631$，$p = 0.000 < 0.01$）。年龄大的人更看重知识的现实价值，注重学习对当前就业和提高收入、改善工作环境的影响。年龄越小越看重学习的长远价值，选择"学习是对未来的投资"的比例随年龄增长而降低，认为"学习没多大用处"的比例随年龄的增长而提高。受此启示，对年轻人应更加注重设计学历和素质提升类的培训，对大龄农民工群体则要注重设计对当前有用的如对职业发展和职业岗位技能提升有显著作用的培训项目。

（二）年龄对学习状态的影响

表 6—12　　　　　年龄与学习状态的关系

		有计划地持续学习	有计划，不能坚持	有打算，没有实施	需要的时候学习	少有学习念头	其他	合计
16—20 岁	频数	413	679	267	266	95	40	1760
	占比（%）	23.4	38.6	15.2	15.1	5.4	2.3	100.0
21—25 岁	频数	1350	7544	910	1306	425	90	11625
	占比（%）	11.6	64.9	7.8	11.2	3.7	0.8	100.0
26—30 岁	频数	641	1207	476	651	203	26	3204
	占比（%）	20.0	37.7	14.9	20.3	6.3	0.8	100.0
31—33 岁	频数	76	148	41	63	14	5	347
	占比（%）	21.9	42.7	11.8	18.2	4.0	1.4	100.0

卡方检验结果：统计量 $X^2 = 1125.482$；自由度 $df = 10$；$p = 0.000 < 0.01$。

由卡方检验结果可知：年龄对新生代农民工学习状态的影响达到极其显著水平（$X^2=1125.482$，$p=0.000<0.01$）。由上表可知，21—25 岁年龄组是调查群体中人数最多的群体，在回答学习状态的问题时，选择"有计划不能坚持"选项的比例最高，达到了 64.9%，较最低的 26—30 岁年龄组高出了 27 个百分点。与"有计划地持续学习"选项合并，21—25 岁年龄组依然是最高的，达到 76.5%，26—30 岁年龄组是最低的，为 57.7%。把这 5 个年龄组排列，可以发现在主动学习选项上存在"低—高—低—高"的变化，说明群体的学习稳定性差，对待学习的态度存在一定的阶段性。

二　年龄对工作风格的影响

表 6—13　　　　　　　年龄与工作类型的关系

		自己琢磨并努力完成	请教别人，并努力完成	放弃	合计
16—20 岁	频数	532	1129	124	1785
	占比（%）	29.8	63.2	7.0	100.0
21—25 岁	频数	1966	4327	429	6722
	占比（%）	29.2	64.4	6.4	100.0
26—30 岁	频数	908	2122	223	3253
	占比（%）	27.9	65.2	6.9	100.0
31—33 岁	频数	114	222	17	353
	占比（%）	32.3	62.9	4.8	100.0

卡方检验结果：统计量 $X^2=6.811$；自由度 $df=10$；$p=0.339>0.05$。

由卡方检验结果可知：年龄对新生代农民工工作类型的影响没达到显著水平（$X^2=6.811$，$p=0.339>0.05$）。总体看，群体中选择"请教别人，并努力完成这种工作"的比例最高，但微小变化是 30 岁以前年龄组比例逐渐增高，之后到 31—33 岁年龄段有所下降，这种变化也伴随着"自己琢磨并努力完成这种工作"比例的上升。这样一个细微的变化所体现的是随着阅历的增加，经验的积累，自我思考、研究、解决问题的能力在增加，也说明请教别人、在合作中完成任务有时是自己能力之外的不得已的选择。

三　年龄对培训价值认知的影响

表 6—14　　　　　年龄与培训价值认知的关系

		提高学历	提高技能	更新观念	扩大交际面	其他	合计
16—20 岁	频数	127	921	226	226	121	1621
	占比（%）	7.9	56.8	13.9	13.9	7.5	100.0
21—25 岁	频数	567	3531	787	877	415	6177
	占比（%）	9.2	57.2	12.7	14.2	6.7	100.0
26—30 岁	频数	245	1712	379	427	215	2978
	占比（%）	8.2	57.5	12.7	14.4	7.2	100.0
31—33 岁	频数	32	174	39	41	22	308
	占比（%）	10.4	56.5	12.7	13.3	7.1	100.0

卡方检验结果：统计量 $X^2 = 8.092$；自由度 $df = 10$；$p = 0.778 > 0.05$。

由卡方检验结果可知：年龄对新生代农民工培训作用认知的影响没达到显著水平（$X^2 = 8.092$，$p = 0.778 > 0.05$）。说明群体普遍看重培训"提高技能水平"的功能，这也凸显出培训设计上应注意的问题。

四　年龄对培训要素选择的影响

（一）年龄对培训时间长短要求的影响

表 6—15　　　　　年龄与培训时长的关系

		半天	1 天	2—3 天	1 星期	视需要来定	合计
16—20 岁	频数	99	212	343	508	645	1807
	占比（%）	5.5	11.7	19.0	28.1	35.7	100.0
21—25 岁	频数	369	745	1314	2046	2308	6782
	占比（%）	5.4	11.0	19.4	30.2	34.0	100.0
26—30 岁	频数	180	402	648	973	1077	3280
	占比（%）	5.5	12.2	19.8	29.7	32.8	100.0

续表

		半天	1 天	2—3 天	1 星期	视需要来定	合计
31—33 岁	频数	19	63	55	106	113	356
	占比（%）	5.3	17.7	15.5	29.8	31.7	100.0

卡方检验结果：统计量 $X^2 = 23.403$；自由度 $df = 10$；$p = 0.024 < 0.05$。

由卡方检验结果可知：年龄对新生代农民工培训时长的选择影响到达显著水平（$X^2 = 23.403$，$p = 0.024 < 0.05$）。从上表可知，最大年龄组在培训市场的选择具有不确定性，因其样本数量较少，不具有实际操作意义。

（二）年龄对培训时间选择的影响

表 6—16　　　　　　　年龄与培训时间选择的关系

		上班期间	休息日	外出务工前	无所谓	晚上	合计
16—20 岁	频数	251	734	430	232	167	1814
	占比（%）	13.8	40.5	23.7	12.8	9.2	100.0
21—25 岁	频数	935	2550	1528	974	776	6763
	占比（%）	13.8	37.7	22.6	14.4	11.5	100.0
26—30 岁	频数	377	1262	810	459	376	3284
	占比（%）	11.5	38.4	24.7	14.0	11.4	100.0
31—33 岁	频数	52	147	69	51	36	355
	占比（%）	14.7	41.4	19.4	14.4	10.1	100.0

卡方检验结果：统计量 $X^2 = 30.688$；自由度 $df = 10$；$p = 0.002 < 0.01$。

由卡方检验结果可知：年龄对新生代农民工培训时间选择的影响达到极其显著水平（$X^2 = 30.688$，$p = 0.002 < 0.01$）。21—30 岁年龄组选择"休息日"的比例相对较低，而选择"外出务工之前"的比例在各年龄组中相对较高，选择"晚上"的比例也相对较高，究其原因可能是受工作单位和工作性质的影响，能够休息的休息日较少，一旦休息，还有许多事情要做，晚上相对好一些。之所以选择"外出务工之前"可能与这一群体的工作上不固定，总抱有选择一个更好的工作的想法有关。在外出务工之前开展培训一方面参加的机会大些；另一方面通过提升技能也可以增加外出寻找工作的砝码。

(三) 年龄对培训地点选择的影响

表 6—17　　　　　　　　年龄与培训地点的关系

		家庭住所	务工地	用人单位	培训单位	无所谓	合计
16—20 岁	频数	124	214	677	504	137	1656
	占比(%)	7.5	12.9	40.9	30.4	8.3	100.0
21—25 岁	频数	295	1029	2489	2016	498	6327
	占比(%)	4.6	16.3	39.3	31.9	7.9	100.0
26—30 岁	频数	176	516	1085	974	269	3020
	占比(%)	5.8	17.1	35.9	32.3	8.9	100.0
31—33 岁	频数	10	65	112	124	28	339
	占比(%)	2.9	19.2	33.0	36.6	8.3	100.0

卡方检验结果：统计量 $X^2 = 56.723$；自由度 $df = 10$；$p = 0.000 < 0.01$。

由卡方检验结果可知：年龄对新生代农民工培训地点选择的影响达到极其显著水平（$X^2 = 56.723$，$p = 0.000 < 0.01$）。家庭住地与务工地相比，随着年龄的增长选择在家庭所在地的比例呈下降趋势，而务工地则相反。说明随着体验的增多，人们能切实感受到在务工地比在家培训更接近当地用人单位的需要。用人单位和培训单位亦相反，随着年龄的增长，选择用人单位的比例逐渐降低，选择培训单位的则上升，这与人们一般的认知相反，可能与用人单位的培训更针对本单位、本岗位的需要，不利于拓展培训内容，不能满足他们转岗或个人爱好的需要，所以随着年龄的增长，有过接受本单位培训的经历之后，由于重复的成分大，缺乏新鲜感，所以更愿意接受符合自身需求的社会培训。

(四) 年龄对培训方式选择的影响

表 6—18　　　　　　　　年龄与培训方式的关系

		面对面授课	现场培训	多媒体培训	多方式结合	合计
16—20 岁	频数	339	905	142	376	1762
	占比（%）	19.2	51.4	8.1	21.3	100.0
21—25 岁	频数	1208	3433	431	1551	6623
	占比（%）	18.3	51.8	6.5	23.4	100.0

续表

		面对面授课	现场培训	多媒体培训	多方式结合	合计
26—30 岁	频数	637	1757	232	593	3219
	占比（%）	19.8	54.6	7.2	18.4	100.0
31—33 岁	频数	73	182	29	57	341
	占比（%）	21.4	53.4	8.5	16.7	100.0

卡方检验结果：统计量 $X^2 = 43.281$；自由度 $df = 10$；$p = 0.000 < 0.01$。

由卡方检验结果可知：年龄对新生代农民工培训方式选择的影响达到极其显著水平（$X^2 = 43.281$，$p = 0.000 < 0.01$）。总体看，尽管年龄大一些的群体选择"现场培训"的比例有所提高，但差距并不大。21—25 岁群体选择"面对面授课"的比例相对较低，但选择"多方式结合"的比例明显高于其他年龄阶段人群。由于"多方式结合"的表述并不明确，说明相当一部分人对于方式的选择还处于模糊状态，带有理想的色彩。

第三节 文化程度对新生代农民工培训认知与行为的影响

一 文化程度对学习价值认知与学习行为的影响

（一）文化程度对学习价值认知的影响

表 6—19　　文化程度与学习价值认知的关系

		没有多大用处	越来越有用	是无奈之举	是对未来的投资	合计
小学	频数	105	357	85	230	777
	占比（%）	13.5	46.0	10.9	29.6	100.0
初中	频数	364	2089	512	1652	4617
	占比（%）	7.9	45.2	11.1	35.8	100.0
高中（职高）	频数	192	1443	297	1230	3162
	占比（%）	6.1	45.6	9.4	38.9	100.0

续表

		没有多大用处	越来越有用	是无奈之举	是对未来的投资	合计
大专及以上	频数	215	1464	326	1793	3798
	占比（%）	5.7	38.5	8.6	47.2	100.0

卡方检验结果：统计量 $X^2 = 201.167$；自由度 $df = 3$；$p = 0.000 < 0.01$。

由卡方检验结果可知：文化程度对新生代农民工学习价值认知的影响达到极其显著水平（$X^2 = 201.167$，$p = 0.000 < 0.01$）。小学到高中群体都把"学习对我们越来越有用"选项排在第一位，但随着学历的提高，选择比例呈减少趋势；大专及以上学历群体则把"学习是对未来的投资"选项排在了第一位，从小学到大专学历群体的选择比例呈递增趋势。选择"学习没有多大用处"和"学习只是对现实的无奈选择"两个选项比例之和在两成左右，且随着学历层次的提升比例呈下降趋势。

（二）文化程度对教育机会选择的影响

表6—20　　　　　　　文化程度与教育机会的关系

		短期职业培训	正规学历教育	放弃	合计
小学	频数	320	377	84	781
	占比(%)	41.0	48.3	10.7	100.0
初中	频数	1769	2538	269	4576
	占比(%)	38.6	55.5	5.9	100.0
高中（职高）	频数	1147	1792	182	3121
	占比(%)	36.8	57.4	5.8	100.0
大专及以上	频数	1210	2398	173	3781
	占比(%)	32.0	63.4	4.6	100.0

卡方检验结果：统计量 $X^2 = 111.408$；自由度 $df = 3$；$p = 0.000 < 0.01$。

由卡方检验结果可知：文化程度对新生代农民工教育机会选择的影响达到极其显著水平（$X^2 = 111.408$，$p = 0.000 < 0.01$）。面对教育机会，学历越低选择放弃的比例越大，小学文化程度者有10.7%的人选择放弃，可能与自身的学习能力和学习兴趣有关。半数左右的人选择正规学历教

育，说明在大多数农民工群体中依然有接受正规学历教育的情结，而且这种情结随着学历的提升而愈浓，小学程度群体选择比例为48.3%，大专以上文化程度群体选择比例为63.4%，"短期职业培训"的选择趋势与此相反，说明学历层次越高越看重教育的长远效益，低学历人群更看重培训的即时效应。

（三）文化程度对业余文化生活的影响

表6—21　　　　　　　文化程度与业余文化生活的关系

		玩扑克等	读书看报	学习业务知识	上网	听音乐	看电视	聊天	其他	合计
小学	频数	157	150	186	133	17	74	62	5	784
	占比(%)	20.0	19.1	23.7	17.0	2.2	9.5	7.9	0.6	100.0
初中	频数	606	604	1004	1441	195	321	426	40	4637
	占比(%)	13.1	13.0	21.6	31.1	4.2	6.9	9.2	0.9	100.0
高中（职高）	频数	298	530	851	913	165	207	176	21	3161
	占比(%)	9.4	16.8	26.9	28.9	5.2	6.5	5.6	0.7	100.0
大专及以上	频数	288	710	1122	1145	247	167	113	21	3813
	占比(%)	7.6	18.6	29.4	30.0	6.5	4.4	3.0	0.5	100.0

卡方检验结果：统计量 $X^2 = 484.814$；自由度 $df = 3$；$p = 0.000 < 0.01$

由卡方检验结果可知：文化程度对新生代农民工业余生活的影响达到极其显著水平（$X^2 = 484.814$，$p = 0.000 < 0.01$）。相对而言，文化程度低的群体纯娱乐消遣型的业余活动占比较大，随着学历层次的提升，上网、学习业务知识、读书看报以及听音乐的比例呈提高趋势。说明农民工群体业余生活的养成与文化程度的高低具有显著相关性。

（四）文化程度对个人有无培训计划的影响

表6—22　　　　　　　文化程度与培训计划的关系

		有	无	合计
小学	频数	277	461	738
	占比（%）	37.5	62.5	100.0

续表

		有	无	合计
初中	频数	1631	2721	4352
	占比（%）	37.5	62.5	100.0
高中（职高）	频数	1359	1689	3048
	占比（%）	44.6	55.4	100.0
大专及以上	频数	2176	1499	3675
	占比（%）	59.2	40.8	100.0

卡方检验结果：统计量 $X^2 = 409.095$；自由度 $df = 3$；$p = 0.000 < 0.01$。

由卡方检验结果可知：文化程度对新生代农民工有无培训计划的影响达到极其显著水平（$X^2 = 409.095$，$p = 0.000 < 0.01$）。大专以上学历群体近六成的人有培训计划，而中小学文化程度群体超过六成的人没有培训计划。由此可见，受教育程度越高的人，越有可能规划自己的职业生涯，更加看重培训的作用，越倾向于制订培训计划，也就是说，通常高学历群体主动寻找培训并能够参加培训的概率要大于低学历群体。

（五）文化程度对学习状态的影响

表6—23　　　　　文化程度与学习状态的关系

		有计划地持续学习	有计划，不能坚持	有打算，没有实施	需要的时候学习	少有学习念头	其他	合计
小学	频数	141	288	126	116	72	13	756
	占比（%）	18.7	38.1	16.7	15.3	9.5	1.7	100.0
初中	频数	771	1703	705	929	397	66	4571
	占比（%）	16.9	37.3	15.4	20.3	8.7	1.4	100.0
高中（职高）	频数	580	1265	463	623	158	25	3114
	占比（%）	18.6	40.6	14.9	20.0	5.1	0.8	100.0
大专及以上	频数	1058	1408	430	656	133	58	3743
	占比（%）	28.3	37.6	11.5	17.5	3.6	1.5	100.0

卡方检验结果：统计量 $X^2 = 308.272$；自由度 $df = 3$；$p = 0.000 < 0.01$。

由卡方检验结果可知：文化程度对新生代农民工学习状态的影响达到

极其显著水平（$X^2 = 308.272$，$p = 0.000 < 0.01$）。从各学历群体选项来看，偶尔主动学习的比例都很高，接近四成左右，说明曾经有过学习的经历和意向，但经常主动学习的比例除了大专以上群体接近三成外，其余不足两成，与"有打算，没有实施""需要的时候学习"的比例大体相当。而"少有学习念头"的比例相对较少且随学历提升而减少，各群体间随学历不同而选择的一致性较高。

二 文化程度对职业发展认知与学习路径选择的影响

（一）文化程度对职业发展影响因素认知的影响

表6—24　　　　文化程度与职业发展因素认知的关系

		受教育程度	专业技能	所在地域	家庭背景	所在单位	其他	合计
小学	频数	234	456	169	189	49	11	1108
	占比(%)	21.1	41.2	15.3	17.1	4.4	1.0	100.0
初中	频数	1556	2965	824	919	399	59	6722
	占比(%)	23.1	44.1	12.3	13.7	5.9	0.9	100.0
高中(职高)	频数	1091	2058	627	622	321	40	4759
	占比(%)	22.9	43.2	13.2	13.1	6.7	0.8	100.0
大专及以上	频数	1247	2582	742	812	465	70	5918
	占比(%)	21.1	43.6	12.5	13.7	7.9	1.2	100.0

卡方检验结果：统计量 $X^2 = 58.353$；自由度 $df = 3$；$p = 0.000 < 0.01$。

由卡方检验结果可知：文化程度对影响新生代农民工职业发展因素认知的影响达到极其显著水平（$X^2 = 58.353$，$p = 0.000 < 0.01$）。由表可知，各学历层次都把"专业技能水平"作为第一影响因素，把"受教育程度"作为第二影响因素。在专业技能水平选项，呈现出随学历的提升比例增大的趋势，初中学历群体"受教育程度"选项比例最高，与其他学历层次相比，小学文化程度群体选择"所在地域"和"家庭背景"的比例最高，说明在职业发展方面群体更容易从外在客观方面找原因。随着学历的提升，对"所在单位"对职业发展的影响的比例逐渐提高。

(二) 文化程度对工作风格的影响

表6—25　　　　　　　　文化程度与工作风格的关系

		自己琢磨完成	请教别人完成	选择放弃	合计
小学	频数	186	499	90	775
	占比(%)	24.0	64.4	11.6	100.0
初中	频数	1180	3085	344	4609
	占比(%)	25.6	66.9	7.5	100.0
高中(职高)	频数	944	2031	180	3155
	占比(%)	29.9	64.4	5.7	100.0
大专及以上	频数	1279	2343	194	3816
	占比(%)	33.5	61.4	5.1	100.0

卡方检验结果：统计量 $X^2 = 114.872$；自由度 $df = 3$；$p = 0.000 < 0.01$。

由卡方检验结果可知：文化程度对新生代农民工工作风格的影响达到极其显著水平（$X^2 = 114.872$，$p = 0.000 < 0.01$）。从统计数据看，超过六成的人都选择"请教别人，并努力完成这种工作"，说明农民工的敬业精神以及倾向于合作的开放包容心态较好。选择"自己琢磨并努力完成这种工作"的比例在三成上下，居第二位，从比例变化上看表现出了随学历层次提升选择比例增高的趋势，与此同时，选择"如果有困难，选择放弃"的比例随学历层次的提升而降低，表明随着学历层次的提升自我解决问题的能力和自信心在增强。

(三) 文化程度对培训作用认知的影响

表6—26　　　　　　　　文化程度与培训看重的关系

		提高学历	提高技能	更新观念	扩大交际面	其他	合计
小学	频数	69	384	116	111	53	733
	占比(%)	9.4	52.4	15.8	15.2	7.2	100.0
初中	频数	363	2435	551	615	354	4318
	占比(%)	8.4	56.4	12.8	14.2	8.2	100.0
高中(职高)	频数	241	1688	372	419	149	2869
	占比(%)	8.4	58.8	13.0	14.6	5.2	100.0

续表

		提高学历	提高技能	更新观念	扩大交际面	其他	合计
大专及以上	频数	321	1961	430	463	222	3397
	占比(%)	9.5	57.7	12.7	13.6	6.5	100.0

卡方检验结果：统计量 $X^2=38.272$；自由度 $df=3$；$p=0.000<0.01$。

由卡方检验结果可知：文化程度对新生代农民工培训作用认知的影响达到极其显著水平（$X^2=38.272$，$p=0.000<0.01$）。各学历群体都高度看重培训对"提高技能"的作用，选择比例都达到了一半以上，但相对而言，高中层次学历比例最高，小学文化程度比例最低，二者相差6个百分点。"提高学历"选项的文化程度差异不大，但在"扩大交际面"和"更新观念"选项中小学文化程度群体明显高于其他学历群体。

（四）文化程度对学习途径选择的影响

表6—27　　　　　文化程度与学习途径的关系

		到培训机构学习	边干边学	与身边的人交流	自学	合计
小学	频数	136	437	120	30	723
	占比（%）	18.8	60.4	16.6	4.2	100.0
初中	频数	635	2809	677	97	4218
	占比（%）	15.1	66.6	16.0	2.3	100.0
高中（职高）	频数	492	1884	519	76	2971
	占比（%）	16.6	63.4	17.5	2.5	100.0
大专及以上	频数	652	2295	597	88	3632
	占比（%）	18.0	63.2	16.4	2.4	100.0

卡方检验结果：统计量 $X^2=29.148$；自由度 $df=3$；$p=0.000<0.01$。

由卡方检验结果可知：文化程度对新生代农民工学习途径的影响达到极其显著水平（$X^2=29.148$，$p=0.000<0.01$）。从上表可知，超过六成的人选择了"边干边学"的学习途径，但初中群体选择比例相对较高，小学比例相对较低，选择"到培训机构学习"的比例呈现出学历层次两端的群体高于初高中群体的现象，也就是说，小学学历群体和大专以上学

历群体更倾向于到专门的培训机构学习，选择"与身边的人讨论交流"的比例相差不大，均在16%左右。

（五）文化程度对农民工行为方式选择的影响

表6—28　　　　　　　文化程度与行为方式选择的关系

		继续上学	自己创业	日常消费等	合计
小学	频数	169	483	115	767
	占比（%）	22.0	63.0	15.0	100.0
初中	频数	944	3199	444	4587
	占比（%）	20.6	69.7	9.7	100.0
高中（职高）	频数	706	2163	240	3109
	占比（%）	22.7	69.6	7.7	100.0
大专及以上	频数	1009	2448	291	3748
	占比（%）	26.9	65.3	7.8	100.0

卡方检验结果：统计量 $X^2 = 92.057$；自由度 $df = 3$；$p = 0.000 < 0.01$。

由卡方检验结果可知：文化程度对新生代农民工有一笔资金后最想做什么的影响达到极其显著水平（$X^2 = 92.057$，$p = 0.000 < 0.01$）。虽然选择"自己创业"的比例在各学历层次都是最高的，超过了六成，但初高中文化程度群体明显高于小学和大专以上文化程度群体。在"继续上学"选项上，大专以上学历群体选择比例最高，为26.9%，比初中群体高出6个百分点；而在"日常消费等"选项上，小学文化程度群体有15.0%选择，高出高中以上学历群体近1倍。说明学历层次对农民工日常行为选择有较为显著的影响。

三　文化程度对培训要素选择的影响

（一）文化程度对培训时长选择的影响

表6—29　　　　　　　文化程度与培训时长的关系

		半天	1天	2—3天	1星期	视需要来定	合计
小学	频数	63	84	184	228	230	789
	占比（%）	8.0	10.6	23.3	28.9	29.2	100.0

续表

		半天	1天	2—3天	1星期	视需要来定	合计
初中	频数	247	591	911	1385	1537	4671
	占比(%)	5.3	12.7	19.5	29.6	32.9	100.0
高中（职高）	频数	170	353	649	935	1059	3166
	占比(%)	5.4	11.2	20.5	29.5	33.4	100.0
大专及以上	频数	200	403	700	1176	1673	4152
	占比(%)	4.8	9.7	16.9	28.3	40.3	100.0

卡方检验结果：统计量 $X^2 = 101.794$；自由度 $df = 3$；$p = 0.000 < 0.01$。

由卡方检验结果可知：文化程度对新生代农民工培训时长的影响达到极其显著水平（$X^2 = 101.794$，$p = 0.000 < 0.01$）。各学历群体倾向于相对较长一些的培训时间，在有确定时间的选项中，选择半天和一天的比例最小，1星期的比例最高。各群体都把"视需要而定"作为首选，说明时间与培训实质内容相比较，人们更倾向于把实现既定培训目标、提高培训的实效性作为首要考虑因素。从以开放的心态对待培训时长的选择比例来看，从小学到大学学历群体的选择比例由29.2%增长到了40.3%。

（二）文化程度对培训时间选择的影响

表6—30　　　　　　　文化程度与培训时间的关系

		上班期间	休息日	外出务工前	无所谓	晚上	合计
小学	频数	108	250	198	141	92	789
	占比（%）	13.7	31.7	25.1	17.9	11.6	100.0
初中	频数	555	1716	1174	683	528	4656
	占比（%）	11.9	36.9	25.2	14.7	11.3	100.0
高中（职高）	频数	434	1226	698	462	350	3170
	占比（%）	13.7	38.7	22.0	14.6	11.0	100.0
大专及以上	频数	549	1615	937	455	398	3954
	占比（%）	13.9	40.8	23.7	11.5	10.1	100.0

卡方检验结果：统计量 $X^2 = 66.979$；自由度 $df = 3$；$p = 0.000 < 0.01$。

由卡方检验结果可知：文化程度对新生代农民工培训时间的影响达到极其显著水平（$X^2 = 66.979$，$p = 0.000 < 0.01$）。高学历群体倾向于在休息日参加培训，大专以上学历群体比小学群体高出近10个百分点，低学历群体较高学历群体更倾向于在"外出务工前"接受培训，这从一个侧面反映出低学历群体工作的稳定性差、周期性强，春节在家时间较为充裕，有相当一部分在外出务工之前缺乏明确的就业单位。选择"上班期间"和"晚上"的比例差异不大，选择"无所谓"的群体差异主要体现在小学和大专以上两个群体，小学群体选择这一选项的比例最高，达到17.9%，说明对这一群体而言，培训时间对他参加培训的热情和效果差异不大，大专以上群体比例最低，培训时间选择的倾向性更高些。

（三）文化程度对培训地点选择的影响

表6—31　　　　　　　　文化程度与培训地点的关系

		家庭住所	务工地	用人单位	培训单位	无所谓	合计
小学	频数	72	142	265	165	92	736
	占比(%)	9.8	19.3	36.0	22.4	12.5	100.0
初中	频数	224	861	1566	1396	356	4403
	占比(%)	5.1	19.5	35.6	31.7	8.1	100.0
高中（职高）	频数	140	416	1151	1009	229	2945
	占比(%)	4.7	14.1	39.1	34.3	7.8	100.0
大专及以上	频数	188	447	1471	1225	271	3602
	占比(%)	5.2	12.4	40.9	34.0	7.5	100.0

卡方检验结果：统计量 $X^2 = 169.863$；自由度 $df = 3$；$p = 0.000 < 0.01$。

由卡方检验结果可知：文化程度对新生代农民工培训地点的影响达到极其显著水平（$X^2 = 169.863$，$p = 0.000 < 0.01$）。选择"用人单位"的比例最高，选择"培训单位"的比例居第二位，相对而言，用人单位的培训更有针对性，且一般在接受培训时都属于在职员工的免费培训，既消除了搜寻工作的辛苦，又承担相对较少的培训成本，所以最受欢迎；在

"培训单位"的培训尽管工作的着落和学费负担不明确，但相对正规，能够接受相对完整和系统的知识与技能训练，所以选择比例也较高。分学历层次来看，这两个选项大致存在着随学历提升比例增大的趋势，表现出了认知差异。

（四）文化程度对培训内容选择的影响

表6—32　　　　　　　　文化程度与培训内容的关系

		文化教育类	专业技术类	法律知识类	自我管理类	休闲娱乐类	其他	合计
小学	频数	193	461	220	147	53	6	1080
	占比(%)	17.9	42.7	20.4	13.6	4.9	0.5	100.0
初中	频数	1150	3067	1317	938	265	25	6762
	占比(%)	17.0	45.3	19.5	13.9	3.9	0.4	100.0
高中(职高)	频数	838	2160	984	740	186	13	4921
	占比(%)	17.0	43.9	20.0	15.0	3.8	0.3	100.0
大专及以上	频数	1214	2612	1207	1011	190	16	6250
	占比(%)	19.4	41.8	19.3	16.2	3.0	0.3	100.0

卡方检验结果：统计量 $X^2 = 53.217$；自由度 $df = 3$；$p = 0.000 < 0.01$。

由卡方检验结果可知：文化程度对新生代农民工培训内容的影响达到极其显著水平（$X^2 = 53.217$，$p = 0.000 < 0.01$）。专业技术类内容是与职业获得与职业发展密切相关的方面，所以是各学历层次群体的首选。农民工群体作为弱势群体，日常工作和生活中常常存在被侵权现象，哪些事是自己的正当权益、正当权益受到侵犯如何维权等是这一群体较为关注的，所以"法律知识类"培训排在了第二位，与提升自身素质有关的"文化教育类""自我管理类"和"休闲娱乐类"依次排列。从选项差异来看，初中群体选择"专业技术类"的比例最高，自身学历层次不高不低的尴尬使它更想借助于专业技能弥补不足，大专以上群体选择"自我管理类"的比例最高，该选项呈现出了随学历提升而逐渐增大的趋势，说明随着文化程度的提升，更希望得到一些自我管理方面的指导，以从内在的角度提升自我发展的能力。

(五) 文化程度对培训机构选择的影响

表 6—33　　　　　　　　文化程度与培训机构的关系

		政府背景的培训机构	正规职业院校	企业或行业培训机构	社会培训机构	合计
小学	频数	330	243	124	67	764
	占比（%）	43.2	31.8	16.2	8.8	100.0
初中	频数	2150	1335	844	206	4535
	占比（%）	47.4	29.4	18.6	4.6	100.0
高中（职高）	频数	1441	971	541	155	3108
	占比（%）	46.4	31.2	17.4	5.0	100.0
大专及以上	频数	1745	1106	760	134	3745
	占比（%）	46.6	29.5	20.3	3.6	100.0

卡方检验结果：统计量 $X^2 = 54.309$；自由度 $df = 3$；$p = 0.000 < 0.01$。

由卡方检验结果可知：文化程度对新生代农民工培训机构的选择的影响达到极其显著水平（$X^2 = 54.309$，$p = 0.000 < 0.01$）。有"政府背景的培训机构"具有权威性和高可信度，同时还与就业市场、就业信息相连，相对而言在这类培训机构接受培训就业概率更大一些。"正规职业院校"的培训机构也比较受青睐，因为这些机构有信誉，在这些机构能接受到较为正规和较为先进的理念、知识与技能培训，相对系统完整。"企业或行业培训机构"被排在第三位可能与职业的稳定性有关，相对来讲，大专以上学历文化程度群体该选项选择比例最高，为 20.3%，小学文化程度群体较低，为 16.2%。"社会培训机构"的选择比例最低，但相对而言，小学学历层次选择比例最高，这可能与这一群体的就业状态以及在搜寻培训信息过程中更容易受社会培训机构的宣传影响所致。

(六) 文化程度对培训模式选择的影响

表 6—34　　　　　　　　文化程度与培训模式的关系

		订单式	半工半读式	其他	合计
小学	频数	152	571	29	752
	占比（%）	20.2	75.9	3.9	100.0

续表

		订单式	半工半读式	其他	合计
初中	频数	802	3500	126	4428
	占比（%）	18.1	79.0	2.9	100.0
高中（职高）	频数	553	2437	87	3077
	占比（%）	18.0	79.2	2.8	100.0
大专及以上	频数	632	2930	113	3675
	占比（%）	17.2	79.7	3.1	100.0

卡方检验结果：统计量 $X^2 = 7.076$；自由度 $df = 3$；$p = 0.314 > 0.05$

由卡方检验结果可知：文化程度对新生代农民工培训模式的选择的影响未达到显著水平（$X^2 = 7.076$，$p = 0.314 > 0.05$）。说明在培训模式选择方面受文化程度差异影响不显著，半工半读模式受到普遍欢迎。

第四节　其他要素对新生代农民工培训行为的影响

一　收入水平对培训要素选择的影响

（一）收入水平与培训时长选择的相关性

表6—35　　　　　　　收入状况与培训时长的关系

		半天	1天	2—3天	1星期	视需要定	合计
1000元以下	频数	104	175	298	451	588	1616
	占比（%）	6.4	10.8	18.5	27.9	36.4	100.0
1001—1500元	频数	190	444	739	1095	1212	3680
	占比（%）	5.2	12.1	20.1	29.7	32.9	100.0
1501—2000元	频数	160	438	761	1094	1208	3661
	占比（%）	4.4	11.9	20.8	29.9	33.0	100.0
2001—2500元	频数	122	215	374	626	641	1978
	占比（%）	6.2	10.9	18.9	31.6	32.4	100.0
2501—3000元	频数	38	75	130	205	239	687
	占比（%）	5.5	10.9	18.9	29.9	34.8	100.0

续表

		半天	1天	2—3天	1星期	视需要定	合计
3000元以上	频数	47	65	99	161	230	602
	占比（%）	7.8	10.8	16.5	26.7	38.2	100.0

卡方检验结果：统计量 $X^2 = 46.265$；自由度 $df = 3$；$p = 0.001 < 0.01$。

由卡方检验结果可知：收入状况对新生代农民工培训时长的选择影响达到极其显著水平（$X^2 = 46.265$，$p = 0.001 < 0.01$）。但从频数占比来看，各收入水平群体从半天到1周的四个选项人数呈递增趋势，选择"视需要定"选项的比例均在1/3左右，说明调查群体更倾向于相对时间较长的培训。而各收入水平群体在培训时长选项的差异不具有实际操作意义。

（二）收入水平与培训时间选择的相关性

表6—36　　　　收入状况与培训时间安排的关系

		上班期间	休息日	外出务工之前	无所谓	晚上	合计
1000元以下	频数	273	616	326	248	149	1612
	占比（%）	16.9	38.2	20.2	15.4	9.3	100.0
1001—1500元	频数	481	1418	848	535	401	3683
	占比（%）	13.1	38.5	23.0	14.5	10.9	100.0
1501—2000元	频数	459	1406	900	451	433	3649
	占比（%）	12.6	38.5	24.7	12.3	11.9	100.0
2001—2500元	频数	241	750	496	278	219	1984
	占比（%）	12.2	37.8	25.0	14.0	11.0	100.0
2501—3000元	频数	102	266	147	105	66	686
	占比（%）	14.9	38.8	21.4	15.3	9.6	100.0
3000元以上	频数	73	232	127	83	87	602
	占比（%）	12.1	38.5	21.1	13.8	14.5	100.0

卡方检验结果：统计量 $X^2 = 61.363$；自由度 $df = 3$；$p = 0.000 < 0.01$。

由卡方检验结果可知：收入状况对新生代农民工培训时间选择的影响达到极其显著水平（$X^2=61.363$，$p=0.000<0.01$）。除了"休息日"选项外，各收入组在选项上表现出了差异性，但缺乏一致性。最高和最低收入组表现出了较为明显的差别。最低收入组选择"上班期间"的比例最高，选择"晚上"的比例最低，而高收入组与之正好相反。

（三）收入水平与培训地点选择差异的相关性

表6—37　　　　　　　收入状况与培训地点的关系

		家庭住所	务工地	用人单位	培训单位	无所谓	合计
1000元以下	频数	87	193	600	480	134	1494
	占比（%）	5.8	12.9	40.2	32.1	9.0	100.0
1001—1500元	频数	170	534	1280	1133	264	3381
	占比（%）	5.0	15.8	37.9	33.5	7.8	100.0
1501—2000元	频数	164	587	1302	1112	257	3422
	占比（%）	4.8	17.2	38.0	32.5	7.5	100.0
2001—2500元	频数	113	303	727	533	149	1825
	占比（%）	6.2	16.6	39.8	29.2	8.2	100.0
2501—3000元	频数	35	116	254	201	55	661
	占比（%）	5.3	17.6	38.4	30.4	8.3	100.0
3000元以上	频数	32	99	207	161	74	573
	占比（%）	5.6	17.3	36.1	28.1	12.9	100.0

卡方检验结果：统计量 $X^2=52.169$；自由度 $df=3$；$p=0.000<0.01$。

由卡方检验结果可知：收入状况对新生代农民工培训地点选择的影响达到极其显著水平（$X^2=52.169$，$p=0.000<0.01$）。各组都把"用人单位"放在了第一位，"培训单位"居第二位，其余选项之和约为三成左右，说明各组都倾向于接受用人单位和正规培训机构组织的培训。如果把"家庭住所"和"务工地"对比来看，各组选择务工地的比例明显高于家庭所在地，在"家庭住所"选项中，各收入组差异不大，而在"务工地"选项中低收入组比例低于高收入组，表现出了明显的差异性。

（四）收入水平与培训模式选择的相关性

表 6—38　　　　　　　收入状况与培训模式的关系

		订单式	半工半读式	其他	合计
1000 元以下	频数	289	1217	30	1536
	占比（%）	18.8	79.2	2.0	100.0
1001—1500 元	频数	618	2294	92	3004
	占比（%）	20.6	76.4	3.0	100.0
1501—2000 元	频数	581	2831	103	3515
	占比（%）	16.5	80.6	2.9	100.0
2001—2500 元	频数	357	1462	79	1898
	占比（%）	18.8	77.0	4.2	100.0
2501—3000 元	频数	136	509	18	663
	占比（%）	20.5	76.8	2.7	100.0
3000 元以上	频数	131	422	255	808
	占比（%）	16.2	52.2	31.6	100.0

卡方检验结果：统计量 $X^2 = 1307.898$；自由度 $df = 3$；$p = 0.000 < 0.01$。

由卡方检验结果可知：收入状况对新生代农民工培训模式选择的影响达到极其显著水平（$X^2 = 1307.898$，$p = 0.000 < 0.01$）。在"半工半读式"选项中，1501—2000 元收入组有 80.6% 的人选择了此项，而 3000 元以上高收入组中仅有 52.2% 的人选择了此项，其余收入组差距不大，均在 77% 左右。其差异可能源自中低收入组多在企业且一般从事技术类工作，所以倾向半工半读。而高收入组多在行政事业单位，或即使在企业也大多从事管理或技术性工作，其工作性质差异使他们认为还有其他更适合的培训模式。此分析项启示我们在进行培训设计时要考虑培训对象的工作性质和收入水平。

（五）收入水平与培训方式选择的相关性

表 6—39　　　　　　　收入状况与培训方式的关系

		面对面授课	现场培训	多媒体培训	多方式结合	合计
1000 元以下	频数	357	787	88	342	1574
	占比（%）	22.7	50.0	5.6	21.7	100.0

续表

		面对面授课	现场培训	多媒体培训	多方式结合	合计
1001—1500元	频数	661	1945	237	784	3627
	占比（%）	18.2	53.6	6.6	21.6	100.0
1501—2000元	频数	689	1860	227	798	3574
	占比（%）	19.3	52.0	6.4	22.3	100.0
2001—2500元	频数	351	1029	176	366	1922
	占比（%）	18.3	53.5	9.2	19.0	100.0
2501—3000元	频数	103	381	66	119	669
	占比（%）	15.4	56.9	9.9	17.8	100.0
3000元以上	频数	106	303	41	141	591
	占比（%）	17.9	51.3	6.9	23.9	100.0

卡方检验结果：统计量 $X^2=64.630$；自由度 $df=3$；$p=0.000<0.01$。

由卡方检验结果可知：收入状况对新生代农民工培训方式选择的影响达到极其显著水平（$X^2=64.630$，$p=0.000<0.01$）。2501—3000元收入群体选择"现场培训"的比例最高，达到了56.9%，选择"面对面授课"的比例次低，为15.4%，选择"多方式结合"的比例次高，为17.8%，选择"多媒体培训"的比例最低，为9.9%；1000元以下收入群体选择"现场培训"的比例最高，50.0%，而选择"面对面授课"的比例次高，为22.7%，选择"多媒体培训"比例最低，为5.6%。

二 务工年限对学习认知与培训行为的影响

（一）务工年限与对学习价值认知的相关性

表6—40　　　　　　　　务工年限与学习认知的关系

		没有多大用处	越来越有用	是无奈之举	是对未来的投资	合计
0—1年	频数	166	895	213	1060	2334
	占比（%）	7.1	38.4	9.1	45.4	100.0

续表

		没有多大用处	越来越有用	是无奈之举	是对未来的投资	合计
2—4年	频数	133	1132	184	947	2396
	占比（%）	5.6	47.2	7.7	39.5	100.0
5—7年	频数	147	864	219	297	1527
	占比（%）	9.6	56.6	14.3	19.5	100.0
8—10年	频数	58	347	79	327	811
	占比（%）	7.2	42.8	9.7	40.3	100.0
11—15年	频数	13	62	21	63	159
	占比（%）	8.2	39.0	13.2	39.6	100.0

卡方检验结果：统计量 $X^2 = 316.135$；自由度 $df = 10$；$p = 0.000 < 0.01$

由卡方检验结果可知：务工年限对新生代农民工学习认知的影响达到极其显著影响（$X^2 = 316.135$，$p = 0.000 < 0.01$）。相对而言，务工年限在7年以下的人数较多，从前三个年限组来比较，认为学习对我们"越来越有用"的比例最高，而且随着年限的延长比例越大，认为学习"是对未来的投资"的比例则呈相反趋势。说明随着年限的增长，愈加看重学习的即时效应，对培训的针对性和时效性要求越高。

（二）务工年限与业余文化生活的相关性

表6—41　　　　务工年限与业余文化生活的关系

		玩扑克等	读书看报	学习业务	上网	听音乐	看电视	聊天	其他	合计
0—1年	频数	204	409	610	709	143	129	136	18	2358
	占比(%)	8.6	17.3	25.9	30.1	6.1	5.5	5.8	0.7	100.0
2—4年	频数	238	366	699	713	120	137	120	6	2399
	占比(%)	9.9	15.3	29.1	29.7	5.0	5.7	5.0	0.3	100.0
5—7年	频数	238	302	471	577	83	153	194	21	2039
	占比(%)	11.7	14.8	23.1	28.3	4.1	7.5	9.5	1.0	100.0

续表

		玩扑克等	读书看报	学习业务	上网	听音乐	看电视	聊天	其他	合计
8—10 年	频数	161	147	216	153	28	49	62	8	824
	占比（%）	19.5	17.8	26.2	18.6	3.4	6.0	7.5	1.0	100.0
11—15 年	频数	25	26	38	24	8	19	10	10	160
	占比（%）	15.6	16.3	23.8	15.0	5.0	11.9	6.2	6.2	100.0

卡方检验结果：统计量 $X^2 = 274.460$；自由度 $df = 10$；$p = 0.000 < 0.01$。

由卡方检验结果可知：务工年限对新生代农民工业余文化生活的影响达到极其显著水平（$X^2 = 274.460$，$p = 0.000 < 0.01$）。从上表可见，上网是农民工的第一业余生活，而且年龄越小，对网络的依赖程度越大，学习业务知识排在了第二位，但 2—4 年限组选择比例明显高于其他组，说明在进入城镇务工初期学习意愿和行为是逐渐增加的，但随着时间的延长，学习功效并不显著以及学习本身是一项艰苦的活动，许多人开始在环境的影响下放松学习，玩扑克下象棋、看电视和与工友聊天的比例会逐渐增加。所以，培训要抓住农民工外出务工初期这一有利时机。

（三）务工年限与培训时长选择的相关性

表 6—42　　　　　　务工年限与培训时长的关系

		半天	1 天	2—3 天	1 星期	视需要来定	合计
0—1 年	频数	157	311	490	640	767	2365
	占比（%）	6.6	13.2	20.7	27.1	32.4	100.0
2—4 年	频数	269	579	1078	1696	1897	5519
	占比（%）	4.9	10.5	19.5	30.7	34.4	100.0
5—7 年	频数	127	217	376	612	713	2045
	占比（%）	6.2	10.6	18.4	29.9	34.9	100.0
8—10 年	频数	37	100	143	239	308	827
	占比（%）	4.5	12.1	17.3	28.9	37.2	100.0

续表

		半天	1 天	2—3 天	1 星期	视需要来定	合计
11—15 年	频数	6	24	27	44	59	160
	占比（%）	3.7	15.0	16.9	27.5	36.9	100.0

卡方检验结果：统计量 $X^2 = 46.226$；自由度 $df = 10$；$p = 0.000 < 0.01$。

由卡方检验结果可知：务工年限对新生代农民工培训时长选择的影响达到极其显著水平（$X^2 = 46.226$，$p = 0.000 < 0.01$）。在有明确时间长度的选项中，选择最高时长——1 星期的比例明显高于其他选项且随着时间的延长呈上升趋势，反映了人们对较短时间的培训成效不认可。这一点从"视需要来定"选项选择比例随着务工年限的增大而呈上升趋势中得到进一步验证。说明在新生代农民工培训中，培训时间长短要取决于培训需要，要经过科学的论证而不是简单的由主管部门来确定。

（四）务工年限与培训时间选择的相关性

表 6—43　　务工年限与培训时间安排的关系

		上班期间	休息日	外出务工前	无所谓	晚上	合计
0—1 年	频数	308	907	532	354	261	2362
	占比（%）	13.0	38.4	22.5	15.0	11.1	100.0
2—4 年	频数	749	2129	1257	760	626	5521
	占比（%）	13.6	38.5	22.8	13.8	11.3	100.0
5—7 年	频数	257	772	467	297	253	2046
	占比（%）	12.6	37.7	22.8	14.5	12.4	100.0
8—10 年	频数	102	318	210	108	86	824
	占比（%）	12.4	38.6	25.5	13.1	10.4	100.0
11—15 年	频数	18	51	36	25	29	159
	占比（%）	11.3	32.1	22.7	15.7	18.2	100.0

卡方检验结果：统计量 $X^2 = 18.382$；自由度 $df = 10$；$p = 0.302 > 0.05$。

由卡方检验结果可知：务工年限对新生代农民工培训时间安排的影响没达到显著水平（$X^2 = 18.382$，$p = 0.302 > 0.05$）。说明在培训时间选择上与务工年限关联度不大，近四成的人选择在休息日，超两成的人选择外出务工之前，其他选项相对平均。

（五）务工年限与培训地点选择的相关性

表 6—44　　　　　　　务工年限与培训地点的关系

		家庭住所	务工地	用人单位	培训单位	无所谓	合计
0—1 年	频数	116	337	827	653	191	2124
	占比(%)	5.5	15.9	38.9	30.7	9.0	100.0
2—4 年	频数	256	796	2046	1690	377	5165
	占比(%)	5.0	15.4	39.6	32.7	7.3	100.0
5—7 年	频数	97	368	650	617	168	1900
	占比(%)	5.1	19.4	34.2	32.5	8.8	100.0
8—10 年	频数	38	133	293	232	80	776
	占比(%)	4.9	17.1	37.8	29.9	10.3	100.0
11—15 年	频数	15	33	416	40	14	518
	占比(%)	2.9	6.4	80.3	7.7	2.7	100.0

卡方检验结果：统计量 $X^2 = 405.355$；自由度 $df = 10$；$p = 0.000 < 0.01$。

由卡方检验结果可知：务工年限对新生代农民工培训地点选择的影响达到极其显著水平（$X^2 = 405.355$，$p = 0.000 < 0.01$）。由表 6—44 可知，选择用人单位的比例列第一位，尽管务工年限超过十年的人数较少，但该组中有 80.3% 的人选择了"用人单位"，高出其他组别一倍多。除此之外，"培训单位"列第二位，十年以下务工年限各组别的选择差异不大。总体上反映了在培训地点的选择上人们普遍青睐用人单位和正规的培训机构。

（六）务工年限与培训方式选择的相关性

表 6—45　　　　　　　务工年限与培训方式的关系

		面对面授课	现场培训	多媒体培训	多方式结合	合计
0—1 年	频数	435	1186	193	511	2325
	占比（%）	18.7	51.0	8.3	22.0	100.0
2—4 年	频数	1005	2872	344	1209	5430
	占比（%）	18.5	52.9	6.3	22.3	100.0

续表

		面对面授课	现场培训	多媒体培训	多方式结合	合计
5—7年	频数	361	1061	127	437	1986
	占比（%）	18.2	53.4	6.4	22.0	100.0
8—10年	频数	133	477	69	133	812
	占比（%）	16.4	58.7	8.5	16.4	100.0
11—15年	频数	31	78	5	45	159
	占比（%）	19.5	49.1	3.1	28.3	100.0

卡方检验结果：统计量 $X^2 = 40.218$；自由度 $df = 10$；$p = 0.000 < 0.01$

由卡方检验结果可知：务工年限对新生代农民工培训方式选择的影响达到极其显著水平（$X^2 = 40.218$，$p = 0.000 < 0.01$）。从统计数据看，选择"现场培训"方式的比例在各人群中都达到一半左右，除十年以上人群外，0—10年务工年限的人群随着年限的增长，选择现场培训的比例呈递增趋势，其他培训方式的选择除个别年限有特殊性外差异不大。启示我们现场培训方式是各农民工群体的首选，随着务工阅历的增长，人们更加看重培训的实用性和应用性，更青睐实践方式的培训。

三　工作类别对培训要素选择的影响

（一）工作类别与培训时长选择的相关性

表6—46　　　　　　工作类别与培训时长的关系

		半天	1天	2—3天	1星期	视需要来定	合计
国家机关、党群组织、企业、事业单位负责人	频数	10	17	39	104	101	271
	占比(%)	3.7	6.3	14.4	38.4	37.2	100.0
专业技术人员	频数	56	102	162	275	303	898
	占比(%)	6.2	11.4	18.0	30.6	33.8	100.0
办事人员和有关人员	频数	29	81	138	156	236	640
	占比(%)	4.5	12.6	21.6	24.4	36.9	100.0

续表

		半天	1 天	2—3 天	1 星期	视需要来定	合计
商业、服务业人员	频数	173	370	341	865	1000	2749
	占比(%)	6.3	13.4	12.4	31.5	36.4	100.0
农、林、牧、渔、水利业生产人员	频数	16	49	36	87	69	257
	占比(%)	6.2	19.1	14.0	33.9	26.8	100.0
生产、运输设备操作人员及有关人员	频数	168	298	606	1038	1459	3569
	占比(%)	4.7	8.3	17.0	29.1	40.9	100.0
其他人员	频数	13	44	74	110	149	390
	占比(%)	3.3	11.3	19.0	28.2	38.2	100.0

卡方检验结果：统计量 $X^2=157.858$；自由度 $df=3$；$p=0.000<0.01$。

由卡方检验结果可知：工作类别对新生代农民工培训时长选择的影响达到极其显著水平（$X^2=157.858$，$p=0.000<0.01$）。相对而言，各群体都倾向于视课程需要定时间长短，而不是僵化地预定时间。在所列时间段中，时间最长的选项得到了较高的认同，因为从职业技能获得的角度看，时间越短说明技能的掌握难度越小，培训的价值越小。由于工作性质不同，技能的难易程度差别较大，尽管机关事业单位和农林类从业人员也想掌握较为复杂的管用的技术，但真正需要较长时间培训的技术相对于农民工群体来说并不多，所以其中两类群体选择1周的比例最高。启示我们在进行培训项目设计时一定要考虑职业的性质。

（二）工作类别与培训时机选择的相关性

表6—47　　　　　　工作类别与培训时间安排的关系

		上班期间	休息日	外出务工前	无所谓	晚上	合计
国家机关、党群组织、企事业单位人员	频数	29	98	60	31	36	254
	占比(%)	11.4	38.6	23.6	12.2	14.2	100.0
专业技术人员	频数	113	390	171	97	97	868
	占比(%)	13.0	44.9	19.7	11.2	11.2	100.0

续表

		上班期间	休息日	外出务工前	无所谓	晚上	合计
办事人员和有关人员	频数	90	266	143	77	50	626
	占比（%）	14.4	42.5	22.8	12.3	8.0	100.0
商业、服务业人员	频数	422	1165	657	496	275	3015
	占比（%）	14.0	38.6	21.8	16.5	9.1	100.0
农、林、牧、渔、水利业生产人员	频数	35	91	72	35	17	250
	占比（%）	14.0	36.4	28.8	14.0	6.8	100.0
生产、运输设备操作人员及有关人员	频数	481	1396	826	535	514	3752
	占比（%）	12.8	37.2	22.0	14.3	13.7	100.0
其他人员	频数	35	131	103	71	43	383
	占比（%）	9.2	34.2	26.9	18.5	11.2	100.0

卡方检验结果：统计量 $X^2=101.289$；自由度 $df=3$；$p=0.000<0.01$。

由卡方检验结果可知：工作类别对新生代农民工培训时机选择的影响达到极其显著水平（$X^2=101.289$，$p=0.000<0.01$）。从统计数据看，各类人员选择"休息日"的比例最高，其次是"外出务工前"。从工作类别来看，工作稳定性越高的，工作性质越趋向"白领"的人群，选择"休息日"的比例越高，因为这部分人"拥"有休息日的比例最高。技术性越强、工作性质与农业类生产离得越远的行业从业人员越不倾向于"外出务工前"培训，这也正好印证了人们对外出务工之前培训的针对性的担心。

（三）工作类别与培训地点选择的相关性

表6—48　　　　　工作类别与培训地点选择的关系

		家庭住所	务工地	用人单位	培训单位	无所谓	合计
国家机关、党群组织、企业、事业单位负责人	频数	15	34	81	100	20	250
	占比（%）	6.0	13.6	32.4	40.0	8.0	100.0

续表

		家庭住所	务工地	用人单位	培训单位	无所谓	合计
专业技术人员	频数	44	92	262	316	58	772
	占比(%)	5.7	11.9	34.0	40.9	7.5	100.0
办事人员和有关人员	频数	25	110	210	194	31	570
	占比(%)	4.4	19.3	36.9	34.0	5.4	100.0
商业、服务业人员	频数	109	428	1194	965	219	2915
	占比(%)	3.7	14.7	41.0	33.1	7.5	100.0
农、林、牧、渔、水利业生产人员	频数	11	70	74	31	7	193
	占比(%)	5.7	36.3	38.3	16.1	3.6	100.0
生产、运输设备操作人员及有关人员	频数	202	642	1317	1008	296	3465
	占比(%)	5.8	18.5	38.0	29.1	8.6	100.0
其他人员	频数	26	66	114	107	42	355
	占比(%)	7.3	18.6	32.1	30.2	11.8	100.0

卡方检验结果：统计量 $X^2 = 176.334$；自由度 $df = 3$；$p = 0.000 < 0.01$。

由卡方检验结果可知：工作类别对新生代农民工培训地点选择的影响达到极其显著水平（$X^2 = 176.334$，$p = 0.000 < 0.01$）。由上表可知，国家机关事业单位和专业技术类人员选择"培训单位"的比例最大，办事人员、商服人员、农林、生产运输设备操作人员等选择"用人单位"的比例最大，说明不同职业的技能其专属性程度不一样，有效获取的场所也有差异。相对而言，国家机关事业单位和专业技术类人员的职业技能大多属于通用性技能，具有广泛迁移性，可以脱离工作岗位而存在，表现为知识形态的技术较多，而商服等岗位的技术一般呈现出工作单位的差异性和技术获得的直接性，需要在相对真实的场地或情境下，经过反复的练习才能获得。所以不能笼统地说在哪里培训合适，要视工作性质而定。同样把"家庭住所"与"务工地"对应起来，人们更倾向于在务工地接受培训，而从职业类别来分析，不同职业对务工地选择的差异也比较大，其理由与前述基本相似。

（四）工作类别与培训模式选择的相关性

表 6—49　　　　　　　　工作类别与培训模式的关系

		订单式	半工半读式	其他	合计
国家机关、党群组织、企业、事业单位负责人	频数	49	119	18	186
	占比（%）	26.3	64.0	9.7	100.0
专业技术人员	频数	172	631	19	822
	占比（%）	20.9	76.8	2.3	100.0
办事人员和有关人员	频数	94	449	5	548
	占比（%）	17.2	81.9	0.9	100.0
商业、服务业人员	频数	577	2153	81	2811
	占比（%）	20.5	76.6	2.9	100.0
农、林、牧、渔、水利业生产人员	频数	42	188	9	239
	占比（%）	17.6	78.6	3.8	100.0
生产、运输设备操作人员及有关人员	频数	591	2571	87	3249
	占比（%）	18.2	79.1	2.7	100.0
其他人员	频数	58	263	23	344
	占比	16.9	76.4	6.7	100.0

卡方检验结果：统计量 $X^2 = 75.193$；自由度 $df = 3$；$p = 0.000 < 0.01$。

由卡方检验结果可知：工作类别对新生代农民工培训模式选择的影响达到极其显著水平（$X^2 = 75.193$，$p = 0.000 < 0.01$）。技能可以分为动作技能和心智技能，任何一种职业需要的都不可能是单一的技能，但各有侧重。偏重心智技能的职业类别如国家机关事业单位、专业技术人员选择"半工半读"的比例相对较低，一线岗位的职业、偏重动作技能的职业选择"半工半读"的比例就较高。"订单式"培训类似于定向培养，较为突出技能的职业相关性而不容易做到岗位针对性，所以办事人员、农林类人员、生产运输操作人员选择的比例相对较低。

（五）工作类别与培训方式选择的相关性

表 6—50　　　　　　　　工作类别与培训方式的关系

		面对面授课	现场培训	多媒体培训	多方式结合	合计
国家机关、党群组织、企业、事业单位负责人	频数	44	132	18	55	249
	占比(%)	17.7	53.0	7.2	22.1	100.0
专业技术人员	频数	155	423	52	241	871
	占比(%)	17.8	48.5	6.0	27.7	100.0
办事人员和有关人员	频数	136	277	37	141	591
	占比(%)	23.0	46.9	6.3	23.8	100.0
商业、服务业人员	频数	588	1587	221	565	2961
	占比(%)	19.8	53.6	7.5	19.1	100.0
农、林、牧、渔、水利业生产人员	频数	28	166	16	29	239
	占比(%)	11.7	69.5	6.7	12.1	100.0
生产、运输设备操作人员及有关人员	频数	629	2020	210	788	3647
	占比(%)	17.2	55.4	5.8	21.6	100.0
其他人员	频数	83	293	27	76	479
	占比(%)	17.3	61.2	5.6	15.9	100.0

卡方检验结果：统计量 $X^2=96.233$；自由度 $df=3$；$p=0.000<0.01$。

由卡方检验结果可知：工作类别对新生代农民工培训方式选择的影响达到极其显著水平（$X^2=96.233$，$p=0.000<0.01$）。农林牧渔从业人员选择"现场培训"的比例最高，达 69.5%，生产运输设备操作人员次之，办事员群体选择的比例最低，为 46.9%，专业技术人员选择的比例也相对较低，表现为鲜明的行业特点。办事人员的工作性质倾向于知识形态技术，所以选择多方式结合与面对面的比例也较高。说明在设计培训方式时要充分考虑行业职业特点和培训内容的性质。

四 工作地域对学习认知与培训行为的影响

(一) 工作地域对学习价值认知的影响

表 6—51　　　　　　　工作地域与学习价值认知的关系

		没多大用处	越来越有用	是无奈之举	对未来的投资	合计
直辖市	频数	161	676	117	606	1560
	占比(%)	10.3	43.3	7.5	38.9	100.0
省会城市	频数	225	1189	261	991	2666
	占比(%)	8.4	44.6	9.8	37.2	100.0
地级市	频数	261	1979	440	1900	4580
	占比(%)	5.7	43.2	9.6	41.5	100.0
县城	频数	152	995	290	931	2368
	占比(%)	6.4	42.0	12.3	39.3	100.0
乡镇	频数	48	324	73	231	676
	占比(%)	7.1	47.9	10.8	34.2	100.0
村	频数	25	120	20	155	320
	占比(%)	7.8	37.5	6.3	48.4	100.0

卡方检验结果：统计量 $X^2 = 98.540$；自由度 $df = 3$；$p = 0.000 < 0.01$。

由卡方检验结果可知：工作地域对新生代农民工学习价值认知的影响达到极其显著水平（$X^2 = 98.540$，$p = 0.000 < 0.01$）。对于离开村子的农民工群体而言，都较为认同学习的价值，认为学习对我们"越来越有用"的比例都超过了四成，随着工作地点从乡镇到直辖市的变迁，认为学习"是无奈之举"的比例逐渐降低。在认同学习是"对未来的投资"方面，留在村子的人群选择比例最高，达到48.4%，说明不能离开村子的就业群体也透着一种无奈和对外出务工群体的一种艳羡。在设区市就业群体认同学习是"对未来的投资"的比例排在第二位，也体现了这部分群体希望通过学习来促进职业发展的期盼和信心。

（二）工作地域对培训时长选择的影响

表 6—52　　　　　　　　　工作地域与培训时长的关系

		半天	1 天	2—3 天	1 星期	视需要来定	合计
直辖市	频数	107	172	320	476	497	1572
	占比（%）	6.8	10.9	20.4	30.3	31.6	100.0
省会城市	频数	139	323	587	853	800	2702
	占比（%）	5.1	12.0	21.7	31.6	29.6	100.0
地级市	频数	260	489	876	1329	1669	4623
	占比（%）	5.6	10.6	19.0	28.7	36.1	100.0
县城	频数	116	301	437	690	838	2382
	占比（%）	4.9	12.6	18.3	29.0	35.2	100.0
乡镇	频数	31	81	134	207	222	675
	占比（%）	4.6	12.0	19.8	30.7	32.9	100.0
村	频数	18	45	57	98	107	325
	占比（%）	5.5	13.9	17.5	30.2	32.9	100.0

卡方检验结果：统计量 $X^2 = 57.944$；自由度 $df = 3$；$p = 0.000 < 0.01$

由卡方检验结果可知：工作地域对新生代农民工培训时长选择的影响达到极其显著水平（$X^2 = 57.944$，$p = 0.000 < 0.01$）。在所有地域群体培训时长的选项中都倾向于较长的时间。相对而言，在设区市以下地域就业群体选择"视需要而定"的比例较高，在所有选项中列首位，在省会以上城市就业群体这一选项的比例与其他地域群体比较相对低一点，省会城市就业群体中选择"1 星期"的比例在所有培训时长选项中最高。

（三）工作地域对培训时间选择的影响

表 6—53　　　　　　　　工作地域与培训时间安排的关系

		上班期间	休息日	外出务工前	无所谓	晚上	合计
直辖市	频数	196	644	353	181	205	1579
	占比（%）	12.4	40.8	22.3	11.5	13.0	100.0

续表

		上班期间	休息日	外出务工前	无所谓	晚上	合计
省会城市	频数	342	1085	636	374	270	2707
	占比(%)	12.6	40.1	23.5	13.8	10.0	100.0
地级市	频数	598	1805	1065	610	526	4604
	占比(%)	13.0	39.2	23.1	13.3	11.4	100.0
县城	频数	336	847	577	371	250	2381
	占比(%)	14.1	35.6	24.2	15.6	10.5	100.0
乡镇	频数	115	225	150	117	72	679
	占比(%)	16.9	33.2	22.1	17.2	10.6	100.0
村	频数	46	124	69	53	32	324
	占比(%)	14.2	38.3	21.3	16.3	9.9	100.0

卡方检验结果：统计量 $X^2 = 57.484$；自由度 $df = 3$；$p = 0.000 < 0.01$。

由卡方检验结果可知：工作地域对新生代农民工培训时间安排的影响达到极其显著水平（$X^2 = 57.484$，$p = 0.000 < 0.01$）。在所有选项中，选择休息日的比例最高，但从直辖市到乡镇呈现出比例递减的趋势，可能与大城市落实劳动者休息权方面更到位有关。选择"外出务工前"选项的人数居第二位，从直辖市到县城地域务工群体的选择比例呈现从低到高的趋势，因为相对而言外出务工前的培训除了订单培训以外，由于距离产生的信息偏差和技术需求差异越大，培训的针对性也就越来越差。其他选项的比例有差异但没有呈现出明显的规律性。

（四）工作地域对培训地点选择的影响

表6—54　　　　　　工作地域与培训地点的关系

		家庭住所	务工地	用人单位	培训单位	无所谓	合计
直辖市	频数	113	241	539	457	122	1472
	占比(%)	7.7	16.4	36.6	31.0	8.3	100.0
省会城市	频数	131	420	1001	781	175	2508
	占比(%)	5.2	16.8	39.9	31.1	7.0	100.0

续表

		家庭住所	务工地	用人单位	培训单位	无所谓	合计
地级市	频数	220	638	1721	1360	365	4304
	占比(%)	5.1	14.8	40.0	31.6	8.5	100.0
县城	频数	103	392	815	725	171	2206
	占比(%)	4.7	17.8	36.9	32.9	7.7	100.0
乡镇	频数	25	102	210	219	57	613
	占比(%)	4.1	16.6	34.3	35.7	9.3	100.0
村	频数	17	48	102	91	42	300
	占比(%)	5.7	16.0	34.0	30.3	14.0	100.0

卡方检验结果：统计量 $X^2 = 62.604$；自由度 $df = 3$；$p = 0.000 < 0.01$。

由卡方检验结果可知：工作地域对新生代农民工培训地点选择的影响达到极其显著水平（$X^2 = 62.604$，$p = 0.000 < 0.01$）。在地级市和省会城市就业群体选择用人单位的比例最高，达到四成，在乡镇和农村地域就业的群体选择用人单位的比例最低，在乡镇就业群体选择培训单位的比例最高，达到35.7%，乡镇一级就业群体虽然也很看重用人单位的培训，也迫切希望得到正规培训单位的培训。说明身处不同工作地域的群体对培训地点的选择有着明显的差异，这是处于不同地域的培训机构应该正视的问题。

（五）工作地域对培训模式选择的影响

表6—55　　　　　　　工作地域与培训模式的关系

		订单式	半工半读式	其他	合计
直辖市	频数	277	1174	33	1484
	占比(%)	18.7	79.1	2.2	100.0
省会城市	频数	443	2062	87	2592
	占比(%)	17.1	79.5	3.4	100.0
地级市	频数	845	3478	133	4456
	占比(%)	19.0	78.0	3.0	100.0

续表

		订单式	半工半读式	其他	合计
县城	频数	367	1829	66	2262
	占比(%)	16.2	80.9	2.9	100.0
乡镇	频数	123	505	23	651
	占比(%)	18.9	77.6	3.5	100.0
村	频数	48	250	8	306
	占比(%)	15.7	81.7	2.6	100.0

卡方检验结果：统计量 $X^2 = 15.933$；自由度 $df = 3$；$p = 0.102 > 0.05$。

由卡方检验结果可知：工作地域对新生代农民工培训模式选择的影响没达到显著水平（$X^2 = 15.933$，$p = 0.102 > 0.05$）。说明在培训模式选择上，半工半读模式是所有地域就业群体的最优先选择，这也应该成为培训项目设计的首要模式。

（六）工作地域对培训方式选择的影响

表6—56　　　　　工作地域与培训方式的关系

		面对面授课	现场培训	多媒体培训	多方式结合	合计
直辖市	频数	304	765	98	357	1524
	占比(%)	20.0	50.2	6.4	23.4	100.0
省会城市	频数	542	1350	229	525	2646
	占比(%)	20.5	51.0	8.7	19.8	100.0
地级市	频数	850	2379	280	1008	4517
	占比(%)	18.8	52.7	6.2	22.3	100.0
县城	频数	411	1287	159	489	2346
	占比(%)	17.5	54.9	6.8	20.8	100.0
乡镇	频数	118	393	41	108	660
	占比(%)	17.9	59.5	6.2	16.4	100.0
村	频数	34	170	30	83	317
	占比(%)	10.7	53.6	9.5	26.2	100.0

卡方检验结果：统计量 $X^2 = 67.561$；自由度 $df = 3$；$p = 0.000 < 0.01$。

由卡方检验结果可知：工作地域对新生代农民工培训方式选择的影响达到极其显著水平（$X^2 = 67.561$，$p = 0.000 < 0.01$）。在各地域工作群体中超过半数的人都选择了现场培训，工作地域从直辖市到乡镇，选择比例从50.2%增长到了59.5%，说明越远离大城市，参加现场培训的愿望越强烈。在村子就业的群体中选择"多方式结合"的比例明显高于其他地域群体，这可能与他们平时所接触或见识到的培训方式相对单一有关。

综合以上情况，不管是在哪个地域工作的群体，都把培训的应用性、针对性放在首选位置，但地域的差异也影响到人们对培训时长、时间、地点、模式和方式的选择。

五 工作单位对学习认知与培训行为的影响

（一）工作单位对学习价值认知的影响

表6—57　　　　　　　工作单位与学习价值认知的关系

		没有多大用处	越来越有用	是无奈之举	是对未来投资	合计
党政机关	频数	35	121	25	47	228
	占比(%)	15.3	53.1	11.0	20.6	100.0
军队	频数	47	191	17	90	345
	占比(%)	13.6	55.4	4.9	26.1	100.0
事业单位	频数	106	627	78	476	1287
	占比(%)	8.2	48.7	6.1	37.0	100.0
国有企业	频数	56	496	115	448	1115
	占比(%)	5.0	44.5	10.3	40.2	100.0
私营企业	频数	444	2790	713	2750	6697
	占比(%)	6.6	41.7	10.6	41.1	100.0
三资企业	频数	14	109	27	65	215
	占比(%)	6.5	50.7	12.6	30.2	100.0
自有企业（自己创办）	频数	63	365	113	376	917
	占比(%)	6.9	39.8	12.3	41.0	100.0

续表

		没有多大用处	越来越有用	是无奈之举	是对未来投资	合计
社区	频数	20	130	33	97	280
	占比(%)	7.2	46.4	11.8	34.6	100.0
其他	频数	8	46	9	0	63
	占比(%)	12.7	73.0	14.3	—	100.0

卡方检验结果：统计量 $X^2 = 218.536$；自由度 $df = 3$；$p = 0.000 < 0.01$

由卡方检验结果可知：新生代农民工工作单位差异对学习价值认知的影响达到极其显著水平（$X^2 = 218.536$，$p = 0.000 < 0.01$）。在党政机关、事业单位和三资企业工作的群体认为学习对我们"越来越有用"的比例都超过了50%，其余依次是事业单位、社区、国有企业、私营企业、自有企业，认为学习"是对未来投资"群体的排列顺序与它正好相反。造成这种现象的原因可能是对于工作较为稳定、工作环境相对好的这些单位入职时比较看重学历，入职后的职业发展与学习的相关性较低；而入职时相对属于充分竞争性的行业企业，入职后的发展以及能不能进行二次职业选择跟后天的学习有关，所以更认同学习的投资价值。这就启示我们在进行培训项目设计时要考虑不同行业、不同职业领域对学习的要求。

（二）工作单位对培训时间选择的影响

表6—58　　　　　　　　工作单位与培训时间的关系

		上班期间	休息日	外出务工前	无所谓	晚上	合计
党政机关	频数	39	95	48	24	24	230
	占比(%)	17.0	41.3	20.9	10.4	10.4	100.0
军队	频数	38	141	111	41	17	348
	占比(%)	10.9	40.5	31.9	11.8	4.9	100.0
事业单位	频数	162	512	328	191	99	1292
	占比(%)	12.5	39.6	25.4	14.8	7.7	100.0

续表

		上班期间	休息日	外出务工前	无所谓	晚上	合计
国有企业	频数	148	457	260	173	95	1133
	占比(%)	13.1	40.3	22.9	15.3	8.4	100.0
私营企业	频数	890	2565	1501	914	852	6722
	占比(%)	13.2	38.2	22.3	13.6	12.7	100.0
三资企业	频数	35	60	71	24	25	215
	占比(%)	16.3	27.9	33.0	11.2	11.6	100.0
自有企业（自己创办）	频数	134	325	211	153	104	927
	占比(%)	14.4	35.1	22.8	16.5	11.2	100.0
社区	频数	38	126	69	42	5	280
	占比(%)	13.6	45.0	24.6	15.0	1.8	100.0
其他	频数	20	64	25	19	22	150
	占比(%)	13.3	42.7	16.7	12.6	14.7	100.0

卡方检验结果：统计量 $X^2=135.352$；自由度 $df=3$；$p=0.000<0.01$。

由卡方检验结果可知：工作单位对新生代农民工培训时间选择的影响达到极其显著水平（$X^2=135.352$，$p=0.000<0.01$）。除了在三资企业工作群体外，都把休息日作为培训时间的首选，但比例随着工作单位随社区、党政机关、军队、国有企业、事业单位、私营企业、自办企业等的变化而逐渐降低，这可能与单位性质不同造成的休息权差异有关。选择"外出务工前培训"的比例总体上排在第二位，但工作单位间的差异也较大，三资企业最高，达到 33.0%，党政机关最低，为 20.9%，说明党政机关的非专业性对初入职人员的定向性职业技能要求不高，而三资企业这类用人单位特别注重选择已经掌握一定技能的"职业熟手"，从而降低入职培训成本。

(三) 工作单位对培训地点选择的影响

表 6—59　　　　　　　　　工作单位与培训地点关系

		家庭住所	务工地	用人单位	培训单位	无所谓	合计
党政机关	频数	29	43	64	46	15	197
	占比(%)	14.7	21.8	32.5	23.4	7.6	100.0
军队	频数	23	54	156	68	19	320
	占比(%)	7.2	16.9	48.8	21.2	5.9	100.0
事业单位	频数	65	167	512	392	73	1209
	占比(%)	5.4	13.8	42.4	32.4	6.0	100.0
国有企业	频数	42	121	359	435	70	1027
	占比(%)	4.1	11.8	34.9	42.4	6.8	100.0
私营企业	频数	318	1084	2361	1969	516	6248
	占比(%)	5.1	17.3	37.8	31.5	8.3	100.0
三资企业	频数	12	30	92	41	20	195
	占比(%)	6.1	15.4	47.2	21.0	10.3	100.0
自有企业（自己创办）	频数	42	151	311	278	76	858
	占比(%)	4.9	17.6	36.2	32.4	8.9	100.0
社区	频数	6	42	97	77	26	248
	占比(%)	2.4	16.9	39.1	31.1	10.5	100.0
其他	频数	11	10	51	53	21	146
	占比(%)	7.5	6.9	34.9	36.3	14.4	100.0

卡方检验结果：统计量 $X^2 = 184.409$；$df = 3$；$p = 0.000 < 0.01$。

由卡方检验结果可知：工作单位对新生代农民工培训地点选择的影响达到极其显著水平（$X^2 = 184.409$，$p = 0.000 < 0.01$）。除了国有企业员工外，其他单位员工都把"用人单位"作为第一选择，而国企员工把"培训单位"作为第一选择。

第七章 新生代农民工培训主体及责任

第一节 新生代农民工培训主体

任何一项活动的开展都必须有责任主体来维系与支撑。新生代农民工培训既不是具有完全竞争性和排他性的私人产品,也不是完全不具有竞争性和排他性的公共产品,它兼具私人产品和公共产品的性质,属于准公共产品[①],其培训主体的确定具有相对复杂性。一方面,作为一种具有明确职业指向的培养和训练活动,该培训活动属于人力资本投资的范畴,要遵循一定的投入产出规律;另一方面,该培训过程本身属于教育活动,要遵循一般教育规律。因此,考察新生代农民工培训主体必须从经济学和教育学两个视角来分析。

从经济学的视角来看,职业培训作为一种人力投资活动,其应然的投资主体也必然是受益主体,只是作为准公共产品属性的新生代农民工培训的收益表现不一定都直接转化为经济收益。一般而言,农民工通过接受培训这种投资活动,可以获得更多的知识与技能,丰富求职网络和拓宽求职路径,提升职业选择的竞争力,并能直接或间接增加货币或非货币收入,从而实现个人利益的最大化;企业作为用人单位投资农民工培训一般具有两面性,在有可能因员工知识技能态度等的转变而带来的劳动生产效率提高和获得较高的投资收益外,也存在着培训成效不显著、机会成本增加和员工因职业能力提升增大流动性而造成的投资收益外流的风险;政府尽管不直接获得经济收益,但可以通过培训农民工实现提升广大劳动者素质、

---

① 张翠莲:《农民工培训中三大主体的参与意愿与承担能力探讨》,《农村经济与科学》2008年第19期。

提高劳动生产率、促进经济增长方式转变、提高国家整体竞争力、促进社会和谐稳定等经济、政治与社会收益。从众多文献来看，一般对农民工个人、企业和政府的主体地位不具异议，但都忽视了培训机构的主体性。事实上，农民工培训机构在承担培训任务时主要是提供服务并不直接提供资金投入，相反，在提供服务过程中还要获得相应的报酬，以维持管理人员生计与培训机构的发展，政府投入和用人单位购买培训产品的资金为培训机构获得相关利益提供了保障，从这个意义上说，培训机构也属于相关主体的范畴。

以教育学为视角，培训活动包括两个主体：培训教师与受训者，二者以课程为纽带。但一般来讲，短期的培训活动与一般正规的学校教育中教师和学生在一个相对长的时间内共同构筑了稳定的教与学的关系不同，培训教师受聘于培训机构，培训机构对培训教师的聘任与管理、基本培训条件的提供与保障、课程的设计与开发、培训的组织与实施、培训效果的考核与评价等负有直接责任，它可以根据培训目标和相关主体的要求灵活配置师资。因此，培训成效的高低更多地取决于培训机构培训投入的大小以及培训组织的有效性，培训机构作为一个事实上的教育责任主体与受训者一起共同构成了职业培训活动的两个最基本的主体。

将上述两个视角融合，可以认为新生代农民工培训主体涉及政府、培训机构、企业和新生代农民工自身四个方面。但培训机构和农民工自身既是培训活动开展的利益相关主体，又是培训活动实施的主体，具有双主体属性。

第二节 新生代农民工培训主体责任

一般认为，可能的受益主体也是潜在的投资主体，高受益主体应该承担较大的投资责任。但农民工群体是我国在新的历史时期非常特殊而且重要的群体，提升农民工群体的整体人力资本水平既关系到社会的长治久安，也关系到社会公平正义。所以，明晰新生代农民工培训主体责任不能完全按照受益大小分配，需要从社会学、经济学综合的视角来分析利益相关主体的责任与义务。

一　政府责任

我国是一个有着几千年中央集权历史的国家，政府历来是公共产品和公共服务的最大供给者，人们习惯于有问题"找国家"而不是"找市场"。尽管随着我国市场经济体制的建立，政府包打天下的局面正在改观，但盼着政府包办所有公共事务的心态和行为依然存在。政府虽不应包办所有公共事务，但也不能推卸应负之责。从经济学的角度来看，政府行为产生和存在主要基于两个原因：一是存在"市场失灵"现象。市场不是万能的，市场追求的是效率和利润，在这个过程中并不总能按照人们期望那样实现经济效率的最大化，在经济发展过程中会存在一些市场不能自我调节的问题。对人力资本进行投资，农民工和企业往往从自身利益出发对人力资本投资成本收益进行分析，因此存在着市场失灵的倾向，所以政府有必要对其进行干预。二是维护社会公平。完全自由化的市场有时不能保障社会平等、公正的实现，需要具有强制性、社会性、公平性和平等性特征的政府介入。农民工群体是一个弱势群体，无法单独面对市场挑战，因而需要代表公众利益的政府履行其职责，承担起组织、协调、推动农民工培训的责任并有效提升他们的整体人力资本水平。

关于政府在农民工培训中的应然角色，仁者见仁、智者见智，较有代表性的是梁栩凌等（2014）的研究结论。他们采取理论与现实相对比的手法，通过整合网络搜寻信息和实地调研结果，得到了政府在农民工培训中的主要活动行为24条。在24条主要行为基础上进行归纳提炼，得到与之相关的立法者、出资者、资源配置者、监管者、培训者5类角色，以及与5类角色相对应的规则建设等5项政府职能。具体情况如表7—1所示。

梁栩凌等认为，政府在农民工培训中的角色存在着缺位、越位和错位问题。缺位主要体现在法制建设和市场机制建设方面，政府在规则建设方面有政策制定但无立法行为，我国农民工培训尚无专项法律保障；应然的"市场机制建设者"角色被实然的"机构监管者"角色替代。越位主要体现为政府在具体事务方面的行为和职责大幅膨胀，直接插手培训工作，把原本培训机构的工作纳入了自身范畴，如制订培训方案、建立培训网站、编写培训教材等。错位主要是政府介入农民工培训工作的部门分散，导致部门间职能交叉与重叠，权责划分不清，相互间缺乏合作和统筹协调等。

表 7—1 政府在农民工培训中的实然角色①

职能	角色	政府行为	行为实例
规则建设	立法者	政策制定者	颁布农民工培训相关政策文件
财政资助	出资者	财政拨款者	"三农"投入中用于培训部分
		专项补助者	补助阳光工程、雨露计划等
		引导企业培训	以税收优惠引导企业培训农民工
		资金补贴者	补贴农民工免费培训、按人头补贴培训费
			补贴培训机构，提供资金和信息引导
宏观调控与资源配置	监管者	活动组织者	在两省间建立农民工培训就业互助协议
			为农民工提供培训、就业、劳务输出一条龙服务
		资源配置者	整合培训资源
		机构监管者	培训资金管理
			管理培训机构
			通过招标方式认定培训机构
			建立培训基地
			制定培训工作管理制度
管理及创新	培训管理者	日常管理者	创建劳务品牌
			创新培训方式
			创新培训机制
		专项计划推行者	实施阳光工程、雨露计划、农村劳动力技能提升计划、职业培训计划
培训与关怀	培训者	培训者	建立农民工培训网站
			编辑并赠送农民工技能培训教材
			"家庭抱团式"对口培训
		特殊关怀者	工会开展援助农民工专项行动
			元旦春节工会走访慰问农民工

① 梁栩凌、王春稍：《缺位或越位：农民工培训中的政府角色研究》，《经济问题》2014 年第 9 期。

课题组认为，政府在新生代农民工培训中的主体责任应该包括以下几个方面。

(一) 构建政策法规体系

当前，政府在农民工培训政策法规体系建设中更多地承担了政策制定者的角色，如 2003 年 9 月国务院批转了农业部、劳动部、教育部等六部委制定的《2003—2010 年农民工培训规划》，2010 年颁布了《国务院办公厅关于进一步做好农民工培训工作的指导意见》等，进一步明确了政府在完善农民工培训工作中政策制定者的角色定位。

章华丽（2012）认为，从国际经验来看，历史上许多发达国家都是通过立法来促进农村转移劳动力素质和劳动能力的提高。美国为加速农业人口转移，于 1962 年和 1964 年相继颁布了《人力发展与训练法》和《就业机会法》，分别为农村失业人员、农村青年和妇女提供训练和受教育的计划，并取得了显著成效。韩国从 1967 年开始相继制定《职业培训法》《技术资格法》《技能奖励法》《劳动者职业培训促进法》和《职业培训义务制》等一系列法律法规，从各方面加强农村转移劳动力培训。国际经验表明，对农民工进行必要的培训是一个国家实现工业化城镇化重要途径之一，而相关法律法规的制定和实施则是做好农民工培训工作的必要保障。我国要完成工业化进程，促进农民工素质的提高，单靠目前的一些政策和行动计划还远远不够，农民工培训还应上升到法律高度。国家政府机关应进一步加强政策立法，形成一系列农民工培训相关政策法规体系。① 梁栩凌等（2014）认为，当前我国与农民工培训相关的法律主要是《劳动法》和《职业教育法》，但二者所提培训对象都是所有公民，未顾及农民工作为弱势群体的特殊情况；规定了培训权，对维权细节却没有具体可行的设计。建议尽快制定专门的"农民工培训权益保护法"，对农民工培训的职责划分、培训机制、培训主体和培训评估体系加以明确界定；制订与之配套的"职业培训补贴法"，突出强化农民工培训的经费保障。一方面保障农民工接受培训的权利及权利被侵害时能依法维权；另一方面

---

① 章华丽：《论农民工培训三类承担主体的责任分工》，《职教通讯》2012 年第 22 期。

监督培训机构和企业的培训工作依法进行。①

邓聪认为，我国应健全法律法规，将企业社会责任纳入法制化、规范化的管理体系中，完善《公司法》《劳动法》《最低工资的规定》《工资支付暂行规定》《职业病防治法》《安全生产法》《劳动合同法》《社会保险费征缴暂行规定》《工会法》等相关法律法规，进一步细化相应条款，增强法律法规的可操作性，让企业在遵守国家各项法律的前提下创造利润，为社会做贡献。②

此外，还要形成配套的社会保障和就业服务体系，在住房、劳动就业、获取报酬、子女教育和社会保障等方面，政府都应在制度安排上做出相应的改革和调整，从各个方面提高农民工参加培训的积极性。

（二）协调政府主体间关系

在实际工作中，由于培训的准公共产品性质以及公平公正的要求，政府既是重要的投资主体又是管理与服务的主体，既要平衡企业、个人与培训机构之间的投资与利益分配关系，又要处理好中央政府与地方政府、输入地政府与输出地政府之间培训责任的关系。

1. 政府要发挥好自身的主体作用

农民工职业培训是一项复杂的系统工程，政府要发挥自身在职业培训利益相关主体间的统筹协调作用，通过制定公共政策和设立农民工培训专项经费来发挥其对培训机构的引领、指导和规范作用，为整个培训工作的实施创造一个良好的培训氛围，让市场、社会、农民工都能从中得益，为各方的全方面发展提供完善的公共服务。政府要改变重审批轻管理、重结果轻过程以及在培训中主要运用行政手段来参与培训管理的模式，由以往的管制型管理向服务型管理转变，使政府管理行为从偏向事务性管理向努力营造良好的培训环境转变，从直接管理向搭建平台、整合资源转变。政府是整个农民工职业培训的主导者和推动者，要解放思想，积极营造鼓励农民工参加培训的气氛与引导社会、市场参与的宽松环境，建立政府、企业和社会的多元化投入机制。要创新管理机制，如实施培训与就业一条龙

---

① 梁栩凌、王春稍：《缺位或越位：农民工培训中的政府角色研究》，《经济问题》2014年第9期。

② 邓聪：《企业社会责任与农民工劳动权益保护研究》，硕士学位论文，武汉科技大学，2010年，第30页。

服务，简化和减少审批程序和环节，对市场和社会提供的培训进行全程式的服务等。政府在组织管理和协调过程中，要秉持有效沟通的管理原则，建立具有针对性的信息传播渠道来明确传递相关信息，以提高公众对政府行为的接受度。综观农民工职业培训过程中存在的诸多问题，很大程度上在于政府、培训机构和农民工三大主体间的信息不对称、信息沟通不畅，极大地影响到了农民工职业培训工作的有效开展。当今社会是信息化社会，政府要注重在提供服务的方式和手段的信息化上下功夫，让受众能够得到更广泛、更便捷的信息和服务，在降低行政成本的同时，提高政府服务效率，提高政府与公民间信息的对称度，做到更透明化、公共化。

2. 要处理好中央政府和地方政府之间的关系

当前中国的行政组织属于自上而下的层级节制体系，在政策实施的过程中，政府在纵向上形成了不同级别政府间的层层委托代理关系。在这个多层次的委托代理链条中，由于金字塔型的官僚体制仍在现实中存在，导致这一链条成为最容易出问题的环节，虽然表面强调"环环相扣"，但是各级地方政府的政策偏好是明显不同的，比如中央政府和地方政府之间，中央政府倾向和强调"和谐发展"，追求社会利益最大化，只有这样才利于寻找统治收益与成本间的平衡并保持这种平衡。地方政府更倾向和强调财政收入和工资收入的最大化，追求自身利益最大化。就农民工培训而言，中央政府注重的是大局，在政策推行过程中强调的是效率、效果和公平，而地方政府更多的是强调政绩，必要时追求效用最大化的地方政府会损害中央政府的利益以增加自身利益。这种缺乏协同合作的行政行为，非常容易导致政策执行的变异，"上下"都以为培训政策得到了有序执行，但实际上是无序和低效。在这种组织体系下开展农民工培训工作必须要处理好中央政府与地方政府之间的关系。目前我国的实际情况是中央政府比较富有，而多数地方政府财政较为困难。而按照中央政策精神，培训经费中很大一部分需由地方财政负担，所以会出现很多地方政府落实培训任务不到位的情况。因此，中央政府要不断加大其在农民工培训中的责任及经费投入力度，地方政府负责落实并对培训过程予以监督，从经费和管理上使培训有充分的保证。

3. 要统合各级各类农民工培训管理部门

农民工职业培训是一个需要系统内部各个要素有效协同运行的活动，

要做好农民工培训管理部门的整合工作。目前农民工职业培训涉及的部门主要有农业部门、人力资源和社会保障部门、扶贫部门、群团部门等，各个部门的培训任务、培训资金都是由上级部门直接进行对口下达，每一个部门对培训的管理、资金拨付与使用的要求都不一样，各个都自成体系，这就造成了政府部门间统筹协调出现困难。在实际的工作中，政府对各部门之间的各类培训资源整合难度大、工作间协调困难，这既浪费了资源也影响了培训质量的提高。由于各自为政，相关部门之间缺乏了应有的沟通交流，在培训中职能重叠交叉，中央的培训资金在各级政府的多个部门体系下各自单线运行，难以形成合力。这种缺乏制度化、规范化、系统化的培训运行机制，造成政府部门工作效率低下、培训成本增加而效果不明显，有些下级部门因不能及时得到上级有关的培训计划、任务指标而不敢下达培训任务，培训单位也不敢操作培训准备等相关事宜。比如有媒体报道，湖南通道县是国家级贫困县，劳务输出已成为贫困农户增加收入、脱贫致富、推动富民强县的重要途径之一。近年来，通道县先后启动了"阳光工程"培训、李兆基百万农民培训工程、湘西地区农村剩余劳动力转移培训工程、扶贫劳务技能培训工程以及残疾人培训工程等，培训项目众多本是好事，但由于这些项目分别由县农业局、县劳动就业局、县扶贫办等部门主管，由县职业总校、农广校、职业技术扶贫实验学校、三维电脑学校、育才学校等相关机构组织培训。在农村开展培训工作，招生是关键，要完成培训任务主要依靠乡、村两级基层组织，特别是村一级组织。由于各类培训任务分属不同部门，组织程序和培训要求不一致，在时间上也缺乏沟通和协调，"你吹你的号，我唱我的调"，为了完成招生任务，部门间互相争抢生源，农民群众也无所适从，往往是刚参加完这个培训，又要参加另外一个培训，重复培训现象经常发生。甘肃中东部许多县也有类似的情况，各政府部门对农民工培训的各种资金持续投入，但由于培训主体过多，各部门和组织缺乏统一协调，行政组织管理问题不断出现，致使培训效率和效果低下。正如其定西市安定区副区长祁永和所说："部门多了，都是搞农民培训，但钱从各部门来，资金投放重点不一样，各有各的培训机构和计划，基层干部仅组织培训人员一项工作，就感觉无所适从、难以协调。"可见，从中央层面到基层政府整合农民工培训管理部门是大势所趋。

4. 要处理好输入地政府与输出地政府之间的关系

农民工的流动性理论上是双向的，有些地方既是输入地也是输出地。但由于我国经济发展水平表现为城乡之间、大城市与小城市之间、东部沿海地区与中西部地区的多重差距，客观上形成了农民工输出地和输入地的区分。输入地政府财政预算中所提供的培训主要针对本地农民工，因此其对输出地流动来的农民工所提供的培训则很少。而输出地政府也面临着这样的问题，因为很难掌握农民工将流向什么地方、什么行业等，因此其在展开培训时缺乏针对性，培训效果不佳。在此背景下，需加强输入地政府与输出地政府之间的联动，输出地政府要做好农民工的流向统计，从而利用其所掌握的资源最大限度地提高培训针对性，以便符合输入地政府对农民工培训的要求，输入地政府也要及时向输出地政府反馈有关信息，便于输出地政府的农民工培训开展更加具有针对性和目的性。

（三）配置培训资源

政府在统筹协调自身各级各类关系，厘清管理职责的同时，还要发挥培训资源配置的职能，具体包括建构培训体系、发挥培训资金支持主渠道作用以及建立培训资源信息系统平台等方面。

1. 建构区域培训体系，完善基层培训网络

国家基于社会发展战略开展农民工培训，而农民工自身人力资本水平不一、培训诉求各异。一方面，我国推进农民工培训的主要举措是项目管理部门根据预定的培训目的自主制定培训任务规划、框定培训对象、确定培训规模，自主遴选培训机构，采取授权方式落实培训任务，显然这种一事一议式的管理方式不适合农民工培训的常态化改革和长期化推进。另一方面，我国现有培训资源因举办主体不同而呈现多头管理或自我管理的态势，相互间相对独立，时有竞争但少有合作，不利于发挥培训机构的合力。这就需要由政府主导把不同层次、类型、专业的培训机构按一定机制分区域整合为一个培训体系，做到分工合作、职能互补，以利于国家统筹培训资源并最大限度满足个人培训的需要。

体系的建构需要依托完善的基层培训网络。以市为单位整合区域教育培训资源，建立覆盖全市、区（县）、镇（乡）、村的紧密联系、上下贯通的职业教育培训网络，健全农民工四级教育培训基地，使培训网络成为农民工教育培训、信息发布、技术推广、就业指导、政策咨询的"绿色通道"。

2. 提供资金支持

目前，我国农民工总数已超过 2.6 亿人，新生代农民工比例超过了 60%，培训任务繁重，需要大量稳定的培训资金投入。一般来讲，单靠企业和农民工个人投入难以满足培训的资金需求，政府资金投入应该成为农民工培训经费的主要来源。虽然政府在政策文件中明确指出要将农民工培训资金列入财政预算，但从目前的农民工培训比例来看，中央和地方政府对农民工培训的资金支持比例还应提高，一方面对承担培训费用有困难的农民工进行有针对性的补贴和资助；另一方面鉴于地方政府尤其是中西部地区财政支付能力较弱的现实，中央政府应考虑加大对输出地政府资金支持的力度。此外，由于参与农民工培训工作的部门过多，而且对资金分配过程监控不力，直接导致了培训资金分散安排、分散下达、利用效益不高及浪费的现象。政府应逐级设立农民工培训资金专户，严格跟踪监控培训资金的分配和使用，保障培训经费真正落到实处。

3. 建立全国性的农民工培训管理信息共享平台

随着信息技术在管理领域的广泛应用，一些地方政府已经建立了区域性的农村劳动力转移培训信息管理平台（或类似的平台），如一些市、区（县）劳动与社会保障部门（职介组织等）建立了城镇和社区劳动力台账，详细记录了劳动力的受教育程度、实践经验、工作经历、技能水平及求职意向，并全部实现了信息化、动态化管理，各级教育培训机构也与职介和用工部门建立了沟通和协作关系，及时获知用工信息，有针对性地组织各项培训等。从管理现代化和提高管理效率要求出发，政府有能力也应该在区域农村劳动力转移培训信息管理平台的基础上，建立全国性的农民工培训管理信息系统，既为培训规划的编制、培训任务的落实、培训成效的评估等提供权威数据，也有利于培训信息的发布和传播，扩大培训人群覆盖面，增加培训的透明度和公平度，减少重复培训，提高财政资金使用效率。

（四）建立培训监管机制

1. 建立政府系统内培训政策落实督查机制

政府既是政策的制定者，更应该是政策执行的督查者。国家培训政策制定的是否科学、能否得到严格执行、能否取得预期效果、在执行过程中会遇到或存在哪些问题等，都需要上级政府部门实时监控、适时调整。从实际操作来看,国家政策制定部门检查农民工培训工作往往以年终总结或项目报表的形式进行,大多以培训数据统计代替检查,以书面通知、意见等文件代替督导检查,不深入、不系统。从基层执行部门来看,上边千条线,下边一根针,多个部门有不同的统计口径要求和汇报事项,统计报告模板不一致不兼容,统计时间不统一,重复报表、交叉检查事件时有发生,基层疲于应对。两相作用容易导致培训疏于监管、数据想当然或公然造假,既伤害了政策的权威性,影响了政府形象,也极大地损害了农民工权益。

为此,可以建立常态化的督导检查机制——自查与抽查相结合。在政策或工程项目设计之初或布置培训任务之时就要明确各地、各培训机构自查上报的事项、标准与时间,基层政府和培训机构自查报告以及农民工培训项目、培训人员名单、培训经费划拨与使用等内容要在培训信息平台上公开,以接受培训机构、农民工和社会的监督。同时要建立随机抽查机制,以核查自查上报信息的真实性。要建立与督导检查机制配套的奖惩制度。

2. 建立企业员工培训通报制度

企业尤其是建筑、制造、服务领域等充分竞争性的企业多为农民工聚集之处,企业开展员工培训就是为我国的农民工培训做贡献。国家除了通过政策法规要求企业履行其培训员工的社会责任外,还要努力创造适宜的社会氛围和环境来督促和鼓励企业开展员工培训。政府应该建立企业员工培训通报制度,一方面督促企业落实国家提出的提取工资总额的 1.5% 用于员工培训的制度;另一方面也督促企业把培训经费更多地用于一线员工培训。政府应该定期公布企业员工培训情况,对信誉好、认真履行社会责任的企业,予以表彰,并大力宣传,为企业树立良好的公众形象。在当今时代,企业之间的较量已不仅仅局限在价格、质量、服务上了,还包括良好的信誉和公众形象,它是现代企业重要的战略竞争手段,能极大地提高企业竞争力。所以,政府的通报、表彰和宣传可在一定程度上促进企业履行社会责任。

3. 评估培训机构的培训质量

政府投入大量的人力物力培训农民工,其成效如何关系到政策的成败和农民工权益的保护程度,所以尽管自身不直接参与评价培训成效,也要建立常态化的培训质量评估机制。可以委托第三方评估机构评估培训质量和培训资金使用效率。要建立资金拨付比例或独立的培训奖励与培训质量评价结果挂钩的激励惩戒机制。

二 企业责任

（一）向社会提供需求信息

企业是用人主体和农民工就业主战场。行业的发展趋势、企业的发展战略、用人标准、用人规模和用人趋势只有企业有发言权，政府和培训机构培训农民工的最直接目的是促进其就业，最有效的衡量培训质量的指标是否能满足企业的用工需要。所以企业在履行农民工培训职责中的重要一项是能够向社会表达相对准确的员工需求规模、需求规格和需求趋势，能够为政府决策、管理以及培训机构招生、实施培训提供依据。

（二）配合社会培训机构开展培训

职业院校等社会培训机构与企业内设机构各有优势，各级各类社会培训机构的教师一般以学院派教师为主，实践经验相对缺乏，培训机构能够利用的实习场地和真实的生产情境也较为贫乏，如果能得到企业的配合，为培训机构提供实习指导教师、共同开发课程、共同设计培训模式、融入企业文化等帮助，无疑会有效解决农民工所接受的培训内容与岗位需要脱节问题，最大幅度提高培训质量。企业依法依规配合社会培训机构开展培训工作，既是履行了自身所担负的社会责任，也可以在高素质员工招录、税收优惠和社会形象等方面获益。

（三）培训员工

企业是农民工的用工主体，也是农民工培训的直接受益者，企业有责任有义务对所雇用农民工进行必要的培训。企业切实履行对自身员工的培训职责就是对农民工培训的最大贡献。但现实情况是，由于农民工就业单位大多属于充分竞争性单位，企业效益稳定性差，员工岗位替代性较高，企业用工规范性差，员工流动性较高。企业作为一个以经济利益最大化为最高追求的组织，不可能不考虑员工培训的投入与收益的情况，在能够从劳务市场获得所需要工人的情况下，企业就没有动力在农民工培训方面过多投入。为此，一方面要在国家政策框架下建立起职工诚信档案和职工权益保障机制，稳定企业和职工间的工作合同关系，减少不必要的职业流动；另一方面要区别不同培训的性质，合理划定企业承担培训责任的比例，如职前的培训由于可能的受益主体不确定企业可以承担较小的责任，职后的培训由于受益主体明确以及受益度高，企业应该承担较大责任，对于专用度高的专业性培训企业应当承担全部投资责任。

三 农民工责任

（一）规划自己的职业生涯，向社会表达准确诉求

农民工由于受自身文化、自我身份认知和周围同事的影响，认为外出务工属于非正规就业，找到工作就干，没工作就回家是常态，对自身的务工生涯缺乏长远发展规划。对于培训诉求也往往是基于眼前就业的"急迫需要"，对自身职业能力提升缺乏明确而系统的发展规划。从人力资本成长规律来看，非系统的培训学习不利于人力资本的有效形成和提升，所以作为培训环节的主体之一，要切实负起自身资本成长的责任。社会和培训机构要引导他们重视并做好职业生涯规划，要对自身的职业性向、职业能力以及职业发展有清晰的认识，明白自身何时以及需要什么样的培训，能及时向社会表达准确的培训诉求，只有这样当培训机会来临时才能更加珍惜来之不易的培训机会，全身心投入到培训学习中来，培训结束后也才有可能把培训所学主动应用于职业实践中去。

（二）主动参与到培训活动中来

人力资本水平高低极大地影响着农民工的就业平台和职业发展前景，对农民工垂直流动具有重要影响，人力资本水平较高者从事的多是技术性及管理性的工作，水平较低者多从事体力型工作，人力资本水平从低到高经常伴随着工作性质的变化。因此，提高人力资本水平以改变职业境遇是每个人的期盼。

职业培训是农民工最重要的人力资本提升方式，农民工自身也是人力资本投资的最大受益者，从这个意义上说个人应该成为职业培训投资的主体。但由于农民工收入较低，生活压力较大，以及对当前利益的偏好，很难拿出仅有的收入以及有限的休息时间去接受培训。农民工群体的弱势地位决定了他们应该更多地得到政府或社会团体包括企业的关照，他们的主要职责是响应政府的号召，珍惜政府、社会和企业为自身提供的各种培训机会，努力提高自身技能、素质以及对企业的忠诚度，要把自身的发展与企业的发展紧密结合在一起，全身心投入到培训中来。

农民工个人进行人力资本投资虽然是个体的主观自主行为，但由于不同主体做出判断与选择的依据不同，结果差异亦较大。事实上，培训可能带来人力资本的提升但不是必然，人力资本的提升也不必然带来立竿见影的利益，所以影响人们做出判断和选择的根本因素是培训可能产生的收益的即时性和收益大小。同时，由于农民工群体先天人力资本存量相对较低，人力资本投资环境和投资路径相对不畅，导致后续人力资本发展存在明显的路径依赖和投资惰性。从这个意义上说，政府、企业和培训机构一方面要积极营造提升人力资本的有利条件，尽可能多创造培训机会，加大培训信息的宣传力度，多开展企业主导的培训或订单式培训，努力提高培训的针对性和培训质量；另一方面要加强培训后职业稳定和职业发展的制度与氛围建设，为人力资本提升后的收益呈现和收益的最大化创造条件。

四　培训机构责任

（一）承担企业公民责任

戴烽等（2010）认为，当前我国教育培训资源领域存在着资源闲置和过度竞争并存的矛盾。对于以数量为导向的农村劳动力培训项目，培训机构为获取优惠政策倾斜，不在品牌和质量上下功夫，而是为了符合优惠政策的规范和需要，为了完成培训任务，在与其他培训机构竞争中显示优势，注重数量和规模而忽视质量和特色，把培训机构建设成大而全、小而全的单位，缺乏自己的特色。[①] 结果是，一方面一些小培训机构进行大量投资重复建设；另一方面一些已有一定规模的教育培训机构任务不饱满，资源闲置，利用率低，造成培训资源的巨大浪费，无法达成社会整体效益最优。所以，培训机构要有企业公民意识，要正视自身在整个社会中的地位，在谋求自身发展、力求所有者利润最大化的同时，把维护和提升社会公益作为其目标，并向社会各方显示其应该承担的社会责任。

（二）履行培训职能

履行培训职能是培训机构的天职。培训机构要不断改善自身办学条件，坚持适度盈利的公益属性，努力争取政府和企业培训授权，不断拓展

[①] 戴烽、姜磊、黄崇铭：《企业公民视域下的农民工培训机构的社会责任》，《理论界》2010年第10期。

自主培训领域和市场。

通常情况下,培训机构通过开发培训产品、获得培训授权、统筹培训资源、管理培训过程、协调培训关系、评价培训结果等一系列的培训服务活动来赚取佣金,佣金的来源途径主要是政府按公益性任务予以财政拨款或相关利益主体购买培训服务等。培训机构要想获得政府财政支持的培训任务必须经过相关部门的资格审核得到培训授权,这是我国现有农民工培训的常规做法。但由于是体系内运作,使得本来应该是市场行为的培训活动授权成了"形式",本来应该认真监督考核的培训活动成了"过场",把本来应该透明化的培训收益成了一种表面看来完全是做奉献的"公益活动",其背后却隐藏着实际盈利甚至是"不当盈利",本来机构间应该以"拼服务"来获得培训授权的行为变成了"拼关系"的行为,最终使得培训机构把工作重点放在了自身应尽的职责之外,既损害了其自身的自我发展与创新能力,也损害了受训者和投资者的利益。因此应该进一步严格培训机构与政府之间的授权与管理关系,引入广泛的市场竞争和第三方监督考评机制,回归培训机构的培训职责本位。

(三) 创新培训产品

培训机构在关注常规技能性培训项目的同时,要特别重视引领农民工树立职业生涯规划意识、搞好职业生涯规划。农民工从乡村到城市,从一种"日出而作,日落而息"的农业生产生活方式转变为以人力资本竞争为主的工业生产和城市生活方式时,往往由于缺乏竞争力不得不在城市的各种行业的最末端谋生存,要改变这种被动性,必然要对自身的职业生涯进行规划,对自己未来的发展有一个预期,整合各方面资源,以提升自己的市场竞争力。但农民工往往职业生涯规划意识淡薄,即使部分农民工有职业生涯规划意识,也因为对城市环境和未来发展不太了解,不知如何规划。农民工培训机构作为农民工进入城市的一个支撑点,有能力也有义务引导农民工形成正确的自我认知、做出合理的职业发展规划,成为农民工职业生涯发展的引路人和奠基人。但目前很少有农民工培训机构提供职业生涯规划课程,大多数培训机构只是迎合农民工的生存需要,聚焦于短期盈利,较少考虑农民工的未来发展。所以,培训机构要按照农民工职业发展的阶段性需要,科学设计培训项目,创新培训产品,使培训产品从促进择业为主向覆盖职业生涯发展全过程迈进。

第八章 新生代农民工培训目标定位

培训目标定位不是指具体的培训目标,与培训目的接近,但更侧重于为什么要确定这样的目标,目标的取向是什么。培训目标定位是多重因素共同作用的结果。不同的培训目标定位可以影响各主体的培训意愿和行为。由于培训机构更多的是执行培训政策,企业面对的更多的是自己的员工,其目标定位易于确定和把握,而国家和个人定位受到的影响因素较多,变数较大,这是本章的研究重点。

新生代农民工培训目标如何定位取决于国家农民工政策取向与农民工自身的诉求。目标定位的准确与否不仅关系到国家农民工培训政策实施的成败,也关系到培训成效的高低。

第一节 农民工培训的国本化定位

纵观历年中央农村工作会议文件和农民工培训的主要文件,农民工培训的国本化目标定位在逐步变化。这种变化是随着我国经济结构调整和经济增长方式的转型升级、新型城镇化建设的推进以及农村剩余劳动力供给总量的减少而产生的。培训对象的着眼点从"农村剩余劳动力"到"农民工"再到"准市民"。

一 作为政策工具的农民工培训

在改革开放之后相当长的一段时间内,虽然农村富余劳动力不断流入城市,甚至形成了"盲流",但由于当时也面临着较严重的城镇居民就业压力,所以国家没有出台针对农民工的培训政策,以提升农民工的就业竞争力。进入新世纪后,随着国有企业改制完成后城市居民就业压力的减小、"入世"后国家制造业等行业发展产生了巨大的用工需求、城乡差距扩大激发出的农民提高收入水平的诉求等，促使国家开始考虑通过培训来引导农村富余人员有序流动，以解决企业对高素质劳动者的用工需求和增加农民收入问题。此后，随着经济社会发展的需要和农民工供求形势的变化，农民工培训政策也做出了相应的变化和调整。

《中共中央国务院关于做好2002年农业和农村工作的意见》（中发〔2002〕2号）明确指出："农村劳动力跨地区流动和进城务工，不仅有利于农民增加收入，而且可以方便城市居民生活，增强城市经济的活力和竞争力，促进城乡协调发展"。虽然在文件中没有提要对进城务工人员进行培训的要求，但首次提出了对农民工要"公平对待、合理引导、完善管理、搞好服务"的"十六字"方针，为后续出台与农民工相关的政策文件"定了调"。

2003年中发〔2003〕3号文件要求各地针对"城市对进城务工农民素质的要求越来越高"的现实，提出要"加强对农民工的职业技能培训，提高农民工的素质和就业能力"，因为"农村劳动力到城镇就业和跨地区流动，是沟通城乡经济和发育要素市场的必然要求，也是增加农民收入的重要途径"。各地要继续按照"公平对待、合理引导、完善管理、搞好服务"的方针，切实做好进城农民工的服务和管理工作。

此后几年对农民工培训的表述虽有差异和变化，但这种变化是在"把培训作为促进农村劳动力转移，促进农民增收的一种手段"基础上的变化。农业部等国家六部2003年9月出台的《2003—2010年全国农民工培训规划》进一步明确"职业技能培训是提高农民工岗位工作能力的重要途径，是增强农民工就业竞争力的重要手段"。

2004年"中央一号"文件对农民工作用的表述就发生了变化，"进城就业的农民工已经成为产业工人的重要组成部分，为城市创造了财富、提供了税收"。强调农民工不仅对农村的发展有贡献，也对城市发展做出了贡献，这时已不单单是涉及农村、涉及个人的问题了，它也涉及城市与产业发展的问题了。所以，加强对农村劳动力的职业技能培训是"提高农民就业能力、增强我国产业竞争力的一项重要的基础性工作"。

2005年"中央一号"文件提出要适应产业结构升级和提高竞争力的需要，进一步搞好农民转业转岗培训工作，扩大"农村劳动力转移培训阳光工程"实施规模，加快农村劳动力转移。

2006年"中央一号"文件未强调培训问题，但突出强调要"进一步清理和取消各种针对务工农民流动和进城就业的歧视性规定和不合理限制"，"保障务工农民的合法权益"，是农民工培训目标定位转变的开始。

二 作为所享权力的农民工培训

从政策工具到所享权利的变化体现的是政策理念的变化，其着眼点从国家需要转到农民工需要上来了。

2007年"中央一号"文件把培训与权益保障并列，只是还没有将培训纳入到权益中来，但最后的落脚点已经放到"提高农民工的生活质量和社会地位"上来了。

2008年"中央一号"文件在围绕"大力培养农村实用人才"部分，尽管仅强调了一句"继续加大外出务工农民职业技能培训力度"，但也体现出农民工培训已是一种常态化的工作了。

2009年"中央一号"文件是在全球金融危机的大背景下出台的，主要是针对"当前农民工就业困难和工资下降等问题"，要求"输出地、输入地政府和企业都要加大投入，大规模开展针对性、实用性强的农民工技能培训"。看似培训又回到了"增加农民的务工收入"的原点，但其实这是在特殊背景下的一种特殊应对，实际上也是农民工权益保障的一种。

2010年"中央一号"文件提出要"建立覆盖城乡的公共就业服务体系，积极开展农业生产技术和农民务工技能培训，整合培训资源，规范培训工作"，事实上已经把农民工培训作为一种常规权利需要通过服务体系建设来实现。

三 作为常规工作的农民工培训

培训农民工政策作为针对特殊群体的特殊政策在经历了引导鼓励之后逐渐进入常态化阶段，农民工政策的着眼点也从促进转移、提高收入水平到促进城市化融入的新阶段了。国务院办公厅《关于进一步做好农民工培训工作的指导意见》（国办发〔2010〕11号）明确提出：为提高农民工技能水平和就业能力，促进农村劳动力向非农产业和城镇转移，推进城乡经济社会发展一体化进程。"到2015年，力争使有培训需求的农民工都得到一次以上的技能培训，掌握一项适应就业需要的实用技能"的目标。提出要"明确培训重点，实施分类培训"。并分别对培训形式与内容、培训质量与效果、培训对象、培训类别与层次、创业培训等提出了具体要求。

此后历年"中央一号"文件很少涉及农民工培训。也就是说，在推进城乡一体化进程中，农民工市民化是必然趋势，农民工培训作为一项常规工作已不用年年强调其重要性了。

2011年、2012年"中央一号"文件分别专注农村水利建设和新型职业农民，没有涉及农民工培训问题，但涉及了"农民工在就业所在地逐步安家落户"问题，2013年"中央一号"文件明确提出"有序推进农业转移人口市民化"，2014年"中央一号"文件强调"加快推动农业转移人口市民化"，2015年"中央一号"文件提出要"保障进城农民工及其随迁家属平等享受城镇基本公共服务，扩大城镇社会保险对农民工的覆盖面，开展好农民工职业病防治和帮扶行动，完善随迁子女在当地接受义务教育和参加中高考相关政策，探索农民工享受城镇保障性住房的具体办法"。

综上所述，国家农民工培训定位的变化反映到培训环节就是2003年国家六部门颁布全国农民工培训规划时，培训领域或者说培训重点有所选择，选取吸纳劳动力强适宜农民工快速就业的制造、建筑、家政、餐饮等领域开展培训。2006年《国务院关于解决农民工问题的若干意见》（国发〔2006〕5号）则把"扩大农村劳动力转移培训规模，提高培训质量"作为开展培训工作的要求了，显示其培训的策略、培训领域、培训层次更加灵活多样。2010年国务院办公厅《关于进一步做好农民工培训工作的指导意见》（国办发〔2010〕11号）则把培训最终落脚到"推进城乡一体化进程"上来。并提出要"按照培养合格技能型劳动者的要求，逐步建立统一的农民工培训项目和资金统筹管理体制，使培训总量、培训结构与经济社会发展和农村劳动力转移就业相适应"。从这个意义上来说，我国农民工培训目标的定位首先是国本化定位，培训必须体现国家政治与经济社会发展形势的要求，这也是国家支持农民工培训工作的现实基础。

附

2002—2015年中央农村工作会议和相关培训文件中有关农民工培训的表述

文件名称	主要内容
中共中央、国务院《关于加大改革创新力度加快农业现代化建设的若干意见》（2015年1号文件）	拓宽农村外部增收渠道。增加农民收入，必须促进农民转移就业和创业。实施农民工职业技能提升计划。落实同工同酬政策，依法保障农民工劳动报酬权益，建立农民工工资正常支付的长效机制。保障进城农民工及其随迁家属平等享受城镇基本公共服务，扩大城镇社会保险对农民工的覆盖面，开展好农民工职业病防治和帮扶行动，完善随迁子女在当地接受义务教育和参加中高考相关政策，探索农民工享受城镇保障性住房的具体办法。
中共中央、国务院《关于全面深化农村改革加快推进农业现代化的若干意见》（2014年1号文件）	加快推动农业转移人口市民化。积极推进户籍制度改革，建立城乡统一的户口登记制度，促进有能力在城镇合法稳定就业和生活的常住人口有序实现市民化。
中共中央、国务院《关于加快发展现代农业 进一步增强农村发展活力的若干意见》（2013年1号文件）	有序推进农业转移人口市民化。把推进人口城镇化特别是农民工在城镇落户作为城镇化的重要任务。加快改革户籍制度，落实放宽中小城市和小城镇落户条件的政策。加强农民工职业培训、社会保障、权益保护，推动农民工平等享有劳动报酬、子女教育、公共卫生、计划生育、住房租购、文化服务等基本权益，努力实现城镇基本公共服务常住人口全覆盖。
中共中央、国务院《关于加快推进农业科技创新持续增强农产品供给保障能力的若干意见》（2012年1号文件）	培育新型职业农民。涉及： 要合理引导人口流向，既要采取措施让具备条件的农民工在就业所在地逐步安家落户，又要引导产业向内地、向中小城市和小城镇转移，让更多农民就地就近转移就业。
中共中央、国务院《关于加快水利改革发展的决定》（2011年1号文件）	专注农村水利建设。未涉及农民工培训事宜。

续表

文件名称	主要内容
中共中央、国务院《关于加大统筹城乡发展力度进一步夯实农业农村发展基础的若干意见》（2010年1号文件）	努力促进农民就业创业。建立覆盖城乡的公共就业服务体系，积极开展农业生产技术和农民务工技能培训，整合培训资源，规范培训工作，增强农民科学种田和就业创业能力。 壮大县域经济，积极促进农民就地就近就业。加强技能培训，着力提高农民就业创业能力。
中共中央、国务院《关于2009年促进农业稳定发展农民持续增收的若干意见》（2009年1号文件）	积极扩大农村劳动力就业。对当前农民工就业困难和工资下降等问题，各地区和有关部门要高度重视，采取有力措施，最大限度安置好农民工，努力增加农民的务工收入。 输出地、输入地政府和企业都要加大投入，大规模开展针对性、实用性强的农民工技能培训。
中共中央、国务院《关于切实加强农业基础建设进一步促进农业发展农民增收的若干意见》（2008年1号文件）	继续加大外出务工农民职业技能培训力度。加快构建县域农村职业教育和培训网络，发展城乡一体化的中等职业教育。
中共中央、国务院《关于促进农民增加收入若干政策意见》（2007年1号文件）	加强农民转移就业培训和权益保护。加大"阳光工程"等农村劳动力转移就业培训支持力度，进一步提高补贴标准，充实培训内容，创新培训方式，完善培训机制。适应制造业发展需要，从农民工中培育一批中高级技工。鼓励用工企业和培训机构开展定向、订单培训。组织动员社会力量广泛参与农民转移就业培训。
中共中央、国务院《关于推进社会主义新农村建设的若干意见》（2006年1号文件）	保障务工农民的合法权益。进一步清理和取消各种针对务工农民流动和进城就业的歧视性规定和不合理限制。建立健全城乡就业公共服务网络，为外出务工农民免费提供法律政策咨询、就业信息、就业指导和职业介绍。 未突出强调对进城务工人员开展培训。

续表

文件名称	主要内容
中共中央、国务院《关于进一步加强农村工作提高农业综合生产能力若干政策的意见》（2005年1号文件）	适应产业结构升级和提高竞争力的需要，进一步搞好农民转业转岗培训工作，扩大"农村劳动力转移培训阳光工程"实施规模，加快农村劳动力转移。
中共中央、国务院《关于促进农民增加收入若干政策的意见》（2004年1号文件）	保障进城就业农民的合法权益。进一步清理和取消针对农民进城就业的歧视性规定和不合理收费，简化农民跨地区就业和进城务工的各种手续，防止变换手法向进城就业农民及用工单位乱收费。进城就业的农民工已经成为产业工人的重要组成部分，为城市创造了财富、提供了税收。城市政府要切实把对进城农民工的职业培训、子女教育、劳动保障及其他服务和管理经费，纳入正常的财政预算，已经落实的要完善政策，没有落实的要加快落实。 加强对农村劳动力的职业技能培训。这是提高农民就业能力、增强我国产业竞争力的一项重要的基础性工作，各地区和有关部门要作为一件大事抓紧抓好。
中共中央、国务院《关于做好农业和农村工作的意见》（中发〔2003〕3号）	农村劳动力到城镇就业和跨地区流动，是沟通城乡经济和发育要素市场的必然要求，也是增加农民收入的重要途径。各地要继续按照"公平对待，合理引导，完善管理，搞好服务"的方针，切实做好进城农民工的服务和管理工作。 随着产业结构升级和现代化建设步伐加快，城市对进城务工农民素质的要求越来越高，各地和有关部门要加强对农民工的职业技能培训，提高农民工的素质和就业能力。
中共中央、国务院《关于做好2002年农业和农村工作的意见》（中发〔2002〕2号）	农村劳动力跨地区流动和进城务工，不仅有利于农民增加收入，而且可以方便城市居民生活，增强城市经济的活力和竞争力，促进城乡协调发展。对农民进城务工要公平对待，合理引导，完善管理，搞好服务。 未明确提出对进城务工人员开展培训。

续表

文件名称	主要内容
农业部、劳动保障部、教育部、科技部、建设部、财政部《2003—2010年全国农民工培训规划》（2003.9.9）	提高农民工素质和就业能力，进一步促进农村劳动力向非农产业和城镇转移。 职业技能培训是提高农民工岗位工作能力的重要途径，是增强农民工就业竞争力的重要手段。根据国家职业标准和不同行业、不同工种、不同岗位对从业人员基本技能和技术操作规程的要求，安排培训内容，设置培训课程。职业技能培训以定点和定向培训为主，当前的培训重点是家政服务、餐饮、酒店、保健、建筑、制造等行业的职业技能。
国务院《关于解决农民工问题的若干意见》（国发〔2006〕5号）	农民工问题事关我国经济和社会发展全局。农民工分布在国民经济各个行业，在加工制造业、建筑业、采掘业及环卫、家政、餐饮等服务业中已占从业人员半数以上，是推动我国经济社会发展的重要力量。农民外出务工，为城市创造了财富，为农村增加了收入，为城乡发展注入了活力，成为工业带动农业、城市带动农村、发达地区带动落后地区的有效形式，同时促进了市场导向、自主择业、竞争就业机制的形成，为改变城乡二元结构、解决"三农"问题闯出了一条新路。 加强农民工职业技能培训。各地要适应工业化、城镇化和农村劳动力转移就业的需要，大力开展农民工职业技能培训和引导性培训，提高农民转移就业能力和外出适应能力。 支持用人单位建立稳定的劳务培训基地，发展订单式培训。输入地要把提高农民工岗位技能纳入当地职业培训计划。要研究制定鼓励农民工参加职业技能鉴定、获取国家职业资格证书的政策。

续表

文件名称	主要内容
国务院办公厅《关于进一步做好农民工培训工作的指导意见》（国办发〔2010〕11号）	为提高农民工技能水平和就业能力，促进农村劳动力向非农产业和城镇转移，推进城乡经济社会发展一体化进程。到2015年，力争使有培训需求的农民工都得到一次以上的技能培训，掌握一项适应就业需要的实用技能。 明确培训重点，实施分类培训。根据农民工的不同需求，进一步规范培训的形式和内容，提高培训质量和效果。外出就业技能培训主要对拟转移到非农产业务工经商的农村劳动者开展专项技能或初级技能培训。技能提升培训主要对与企业签订一定期限劳动合同的在岗农民工进行提高技能水平的培训。劳动预备制培训主要对农村未能继续升学并准备进入非农产业就业或进城务工的应届初高中毕业生、农村籍退役士兵进行储备性专业技能培训。创业培训主要对有创业意愿并具备一定创业条件的农村劳动者和返乡农民工进行提升创业能力的培训。

第二节 农民工培训的人本化定位

农民工培训国本化定位从政策工具到常规性工作的变迁体现了国家需求的变化，当农民工培训成为一种常态化的工作时，影响其培训工作有效开展的因素就从外在需要转变为内在的需求了，就必须从人本化的角度来研究它的目标定位了。

一 农民工培训定位影响农民工的培训意愿和行动

行动来自于内在需求并受制于外在的实现条件，农民工培训意愿转化为培训行为的动力来自于自身的发展需求并受制于外在环境的制约。一般认为，农民工的培训需求来源于对培训功能的认同，但培训功能表现有多种，人们更愿意实现与自身需求相一致的培训功能。马斯洛认为人的需求是分层次的，在同一时期，人的多层次需求会同时存在，但它们对人的行为积极性的影响是不同的。有的需求对行为的积极性有很强的影响，有的则很微弱。因而，需求层次论提出了优势需求的概念。那些在人的需求结构中处于主导地位，对人的行为积极性影响最大的需求，被称作优势需求。人在某一时刻的行为往往是由优势需求决定的。人的需要结构及优势需求的形成，是由人所处的具体的社会、生活环境条件和人的个性决定的。因而，即使是同一个人，在不同的时期、不同的环境条件下，也会具有不同的需求结构和优势需求。新生代农民工作为一个特殊群体，因其具有与上一代不同的特征和面临不同的社会环境，因而在需求上表现出极大的差异性，具有强烈的自我权利保护意识，在尊严、求职和自我实现等方面具有非常强烈的愿望，如果他们认为培训定位不符合他们的预期，他们会选择拒绝参加培训或消极应对。因此，农民工培训目标定位符合他们的诉求和预期才能激发他们参与培训的积极性。

二 农民工培训需求具有阶段性特征

农民工个人的培训需求是影响其参加培训意愿和行为的内在动力。课题组经过对近1.3万份调查问卷进行统计，汇总其培训诉求大体如下。

（一）促进就业是新生代农民工接受培训的直接性需求

农民工外出务工最紧迫的任务是能以最短的时间找到心仪的工作，以降低工作搜寻成本。农民工搜寻工作主要依靠"强关系"。由于农民工大多是以春节作为一年工作周期的起点和终点，所以在春节走亲访友的过程中一般也就规划好或确定了务工地域、务工领域以及务工单位和具体的工作岗位，其中对工作环境与待遇也基本确定。期间如果时间和条件允许，农民工会根据工作岗位要求或未来可能的工作岗位需要接受相应的技能培训。我们在调查农民工时他们所表达的需求正是基于这种背景之下的。所以，他们一旦在城里找不到自己满意的工作，会把"退而求其次，找一份差一点的工作"作为自己的首选，如果还不行就选择"参加培训"，其后是"返回农村等待时机"和"返回农村务农"。如果参加培训，他们最希望接受的培训是"专业技术类"培训，最看重的是培训能否"提高技能水平"，因为在他们看来，外出务工压力主要来源于"学历低""缺乏技能"和"缺工作经验"，而影响自己职业升迁或流动的主要因素是"专业技能水平"的高低。一般而言，农民工的学历已基本定型，工作经验的积累需要时间，所以非常希望通过短期的培训来改善缺乏技能的现状，从而有助于促进就业。

（二）促进职业发展是新生代农民工接受培训的发展性需求

当农民工供给总量与经济社会发展对劳动力需求趋于平衡，就业不再是横亘在农民工面前的一道槛时，农民工所期望的是能够在现有的就业机会中选择相对较好的工作岗位或转换现有的不很顺意的工作，当有了相对中意的工作时则考虑如何稳定该工作。这时他们接受培训的目的是希望培训能有助于自身的职业选择与职业发展。因为他们认为技能水平的高低影响或决定了农民工在工作岗位中的地位，会影响到他们的工资待遇和自身职业发展，所以他们愿意接受具有明确培训要求和岗位针对性的培训，这种培训有时是企业组织的，培训投入由企业负担，有时是自己主动利用业余时间自我提高的，属于自己投资。被调查群体在回答"您是否愿意自己花钱参加想要的培训"的问题时，表示"愿意"的占51.6%，在回答"当学习机会就摆在面前，你会选择什么教育形式"时，58.7%选择"接受正规学历教育"，因为他们充分认识到学历可以改变他们的就业层次。正是这种发展性需求体现出了新生代农民工与上一代农民工的需求差异。

（三）能够体面地生活是农民工接受培训的本源性需求

农民工外出务工的客观动力来源于城乡差距，所以他们进城务工的行为选择不是一时的冲动，而是一种既定的坚定意愿。他们把"开阔眼界，寻求更好的发展契机"视为第一位的直接动机，"赚钱以提高家人和自我的生活水平"和"改变务农的生活方式"分列二三位。但显然，发展的好坏以及生活方式的改变最终体现在能否"体面而又有尊严地生活"上。随着我国户籍制度改革的推进，农民工已经感受不到农村户籍给他们带来的工作歧视了，随着我国新型城镇化和城乡一体化发展进程的加快，农民工终将改变"候鸟式"的生活方式，成为新市民，所以这时的压力主要来源于如何适应城市生活，从心理层面融入城市社会。如果农民工在城镇有了固定居所，有了和城里人一样的生活保障，但与居民之间的社会距离不能消除的话，最终会影响他们的生活质量。在调查中，只有8.0%的新生代农民工认为已经融入城市了，有28.5%表示基本融入，42.1%表示正在融入，20%的表示没有融入，1.4%的表示无法适应城市生活。可见，现阶段农民工在城镇获得工作职位的压力已经让位于融入城镇的压力，体面的生活已成为他们的本源追求。

三 农民工培训的人本化定位

国家的农民工政策在随着时代的发展而变化，个人的培训需求也因发展阶段不同体现出阶段性特点，农民工培训要想实现国家支持、个人愿意参与的目标，就必须采取人本化定位的策略，其实质是个人需要与国家需要的有机统一。如果个人的培训需求不能统一到国家发展需要上来，就得不到国家相关政策的支持。同样，如果国家需要不考虑个人的发展与需要，也得不到农民工的积极响应，即使开展，其成效也会大打折扣。

综合以上研究成果，我们认为，新生代农民工培训定位应以促进人的发展，满足人的发展与尊重需求为中心。具体可以分为立足城市、职业发展、体面生活三个层次。

（一）立足城市的培训定位

农民工立足城市的前提是能够顺利就业、获得维持其城市基本生活的工作报酬。如果不能顺利就业，其他层次的追求也不可能实现。从这个意义上讲，促进就业对于正处在工作搜寻阶段农民工群体而言是最紧迫的目标，但这一目标的实现更多地取决于劳动力供给与劳动力需求的匹配程度，因此，在设计培训项目时必须根据当地劳动力市场供给规模和供给结构找到与当地产业发展现状对接的突破口，体现出培训的针对性、及时性和实效性特点。支持这一培训定位的国家政策是"先培训后就业"，尽管当前落实的不很到位，但它长期的约束效应会逐渐显现出来。

（二）职业发展的培训定位

在劳动力供给大于需求的情况下，培训促进就业是建立在通过培训可以使受训者获得其他同类别的人所不具有的职业技能从而提高就业竞争力的。随着农民工群体受教育程度的显著提升，培训促进就业的功能将逐渐弱化，同时随着农民工供需态势的转换，就业将不再是制约农民工发展的首要矛盾，提高收入水平、促进职业发展将成为他们的迫切需求。因此，此时的培训定位要朝着促进职业发展的方向转变，培训的重点应该围绕着已经在职的农民工职业岗位需要，有针对性地开展与工作绩效相关联的培训，让企业承担起更重要的组织与推动责任，国家在税收等政策上予以倾斜。

(三) 体面生活的培训定位

随着经济社会的发展，城乡劳动者的就业环境更加一致，农民工城镇融入和高质量的生活将成为社会关注的重点，因此，促进农民工群体体面生活应成为培训的目标定位。定位的改变将极大地扩展培训领域，培训的重点将集中到提升广大劳动者文化素养、提升他们物质与精神生活质量与品位上来。农民工的培训需求更加多元，更趋向于人的全面发展的需求。培训可以让生活更美好。

综上所述，我国农民工供给规模和质量结构、农民工就业状况和劳动保障情况、经济结构调整和增长方式转型升级、新型城镇化建设等方面都处于变动和发展之中，农民工培训目标定位必须遵循人本化的理念，考虑不同时期农民工的需求差异做出不同的培训定位决策。在以促进就业为首要目的时，要发挥政府的引导统筹作用，把"短平快"的技能培训项目作为培训重点，突出培训的就业针对性；在以促进职业发展为目的时，培训要朝着系统化的教育培训转变，要充分发挥企业培训的主体作用，除了设计少量的在职学历提升项目外，重点要围绕企业工作岗位需要开展内部员工培训，培训形式可以以"半工半读"形式为主；在以促进体面生活、社会融入为目的时，要发挥基层组织尤其是社区的主导作用，培训内容的广度要扩大，要突破原有的以"专业技术类"为主的内容范畴，朝着文化、生活等更广的范围扩展。

第九章　新生代农民工培训策略选择

培训目标的准确定位是有效开展新生代农民工培训的前提，但具体的实施策略还要受农民工所处职业阶段、国家宏观发展战略与劳动力市场分割状况等多重因素影响。本章主要研究农民工职业发展的阶段性、劳动力市场分割和新型城镇化三个方面对农民工培训策略选择的影响。

第一节　农民工不同职业阶段的培训策略

如果以一个人第一次职业获得为分界线可以把职业状态划分为两个阶段，第一个阶段是从连续性的正规学校教育结束到获得工作的这个阶段，一般称为职业搜寻阶段；第二个阶段是从第一次入职到职业生涯结束这个阶段，一般称为职业存续阶段。在职业获得之前的搜寻阶段接受培训，受益的直接主体是个人，可以有效提升自身素质和技能水平，增强职业竞争力；在职业存续期间，职业培训的受益主体是企业和个人，培训可以提高员工履职能力，提升工作绩效，客观上也起到促进个人职业发展的作用。处于不同职业阶段的农民工培训需求不同，培训策略亦应不同。

一　职业搜寻阶段的农民工培训策略

针对从普通教育结束到获得职业这个阶段，西方理论界提出了"从学校到工作过渡理论"（school to work，STW）。该理论认为，学生从学校过渡到工作，通常要经历两个阶段：从普通教育结束过渡到职业教育与培训，职业教育与培训结束，经过劳动力市场再过渡到工作岗位。借鉴国际上从学校到工作过渡理论的研究成果，可以把农民工从普通教育结束到初次获得有报酬职业这一过程简化为两个阶段：在职业学校接受职业教育的

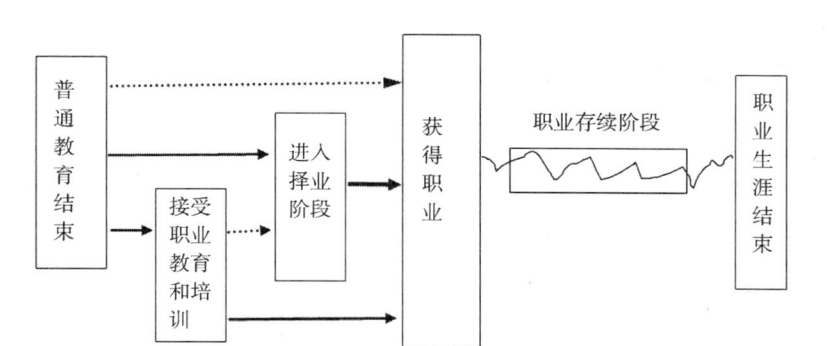

```
┌──────┐         ┌──────┐   ┌──────┐         ┌──────┐
│ 普通 │ ──────▶ │ 进入 │   │ 获得 │ 职业存续阶段 │ 职业 │
│ 教育 │         │ 择业 │──▶│ 职业 │~~~~~~~~~~~▶│ 生涯 │
│ 结束 │    ┌───▶│ 阶段 │   │      │            │ 结束 │
└──────┘    │    └──────┘   └──────┘            └──────┘
   │    ┌───────┐   ▲
   └──▶ │接受职业│   │
        │教育和 │───┘
        │培训   │
        └───────┘
```

注：虚线表示非主要路径，实线表示主要路径

图 9—1　农民工职业获得与职业成长过程示意图

就业准备阶段、在劳动力市场进行职业搜寻的择业（就业等待）阶段。显然，在就业准备阶段接受全日制的职业教育有助于提升受教育者的学历层次并获得就业指导与帮助，而且国家已经实施了免费接受职业教育的政策。但即便如此，仍有相当一部分农家子弟不愿意接受职业学校教育，他们有的初中毕业即进入职业搜寻队伍，有的则是职业中学毕业因未能直接找到相应的工作而汇入职业搜寻队伍。对处于职业搜寻状态的农民工群体来说，他们最迫切的需求是能够获得职位，因此在这一阶段应建立以面向职业搜寻群体为主的带有救助功能的社会培训机制，发挥市场配置培训资源的决定性作用，确立群团组织和社会公益组织在这一环节的主体责任。在农民工培训初期，国家把培训视为一种对农民工的救济和服务手段，政府承担起救助责任，以项目为依托推进培训工作，时间长了就不由自主地成为培训方，"管办评"一体化，抑制了其他主体的积极性和发展空间，增大了培训的内部治理成本，降低了培训效率和效果。十八大以后国家更加注重平衡政府与市场的关系问题，与十六届、十七届三中全会提出的发挥市场在资源配置中的"基础性"作用不同，十八届三中全会强调市场在资源配置中的"决定性"作用，传递出了国家治理理念变化的信号。农民工培训要顺应这一趋势，在农民工择业阶段发挥并形成以"工青妇"以及社会公益组织为主体的培训资源市场化配置机制，广泛吸纳社会资源开展农民工培训，提高培训效率。同时要进一步推动"先培训、后就业"劳动制度的落实，加强职业资格证书在择业环节的鉴别和优先作用，在避免重复培训的同时，把有限而宝贵的培训资源集中用在未接受过学校阶段

职业教育的人群中。

二 职业存续阶段的农民工培训策略

赵志群在其专著《职业教育与培训学习新概念》中介绍了德国职业培训的理论和经验。他认为，传统的学习心理是建立在学习对象"从不知道到知道"的认知基础上的，在学习过程中要遵从认知的一般过程规律：感知、理解、巩固、运用；职业培训学习心理是建立在"从门外汉到专家"的职业发展基础上的，培训促进个人的职业成长要经历5个阶段：门外汉（初学者）、高级初学者、有能力者、熟练者和专家，职业培训的任务就是把处于低级阶段的人通过合适的方法带入更高级的阶段，所选取的培训内容与成长过程所处的阶段紧密相连：入门和概念性的知识（对职业性质、岗位责任和职业道德的深入认知和把握）——关联和功能性知识（在职业情景中更充分地掌握生产技术、理解并适应劳动组织关系，熟悉生产流程并能独立工作）——详细和功能性知识（完成复杂工作任务时的分析、决策、设计与评价能力）——建立在经验基础上学科系统化知识（整体设计和解决问题的能力、创新能力）。在进行培训课程设计与开发以及组织课程实施过程中，要遵循工作过程系统化的课程理念和行动导向的培训方法。该理论一方面阐释了职前培训与职后培训的目的差异：职前培训目标主要是就业，职后培训目标主要是促进职业发展；另一方面提供了职后培训的组织与安排要与职业存续阶段的职业发展要求相匹配的培训工作思路，这样才能提高培训的针对性。

就我国新生代农民工职业培训而言，企业之所以积极性不高、主动性不强与现行的就业环境和用人机制有关：在当前招工相对容易的背景下，企业对职前的培训热情不高；在员工职业稳定性缺乏保证的现实下，企业的投资缺少回报的保障，职业的频繁变换也不利于员工的职业发展。从另一个视角来看，传统的更加注重认知的培训不符合职业培训的内在要求，从门外汉到专家的成长过程不是一个简单地从"不知到知"的过程，而是一个"问题解决过程"，在不同的层次和阶段，所要解决问题的难度和深度不同。

在职业存续阶段可以建立以面向在职人群职业发展为主的以企业为依托的继续教育机制，强化企业（用人单位）开展培训的主体责任。农民工城镇融入的意愿、能力和水平与其自身的就业质量和职业稳定性高度相关，而职业稳定性的高低也极大地影响着企业开展培训的积极性。为此，一方面要在国家政策框架下建立起职工诚信档案和职工权益保障机制，稳定企业和职工间的工作合同关系，减少不必要的职业流动，降低培训投资收益外溢的风险；另一方面要区别不同性质的培训，合理划定企业承担培训责任的比例，减小企业人力资本投资的压力。对于通用性培训，可先由职工个人垫付一定比例的费用，然后由国家以继续教育补贴的方式直补给职工个人；对于企业专用度高的专业性培训可以由企业承担全部培训费用，国家在税收、贷款等财政金融政策方面予以优惠。企业要积极探索建立现代学徒制、学习型组织、学习岛等多种方式的培训机制和条件，让职工在做中学，以有效培训促进农民工职业的稳定与发展，以职业的稳定性和持续性发展推进农民工市民化转移的意愿、速度和效率。

第二节 劳动力市场分割对农民工就业与培训的影响

新生代农民工就业与发展既受农民工社会网络与人力资本水平等个体因素制约，也受劳动力市场分割状况、劳动力供给状况和国家宏观发展战略取向等社会因素影响，继而从根本上影响农民工接受培训的频率和内容。

一 劳动力市场分割对农民工就业的影响

（一）我国劳动力市场存在着分割现象

劳动力市场中存在不同的领域，不同领域中的劳动者们在工资待遇、工作稳定性与就业晋升培训等方面存在很大的差别，这些差别将劳动力市场划分为若干块，造成了劳动力不能在这些分块的劳动力市场间自由流动，从而形成了劳动力市场分割。朱新生（2012）认为劳动力市场分割是一种客观存在，他在总结西方新古典经济学理论后认为，市场作为资源配置的一种有效机制，其主要原因就是可以凭借社会自发自主的内在秩序，为生产要素的合理流动、配置及使用提供空间，从而使供求趋于平衡，效率和效益实现有效的统一。劳动力作为重要的生产要素，也应由市场来配置。但纵观世界各国，即使是市场经济十分发达的国家，也未能真正建立起统一的劳动力市场。劳动力市场分割有纵向和横向两种分割区别，纵向分割是由于劳动力素质及个人受教育程度造成了劳动者在职业等级方面的分割，而横向分割是指劳动力在城乡、行业、区域及单位间的分割。由于各国在历史背景、经济环境等方面不同，每个国家在市场分割的特征和存在的状态方面也存在区别。我国在历史背景及经济所有制方面与西方发达国家存在很大差别，我国的劳动力市场分割主要是横向分割，在分割市场中某些利益集团限制了劳动力的自由流动，导致了劳动者不同的工资待遇水平、就业晋升机制、社会福利保障等，造成了市场中的就业不平等，劳动力不能自由流动。

众多学者认为，同西方国家的劳动力市场分割成因不同，在导致我国劳动力市场分割的众多因素中，制度因素是主导力量。综合姚先国等学者观点，中国劳动力市场分割从一开始就是政府行为的结果，或者说政府创立的制度是造成劳动力市场分割的根本原因。在计划经济时代，制度的作用是不言而喻的，正因为重点发展重工业的国家战略和与之配套的就业制度、分配制度和户籍制度等制度体系直接导致了中国特色的城乡分割、行业分割。伴随着市场化改革的进程，原先完全限制流动的劳动力市场分割逐渐被新的分割形式所取代，这也是制度变迁的结果——正是由于制度对于劳动力流动限制的放开使原先分割的基础被打破，一系列的城市经济改革和对企业管制的放松，使流动成为可能，而改革的不彻底性造成了诸如体制分割等新的分割形式。与此同时，市场经济的不断深化，使内生于市场的分割产生了，内部劳动力市场就是在这样的背景下出现的。

从历史和现状的观察我们可以发现，中国劳动力市场运行的机制和特征是随着中国从计划经济到市场经济的发展而变化的，或者从根本上来说，中国劳动力市场分割的变迁就是由各种制度因素带来的。

（二）次要劳动力市场是农民工群体就业的主市场

陈宪运用主成份分析法获得了农民工就业最重要的影响因素是劳动力市场分割的结论。也就是说，正是因为存在着市场分割，存在着主次两种劳动力市场，才使得农民工的就业质量相对较低。

朱镜德（1999）根据中国的现实提出三元劳动力市场两阶段迁移理论，将中国的劳动力市场分为农村完全竞争市场、城镇完全竞争市场和城镇不完全竞争市场。农村完全竞争劳动力市场是指农村地区可以自由进出的劳动力市场；城镇完全竞争劳动力市场是指城镇地区劳动力（包括农民工）可自由进出的、劳动力价格由劳动力供求关系来决定的劳动力市场。城镇不完全竞争劳动力市场是指城市工作岗位中不对农民工开放（或农民工很难进入）的劳动力市场。乔明睿等（2009）研究表明，拥有城镇户口的劳动者在从事职业和工作单位上都具有明显优势，他们不仅几乎垄断了主要劳动力市场上的就业，而且在次要劳动力市场中也处于有利地位。

农民工群体除了自身人力资本弱势外，就业的强关系特征使他们很难摆脱在次要劳动力市场就业的桎梏。宁慧等（2009）分析，农民工进城就业，特别是第一次，大部分是借助乡土社会网络和社会资本。乡土社会网络是以血缘、亲缘、地缘为纽带建立起来的关系网络，具有规模小、紧密度高、趋同性强、异质性低的特点。在城乡的二元结构的影响下，城乡之间形成无形的边界阻隔，农民工对进城就业，对城市的一切感到陌生，使得他们特别依赖和信任乡土社会网络，这样不仅能在生活上给予帮助，而且能在精神上、心理上给予安慰，避免了许多不确定因素的冲击，降低了交易成本和风险。农民工在以乡土社会网络为依托获得就业帮助的过程中，其信息主要来源于网络内部，久而久之就形成一种封闭的社会网络。尽管表面上看各行各业都有用工自主权，且对所有入职者都是公开的，但对于农民工群体来讲由于缺乏进入垄断行业的强关系、整体受教育水平不高，几乎没有办法通过劳动力市场进入那些高收入的部门工作，次要劳动力市场成为他们就业的主市场。

（三）劳动力市场分割对农民工发展的影响

劳动力市场分割的存在自然也就形成了垄断行业的内部就业市场和非垄断行业的充分竞争市场，就业状态呈现为正规就业和非正规就业两种状态。农民工群体以在充分竞争市场就业为主的现状也就决定了他们的就业业态以非正规就业为主。唐煜（2012）根据《2011年中国统计年鉴》数据整理出1990—2010年我国城镇非正规就业规模及比重（见下表）。

表9—1　　　1990—2010年我国城镇非正规就业规模及比重　　　单位：万人

年份	非正规就业规模	正规就业规模	非正规就业比重	正规就业比重
1990	2984	14057	17.51%	82.49%
1991	2959	14506	16.94%	83.06%

续表

年份	非正规就业规模	正规就业规模	非正规就业比重	正规就业比重
1992	3074	14787	17.21%	82.79%
1993	3431	14831	18.79%	81.21%
1994	3404	15249	18.25%	81.75%
1995	3749	15291	19.69%	80.31%
1996	4710	15212	23.64%	76.36%
1997	5762	15019	27.73%	72.27%
1998	8930	12686	41.31%	58.69%
1999	10303	12109	45.97%	54.03%
2000	11566	11585	49.96%	50.04%
2001	13000	11123	53.89%	46.11%
2002	14289	10870	56.80%	43.20%
2003	15421	10809	58.79%	4.21%
2004	16356	10937	59.93%	40.07%
2005	17164	11225	60.46%	39.54%
2006	18145	11485	61.24%	38.76%
2007	19152	11801	61.87%	38.13%
2008	20131	11972	62.71%	37.29%
2009	20998	12324	63.02%	36.98%
2010	21920	12767	63.19%	36.81%

注：唐煜根据2011年《中国统计年鉴》数据整理计算而得。

从2001年开始非正规就业人数超过正规就业人数，且比例不断加大，2010年非正规就业人数是正规就业人数的1.7倍。显然农民工是我国非正规就业的主体。唐煜认为，由于正规就业门槛高和就业者自身弱势，从事非正规就业是劳动者"无奈的"选择。非正规就业的岗位通常无法满足非正规就业人员对安全、尊重及自我实现等更高层次的需求。非正规就业群体报酬较正规就业群体显著偏低，甚至是同工不同酬，在某些行业二者收入竟相差10倍以上。同时，在正规部门就业的劳动人员一般能获得较充分的社会保障和较好的工作环境，而在非正规部门就业的人员的社会保障及工作环境却无法得到相应保障，相当一部分人员没有养老保险、失业保险及医疗保险，工作环境通常较差。农民工群体进入次要劳动力市场后，要想跃升到主要劳动力市场就会非常困难，除非有一些特殊的资本和路径，如学历层次的提升、技能水平的突变。

综上所述，我国劳动力市场分割现象的存在，一方面促进了农村富余劳动力向城镇的转移；另一方面也容易固化社会"贫富"阶层，阻碍社会流动，不利于社会的和谐与稳定。

二 劳动力市场分割对农民工培训工作的启示

近几年来，随着国家用工制度的统一、户籍政策的调整、经济体制的变迁，农民工城镇就业的制度性壁垒已基本消除，但教育的影响程度在增大。刘国权（2010）认为，现代意义上的二元分割的社会基础更加平等，它建立在人生来就是劳动者的基础上，这种分割更多是由于社会生产发展所导致的社会分工越来越明确，以及个体在适应社会分工中的意识、体能、技能、创新性等差异性所致，分割的人为因素减少、社会因素占主体。也就是说，对于初次进入劳动力市场的人来说，个人的人力资本拥有量或者说受教育程度决定了他能进入哪个劳动力市场。寸家菊认为，教育对个人的经济价值，在于它是决定一个人在何种劳动力市场工作的重要因素；教育对整个经济增长的作用，在于它将人们分配到不同的劳动力市场，从而使整个社会形成一个有效的经济运行体。

以上观点启示我们，对于尚未进入劳动力市场的"准农民工"们，要尽可能为他们接受更高层次的教育提供支持，不要输在起跑线上，这一点农民工父母们正在努力做着。对于已经进入到次要劳动力市场的农民工群体，除了他们自身的努力以外，还需要社会给予相应的关注和支持。

（一）要充分认识在职继续教育对于自身发展的作用

持劳动力市场分割观点的人们往往否定后天继续教育的成效，认为一旦进入次要劳动力市场就很难改变这一定位，容易使人走入后天学习无用的绝望之中。其实劳动力市场分割是人类社会分工越来越细的必然结果，消除了制度性壁垒的市场分割有助于人职匹配。在一个相对公平的职业环境和发展氛围中，通过自身后天的努力，完全可以消除职后的不公平感、自卑感，通过有目的的系统的职后继续学习，有助于增加自信、提升技能水平，增强岗位竞争力，获得相对优势的职业地位，提高待遇、得到尊重，获得职业满足感。

（二）要高度重视为农民工群体争取脱产学习的机会

一般认为，少数高素质农民工通过脱产学习获得高一层次的学历文凭可以赋予他们重新选择市场的权利和机会。课题组的前期调查也印证了农民工群体对正规学历教育的渴求。在回答"当学习机会就摆在面前时，你会选择什么样的教育形式"问题时，有58.0%的新生代农民工选择"接受正规学历教育"。2009年深圳市总工会启动了为期三年的农民工素质提升工程，其中的"圆梦计划"是每年资助200人免费上大学，受到广泛关注和欢迎，2009年第一期时来现场咨询报名的农民工达3500多人，热线咨询电话5500多个，在线QQ咨询1.2万多条，通过工会网站和工会大学校网站登录查询活动相关信息近4.5万人次。随后，全国总工会在全国推出了"求学圆梦助推行动"，已经帮助百万农民工圆了"大学梦"。2013年北京市东城区总工会与东城区职业大学共同推出东城区"农民工大学生助推计划"。实施"助推计划"两年来，已经资助了479名农民工大学生，很多农民工学员在工作岗位实现了不同程度的提升，优秀学生代表2014级人力资源管理专业学生张素经从普通服务员成了公司的储备干部。

（三）要切实关注非正规就业单位的员工教育问题

在不同劳动力市场就业的劳动者，所得到的继续教育待遇是不同的，从而在一定程度上影响到自身的职业发展。在那些竞争力强的资本密集型和技术密集型企业，有些工作是要求经过特殊培训和学习的，由于培训投入较大，为尽可能减少因员工流动带来的培训损失，往往通过签订劳动合同、给员工较高的工资和晋升机会等方式来吸引高素质员工留下来，这部分核心员工获得继续教育的机会就多。而对于正规就业单位的非核心员工以及非正规就业单位的大多数员工而言，由于劳动力供给处于需方市场，人员处于高度流动状态，因而企业给予的继续教育机会就非常少。从社会公平的角度出发，要切实关注非正规就业单位和正规单位非核心员工教育歧视问题，一方面通过检查督导企业落实《国务院关于加快发展现代职业教育的决定》（国发〔2014〕19号）提出的"企业要依法履行职工教育培训和足额提取教育培训经费的责任，一般企业按照职工工资总额的

1.5%足额提取教育培训经费,从业人员技能要求高、实训耗材多、培训任务重、经济效益较好的企业可按2.5%提取,其中用于一线职工教育培训的比例不低于60%"的要求。另一方面国家与社会也要负起责任,通过社会渠道支持这部分人群接受继续教育,增强他们的职业竞争力,改善他们的社会地位与劳动待遇,提升他们的工作与生活质量。

第三节 新型城镇化战略对农民工就业与培训的影响

城镇化是工业化和现代化的必然产物。人类进入工业社会时代,社会经济发展导致农业活动的比重逐渐下降、非农业活动的比重逐步上升,与这种经济结构的变动相适应,城市数量不断增加,城市规模不断扩大,人口重心从农村转向城市,表现为农村人口比例逐渐降低,城镇人口比重稳步上升,居民点的物质面貌和人民的生活方式逐渐向城镇性质转化和强化的过程。①

一 我国城镇化发展历程

新中国成立之初,由于国家实行较为宽松的人口流动政策,城镇化进程相对较快,城镇化率由1949年的10.64%迅速增长为1958年的16.25%。1958年实行严格的户籍管理制度后,又经历了两年的惯性增长(1960年达到19.75%)后进入停滞期,城镇化水平维持在17%—18%之间,这一时期的城镇化水平停滞不前不仅与当时的人口政策有关,还是当时经济增长乏力和人口快速增长的直接后果。1978年随着知识青年上山下乡运动结束,知青返城,结束了城镇化停滞阶段。改革开放以后,随着经济的迅猛发展,人口流动政策逐渐趋于宽松并最终放开,城镇化迎来了新的大发展时期。2011年我国迎来了城镇化的分水岭,城镇化率超过了50%,达到了世界平均水平。温家宝总理在政府工作报告中指出:五年(2008—2012)转移农村人口8463万人,城镇化率由45.9%提高到52.6%——中国城乡结构发生了历史性变化。这种变化得益于两个因素:一是工业化、信息化、农业现代化的推动;二是有关户籍等政策逐步调

---

① 龙吉泽:《城镇化概念与城镇化率统计方法》,《湖南农机》2013年第1期。

整，公平的"城门"在制度层面逐渐打开。

表 9—2　　1949—2013 年中国城镇化率汇总表

年份	城镇化率（%）	年份	城镇化率（%）	备注
1949	10.64	1975	17.34	
1950	11.18	1976	17.44	
1951	11.78	1977	17.55	
1952	12.46	1978	17.92	
1953	13.31	1979	19.99	
1954	13.69	1980	19.39	
1955	13.48	1981	20.16	
1956	14.62	1982	21.13	
1957	15.39	1983	21.62	
1958	16.25	1984	23.01	
1959	18.41	1985	23.71	
1960	19.75	1986	24.52	从 2000 年开始统计口径发生了变化
1961	19.29	1987	25.32	
1962	17.33	1988	25.81	
1963	16.84	1989	26.21	
1964	18.37	1990	26.41	
1965	17.98	1991	26.37	
1966	17.86	1992	27.63	
1967	17.74	1993	28.14	
1968	17.62	1994	28.62	
1969	17.50	1995	29.04	
1970	17.38	1996	29.37	
1971	17.36	1997	29.92	
1972	17.13	1998	30.40	
1973	17.20	1999	30.89	
1974	17.16	2000	36.22	

续表

年份	城镇化率（%）	年份	城镇化率（%）	备注
2001	37.66	2008	45.68	
2002	39.09	2009	46.59	
2003	40.53	2010	47.50	
2004	41.76	2011	51.27	
2005	42.99	2012	52.57	
2006	43.90	2013	53.37	
2007	44.94			

注：此表根据国家统计局公布数据整理。

中国社会科学院2014年7月29日发布2013年城市蓝皮书称，考虑到城镇化战略转型，到2020年中国城镇化率达60%左右。而估算结果表明，到2020年前和2030年前全国需要市民化的农业转移人口总量将分别达到3.0亿和3.9亿。蓝皮书称，未来中国需要市民化的农业转移人口，既需要包括现有常住在城镇但还没有完全实现市民化的存量人口，也包括未来随着城镇化推进新增加的农业转业人口。

表9—3　　　　城市蓝皮书对中国城镇化进程的预测

时间点	城镇化率	城镇人口	进程
2020年	60%左右	约8.4亿	进入中级城市型社会
2030年	68%左右	>9.5亿	
2033年前后	70%		结束城镇化快速推进的中级阶段、进入到城镇化缓慢推进的后期阶段
2040年	75%左右	约10.3亿	整体进入高级城市型社会
2050年	>80%		城镇化水平处于相对稳定的状态

二　新型城镇化的内涵

不同历史时期所面临的社会环境不同，城镇化的发展策略、发展速度与发展重点亦不同。随着我国工业化和城镇化水平的提升，转变经济增长方式和让民众能够分享改革成果的理念以及广大民众对美好生活环境的期盼，对城镇化发展提出了新要求。

目前，中国城镇化率统计是以常住人口计算，许多在城镇居住或工作的非城镇居民并没有享受到城镇居民同等的待遇，如果按照政府提供给城镇户籍人口的教育、医疗、社会保障等公共服务水平来衡量，中国的城镇化率大概只有35%—36%。人力资源和社会保障部公报显示，截至2011年，2.5亿农民工参保者不足1/5；国家统计局数据显示，农民工城镇自有住房拥有率仅为0.7%，大约有1.59亿在城市工作半年以上的农民工及其家属是处于"半市民化"状态。中国社会科学院在2010年中国社科论坛发布报告中的数据显示，目前农民工失业保险覆盖比例仅为3.7%，而城镇居民比例为40%以上；农民工的基本医疗保险、工伤保险、生育保险、养老保险覆盖率分别仅为13.1%、24.1%、2%、9.8%，而城市居民上述保险覆盖率分别达到52.7%、47.9%、34.9%、57%。同样生活在一座城市，但农民工群体并未享受到市民待遇。另一方面，我国城镇化过程中土地城镇化与人口城镇化速度极不匹配，空间城市化并没有相应产生人口城市化。2013年两会子列评论——《城镇化不是给"房地产化"代言》披露数据，1995年以来，我国城镇化经历了历史上最快的发展阶段，从2000年至2010年的十年内，国内城市建设用地扩张83%，但同期包括农民工在内的城镇人口仅增长45%。全国人大代表，清华大学教授蔡继明（2013）认为，中国有2.6亿农民工，户籍问题把他们挡在了享受城市化成果之外，他们是被城镇化、伪城镇化的。

党的十八大顺应民意，提出了"新四化"的发展目标，2013年专题召开了全国城镇化工作会议，赋予城镇化以新的内涵。新型城镇化之"新"，就是要区别于"造城运动"，要切实关注人的城镇化，不仅要把农村人口转化为城镇人口，还要有"广度"和"深度"。要由过去片面注重追求城市规模扩大、空间扩张，改变为以提升城市的文化、公共服务等内涵为中心，将城镇化的工作重心转移到进城人口权益的市民化上来，真正使我们的城镇成为具有较高品质的宜人宜居之地。

三 新型城镇化对农民工就业与培训的影响

2013年"中央一号"文件提出，有序推进农业转移人口市民化，要让农民进城"进得来、留得下、有尊严"。新型城镇化的核心是让"城市生活更美好",让在城镇就业的农民工真正融入城镇,让留在城镇的农民工成为城镇的真正主人,由此也必将对农民工就业与生活产生积极而深远的影响。

(一) 改变"候鸟式"的生活方式

新型城镇化的有序推进可以转变农民工远离家乡务工的就业模式,改变"候鸟式"的生活方式,提高生活质量,从而有更多的闲暇时间可以用来接受教育培训活动。

单锦炎(2013)曾撰文指出,资料表明,城镇化率每递增1%,经济就增长1.2%。推进以人为中心的新型城镇化发展,就必须以产业为支撑。政府强调,城镇化核心是人的城镇化,关键是提高城镇化质量,推进产城融合,将城镇化作为拓展农民就业的重要空间。中国国际经济交流中心常务副理事长郑新立说:"在推进城镇化时应注重城镇产业经济的培育,重视第二、三产业的转型升级。"中国(海南)改革发展研究院院长迟福林说:"以往产业都是城镇化的'配角',产业发展与城镇化建设割裂,新型城镇化旨在实现人们在家门口就业、'高也成低也就'的愿望。"可见,新型城镇化就要充分发挥产业在城镇化建设中的先导性、基础性作用,实现工业化和城镇化良性互动,推动产业发展与城镇化同步推进,通过加强对城镇产业经济的培育,重视第二、三产业的转型升级,逐步形成大中小城市和小城镇、城市和农村合理分工、特色突出、功能互补的产业发展格局,改变农民工"候鸟式"务工态势。

(二) 完成从制度入城到心理入城的转变

新型城镇化的有序推进在完成农民工"制度入城"之后,还需要经历一段时间的融入过程,从心理层面认同自己的市民身份,完成从"制度入城"到"心理入城"的转变,这就需要除了加强有利于融入的制度建设外,还要注重通过教育培训活动来引导这种转变。农民工要想成为真正的市民,真正有尊严地生活一方面要有适合的工作,能够获取较高的工作报酬,能够保障家庭在城市合理的生活开支,享有同等的市民生活保障;另一方面需要从心理上认同自己是城里人的身份,缩小与城市人的社会距离。这就对农民工培训的内容、重点和组织提出了新要求。因此,农民工培训应该从以促进就业为导向的职业技能性培训转变为经过整体设计,有计划、有步骤的以体面生活为导向的系统性的教育培训活动。

第十章　新生代农民工职业培训体系建构

体系，泛指一定范围内或同类的事物按照一定的秩序和内部联系组合而成的整体。农民工培训作为一项需要多方力量共同推进的工作，必须以终身教育理念为引领，以促进新生代农民工就业和职业发展为立足点，顺应职业培训诉求，统合各方面培训资源，形成一个区域统筹、结构有序、分工明确、功能互补的职业培训体系。职业培训体系一旦建立，其服务的对象将从新生代农民工群体扩展为全体社会成员，有助于推动学习型社会形成并有效提升全体社会成员的人力资源开发工作。

第一节　我国现行职业培训体系

梳理我国现有职业培训体系的资料就会发现，我国现在还没有成型的能够体现职业培训体系内涵要求并符合社会职业培训需要的培训体系。

一　现行职业培训体系的内涵存在认知上的偏差

20世纪90年代末，随着我国职业分类标准的出台和劳动预备制度的建立，形成了在当时语境下的"职业培训体系"内涵并延续至今。根据国家原劳动和社会保障部网站公开资料显示，中国职业培训体系包括职业分类与职业（技能）标准、职业培训、职业技能鉴定和职业资格证书、技能竞赛和技能人才表彰等内容。具体阐释如下。

（一）职业分类与职业标准

1992年中国完成了第一部《中华人民共和国工种分类目录》，颁布了3200多个工人技术等级标准（职业技能标准），1999年颁布《中华人民共和国职业分类大典》，开始有针对性地制定国家职业标准。到2006年底,劳动和社会保障部共颁发施行了650个（含修订的22个）国家职业标准,对职业的活动范围、工作内容、技能要求、知识水平和对从业者的培训考核都做了具体规定,体现了以职业活动为导向,以职业能力为核心的原则。

（二）开展多形式、多层次的培训,实行劳动预备制度

根据网站资料,职业培训包括就业前培训、转业培训、学徒培训和在职培训,依据职业技能标准,培训的层次又分为初级、中级、高级职业培训和其他适应性培训。培训工作主要由技工学校和各类职业培训机构承担。技工学校是培养技术工人的基地,就业训练中心是培训失业人员的基地,以实用技术和适应性培训为主。此外,还有企业培训中心、社会和各方面（包括个人）举办的培训机构,承担在职培训和其他培训。在当时,劳动和社会保障部系统共有技工学校4.4千所,年培训200万人,就业训练中心2.7千所,年培训130万人,企业培训中心2.2万所、社会（私人）培训机构2万所,二者合计年培训3000万人。

为有利于职业培训工作的开展,建立了相应的综合性培训基地和职业技能开发集团。综合性培训基地是在改革现有的技工学校、就业训练中心以及企业的培训实体基础上,建立起的一种兼有职业需求预测、职业培训、技能鉴定和职业指导等多种功能并与职业介绍紧密结合的综合性职业培训基地,为学员提供培训、鉴定、就业一体化服务。职业技能开发集团是在城市,依托社区,联合各类培训机构,并实行劳动部门内部培训、鉴定与就业机构的联合运作,扩大培训规模效益,为促进就业服务的一种新型培训联合体。

劳动预备制度是为提高新生劳动力的就业能力而实施的一项制度。对城镇未能继续升学的初高中毕业生,进行1—3年的职业技术培训。1997年在36个城市进行试点,1998年在200个城市推行,1999年在全国范围实施。

（三）职业技能鉴定和职业资格证书

目前,中国已初步建立起初、中、高级技术等级考核和技师、高级技师考评制度,对劳动者实行职业技能鉴定,推行职业资格证书。在职业学校和职业培训机构毕（结）业生中实行职业技能鉴定,在各类企业的技术工种实行必须经培训考核合格后,凭证上岗的制度,在个体工商户、私

营企业从业人员中推行持证上岗制度。1999年以后全国设立6000所鉴定所（站），年鉴定300万人次。

（四）技能竞赛和技能人才表彰

从1995年开始评选表彰"中华技能大奖"获得者和"全国技术能手"，组织全国各行业职业技能竞赛，数百万工人参加了岗位练兵活动，提高了广大职工的职业技能水平。岗位竞赛每年有500万人参加，评选100名全国技术能手，10名中华技能大奖。

很显然，上述所谓"职业培训体系"不是真正意义上的职业培训体系，应该属于推动职业培训工作开展范畴的工作支撑体系，为职业培训工作的开展起支撑作用，从职业（工种）的分类、标准的建立到职业培训的开展、职业技能的鉴定以及职业技能的竞赛和表彰，都是基于提升职工技能水平，推进职业岗位标准化建设，实行劳动预备制度，形成重技能的良好社会氛围而提出的事项，与从职业培训实施角度按照培训要素组织起来的"体系"大相径庭。

同时，其内容的表述也体现我国部门分割的局限性，从承担职业培训任务的机构来看，除了上文明确的培训机构外，通常意义上的职业院校（含技工学校）应该事实上也是职业培训的主体，可是，由于除技工学校以外的其他职业院校基本上都归教育部门管理的原因，资料中就未提及。

显然，我们要建立的现代意义上的职业培训体系与上述中国职业培训体系的内涵是不一致的，它更侧重于培训实施这一主线。

二 现有职业培训资源未能有效整合

（一）现有培训资源的运行机制

现有培训资源大致可以分为三类，一类是现有职业院校和普通高校附设的培训资源（以下简称职业院校），该类资源的最大特点是具有公共属性；二类是附属于行业企业的培训资源（以下简称"企业培训机构"），该类资源具有专有属性；三类是社会力量举办的各种专门的教育培训机构（以下简称"社会培训机构"），该类资源具有逐利性。

1. 现有培训资源培训能力估计

根据教育部公布的《2014年全国教育事业发展统计公报》，我国现有中等职业学校1.19万所，比上年减少384所；高等职业学校1327所，比上年增加6所；本科高校1202所，比上年增加32所。从培训能力角度看，每所学校都具有较强的资源潜力，事实上几乎每所学校也都承担着社会培训的职能，只是规模有大小，类别有差异，层次有高低而已。具体培训规模由于缺乏详尽的统计，只能估计。根据公开数据，2009年全国教育系统共开展农村劳动力转移培训4249.31万人次，其余年份没有查到具体数据，但根据此后高校和职业院校服务当地经济社会发展情况看，每年的培训规模只多不少，根据《现代职业教育体系建设规划（2014—2020年）》中2012年到2015年职业院校培训在校生（折合数）相当于学历职业教育在校生的比例从14%提升到20%的要求看，每年的增长率为2%。如果每年开展农村劳动力转移培训也照此速度增长的话，2015年将达到近五千万的规模。

企业培训由于具有内部性特点，对外发布的数据并不全面详细，在第二章中估计的企业每年员工培训人数约为亿次左右。规模以上大企业尤其是一些经济效益好且管理层具有现代意识和长远眼光的企业大多设有专门的培训机构，比较注重员工培训。对于大多数中小企业而言，一般属于充分竞争性企业，其盈利手段往往是压缩开支、降低成本，员工流动性又强，所以即使企业效益好、领导有投资意识和眼光的也不会把紧张的资金投入到没有回报保证的员工培训上来，更不要说是经营不稳定、前景不明朗的企业了。

社会培训机构总数量14.4万所，但其中相当一部分承担的是补习辅导职能，所以真正开展职业培训的学校并不多，主要任务也是围绕着特殊行业职业技能鉴定和任职资格证书（如注册会计师等）而来的，每年直接面向新生代农民工开展培训的总量并不大。

2. 现有培训资源的运行机制

职业院校培训作用的发挥主要是依托院校自身专业、师资、设备、场地优势，接受政府（或社会）委托，根据委托方的要求开展培训工作，培训费用由委托方承担，培训基本上属于非营利的公益性培训，培训对象在主管部门规定范围内不具有指向性，其规模取决于国家各主管部门下达的任务量以及专项资金的规模，培训单位负责对培训学员进行最终考核或由培训单位组织统一接受人力资源与社会保障部门的职业技能资格鉴定。对培训机构的考核主要以完成预定培训任务的情况、培训实施过程中培训方案执行情况，培训费用以预拨或结算方式，一般均能足额到位，到位资金的支付项目要符合财政资金管理与使用规定。一般是根据能力或优势承接培训任务。

企业培训机构一般属于企业内设机构，较为规范的大企业有完善的培训组织机构、管理制度、培训教师和相关培训资源，其培训对象往往是自己的员工或即将入职的员工，其培训资金是纳入企业预算的培训专项资金，其性质属于企业投资性培训，所以在强调培训的针对性、有效性的同时，更注重其专属性，以尽可能减少培训投资收益外溢。其培训成效考核主要是通过培训资金使用效率、培训学员行为改变和绩效提升情况来衡量，其培训规模主要受制于企业发展战略、经营状况、培训经费预算等内部因素影响。企业培训的运行程序是：人资管理部门根据培训规划和具体的培训项目性质以及自有培训机构的培训能力决定是内训还是对外委培，然后再根据培训项目组织实施流程要求开展培训工作。

社会培训机构一般依托社会力量举办，其培训属于市场化行为，具有不确定性，一般需要通过培训活动本身赚取一定的利润，由此就需要培训机构选准培训方向，设计好培训方案，预定好受训者个人收益或受益的方面，靠项目本身或人力资本提升产生的预期收益来吸引受训者。它们一般是根据自己对社会用人需求热点的判断来确定培训项目，以吸引有付费能力的人来参训。

（二）现有培训资源运行中存在的问题

职业院校、企业培训机构和社会培训机构三类机构管理责任主体不同，经费来源不同，承担的培训任务亦不同，相互之间缺乏有效地沟通与合作。培训任务来源渠道广泛、要求各异、形式多样，既有行业系统内部的面向行业或用人单位自身的培训任务，如入职培训、岗位职业技能培训等，一般处于内循环状态，只有少量的培训委托职业学校或培训学校进行；也有具有公益性质的由国家财政资金支付（或部分支付）的培训任务，如面向农村剩余劳动力的培训项目：阳光工程、春风行动等；还有来自于个人主体需要的自主选择的培训，如个人的IT技术培训需求等；还有社会公益组织或其他非政府组织承担培训成本的培训项目，如NGO农民工培训、亚洲开发银行农民工培训项目等。各培训机构获取培训任务的方式主要是两种：接受委托或市场化运作。除了需要特别委托的项目外，长期以来形成的体系与机构间的壁垒，使得各自不同系统的培训任务往往在本系统内循环，缺乏培训项目外溢机制，各培训机构间只有系统内竞争（但经常会考虑平衡而形不成有效的竞争局面），而无系统之外的培训机构间的竞争，由此容易形成以下两个方面的问题：一方面没有形成培训合力，不利于培训资源的统筹利用，造成一定资源的浪费；另一方面容易形成培训机构的惰性，不利于改革创新，影响培训质量和效益。

表 10—1　　　　　　　　不同培训主体的培训性质比较

	职业院校	企业培训机构	社会培训学校
主体性质	公益性	非营利性	准公益性
回报路径不一	从社会发展中获益	在生产过程中转化成劳动绩效获益	从培训过程本身获益
回报时间	时间较长	时间较短	即时性
回报性质	可以认为不求回报，因回报的对象不是职业学校本身，培训过程中追求预算平衡	相对于培训学校而言回报具有延滞性，培训过程中不追求回报	即时性，培训过程中回报
资金来源不一	政府财政或委托资金	企业培训经费	个人或委托单位资金
承担的主要培训项目	职前培训和企业委托培训、转业培训	在职培训	职前培训和企业委托培训、转业培训
针对性	针对性差	针对性强	有一定的针对性
存在问题	公益性的没动力	内部性的无监督做没做、做多少缺乏考量	因完全市场化运作，培训不稳定，逐利倾向明显

职业院校天然具有职业培训的责任，但编制的核定、经费的拨付等环节都没有考虑培训的因素，因而面向市场的培训面临许多制度阻碍：收费许可证的办理、收费标准的设定、培训收益的分配、培训学员的发动、培训的教学组织等。作为一个完全财政支持的办学机构除非有特殊的政策或明确的任务要求才会主动争取培训任务，开展面向社会的培训，即使争取

也大多是有财政支持背景的培训，面向市场的培训开展意愿不足（如果上级主管部门把面向社会的培训作为一项考核指标则另当别论），说白了，缺乏绩效考核与激励机制，除此之外，拓展培训业务的意愿并不强烈。尤其是在当下招生规模相对较大，以教师为核心的教育教学资源相对紧张，更缺乏开拓社会培训市场的动力。因此，大多数职业院校除非是政策性任务，或者是遇到招生困难，教育资源闲置时才开始转向全日制教育与短期职业培训两条腿走路。

企业培训机构属于企业内设机构，不同的企业赋予其不同的职责，有的把它纳入管理序列，承担人力资源管理与开发职能；有的把它作为人力资源管理部门的下属事业机构，主要承担本企业内部具体的培训任务；有的把它作为企业附设机构，在承担企业自身培训任务的同时，可以与其他机构一样，承担拓展社会培训的职责和任务。所以，除少数企业培训机构热心于社会培训外，一般都服务于本企业的培训需要。但企业内部培训哪个层次的人、培训什么项目、开设什么课程、多大培训规模、采取的培训方式以及培训成效都与企业发展战略、企业经营状况、管理层的认识水平、培训经费预算、培训考核机制等密切相关，受外在因素影响较小，基层员工的培训权利是否得到保障也少有监督，即使企业之间也缺乏深入的培训交流与合作，更不要说与社会的沟通与协调了。

社会培训机构散而乱，各自为战，缺少与政府、学校以及相互间的沟通和协作。同时，我国民办培训学校的资源主要集中在投资小、潜在培训资源相对集中的领域，如在校生课程辅导、艺术特长班等领域，而涉及职业技能培训的领域由于要求条件高（场地、设施、教师、资金）投入大，生源市场不稳定、不确定，很难达到投资盈利点以上，同时由于拨款机制的原因，民办培训学校很难得到财政资金的直接拨付，所以他们的重点主要集中在个人兴趣点高自主支付意愿大的计算机应用培训等领域。一方面我国随着信息时代的到来，信息领域人才需求量大，门槛低、技术含量高、受众广泛，人们的兴趣点高，同时又属于年轻学科，技术更新快，机房建设、网络连接成本相对较低，就业应用面广，同时计算机类企业社会开放度高，用人层次涵盖初中高各个层次，民众尤其是具有一定文化程度的年轻人对此保持了较高的兴趣和关注度。而其他的培训要么觉得技术含量不高，不值得培训，要么因为技术含量相对较高，投入成本大，要么因为培训与就业不能有效衔接,影响人们参加培训的积极性。

总之,职业院校有资源优势、企业培训机构岗位针对性强、社会培训机构机制灵活。但也都有各自的短板,如果不能冲破壁垒,加强沟通与合作,就容易造成培训机构各自为战、缺乏相互补充和相互支撑的局面,使得培训资源分配不均匀、培训信息获取渠道不通畅、培训权利保障不到位,良好的职业培训氛围难以形成,最终影响社会整体人力资源开发的大局,不利于学习型社会的建设与形成。

第二节 韩、澳职业培训体系建设经验借鉴

一 韩国建立了基于技能成长机制的职业培训体系

毕结礼在《韩国职业培训体系及其运行》中介绍,韩国职业培训体系包括法规子系统、职业培训与训练子系统、职业技能竞赛子系统、职业技能鉴定子系统。其中,立法是框架体系的柱石,培训是框架体系的主体结构,竞赛和鉴定是培训和训练的必要补充和延展,促使框架主体更加完整和完美。

(一)职业培训(训练)系统结构

职业培训、训练子系统(以下简称职业培训系统)包括培训机构、培训类别、技术技能水平等级、就业信息与职业介绍、培训评估等内容。培训机构包括各级各类职业学校、公共团体机构和企业职业培训、训练中心等。培训类别包括三类:公共培训、企业内培训、认定培训,公共培训一般是由公共团体机构(如韩国产业人力公团、大韩商工会议所、障碍雇佣促进公团)、地方自治团体和政府机构等作为承担主体,主要开展通用性工种、高技术工种、地域性工种、公益性培训等;企业内培训主要针对企业内部需要且又容易操作的工种技能开展培训;认定培训由经主管部门批准的私人办学机构开展投资少、见效快的工种技能培训。韩国技术技能等级为5个,分别是技能士、产业技士、技士、技术士、技能长。需要说明的是,等级间不是单一的线性关系,而是在产业技士的基础上有两个成长路径:技术士和技能长,体现了适应社会复合型人才成长的需要。

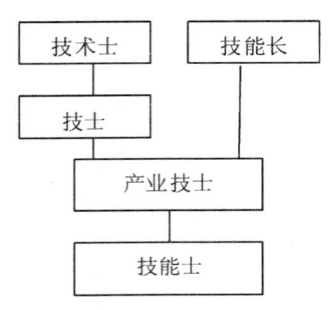

```
        技术士        技能长
          │            │
          技士          │
           │            │
           产业技士 ────┘
              │
            技能士
```

图 10—1　韩国革新后的技术技能型人才层次体系①

韩国建立了职业培训信息网络化管理平台，通过发布岗位职务需求信息，搜集就业者择业信息，对有就业愿望而能力不适应者（主要是失业者），先进行免费培训，再输送到岗位。从而把有效的职业信息搜集、分析、加工工作与职业介绍和职业培训工作有机结合了起来。

（二）职业培训系统运行机制

韩国劳动部、韩国产业人力公团、地方劳动事务所和鉴定事务所，加之不同层次的培训学校、中心，构成韩国职业培训运行载体。在机构设立和职责分工方面，特别强调决策、协调和具体实施中的制约、协作和统一。上述不同层次的职业培训运行载体，按其各自的功能、职责发挥作用。如劳动部，主要是决策和综合协调管理，包括法规的制定和发布，制定人力开发、资格鉴定计划，运用资金调控人力发展对策、监督职业培训质量实施情况。产业人力公团是落实劳动部决策的具体实施管理部门。也就是说劳动部提出年度工作目标和计划，产业人力公团将目标和计划落到实处。学校（中心）是职业培训运作的主体。韩国学校等级分类和人才培养分类是相一致的。如不同技术等级类别和技能类型分别由不同类型学校承担培训任务，界定明确（如下图），确保培养目标和培训结果的一致性。

在职业培训运行方面，特别注意运行基础工作和运行过程的监督检查，建立了行之有效的运行机制。对于职业培训信息搜集、课程设计、教材开发、设备配备、教师培训等工作，均依据实际情况，制定了行为规范。具体工作流程是：从岗位职务分析调查论证开始，然后编制培训基准

---

① 毕结礼：《韩国职业培训体系及其运行》，《中国培训》1999 年第 3 期。

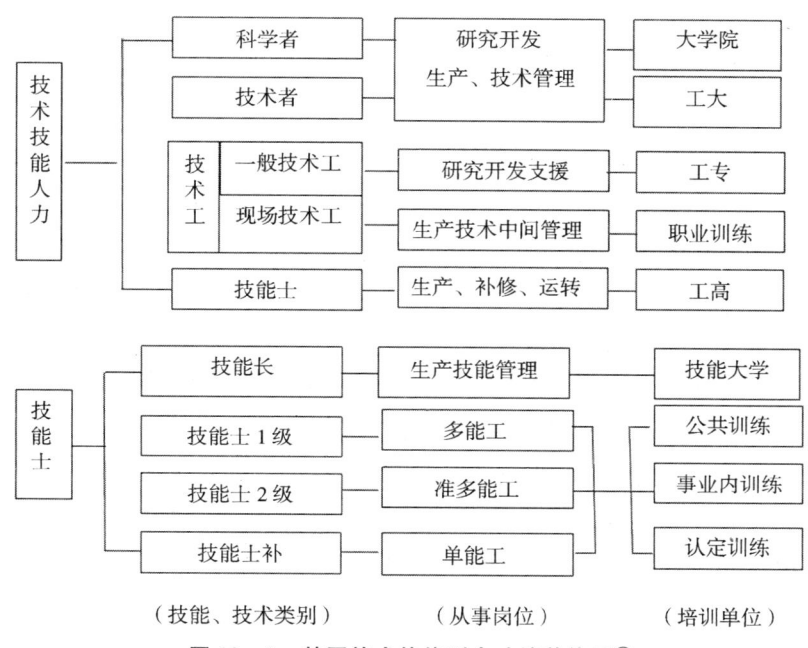

```
┌─────────┐   ┌──────────┐   ┌──────────────┐   ┌──────────┐
│         │──│ 科学者    │──│ 研究开发      │──│ 大学院   │
│ 技      │   ├──────────┤   │ 生产、技术管理│   ├──────────┤
│ 术      │──│ 技术者    │──│              │──│ 工大     │
│ 技      │   └──────────┘   └──────────────┘   └──────────┘
│ 能      │   ┌────┬──────────┐ ┌──────────────┐ ┌──────────┐
│ 人      │──│技  │一般技术工 │─│ 研究开发支援 │─│ 工专     │
│ 力      │   │术  ├──────────┤ ├──────────────┤ ├──────────┤
│         │   │工  │现场技术工│─│生产技术中间管理│─│职业训练│
│         │   └────┴──────────┘ └──────────────┘ └──────────┘
│         │   ┌──────────┐   ┌──────────────┐   ┌──────────┐
│         │──│ 技能士   │──│ 生产、补修、运转│─│ 工高     │
└─────────┘   └──────────┘   └──────────────┘   └──────────┘
```

```
┌─────┐  ┌──────────┐   ┌──────────┐   ┌──────────┐
│     │──│ 技能长   │──│生产技能管理│─│ 技能大学 │
│ 技  │  ├──────────┤   ├──────────┤   ├──────────┤
│ 能  │──│ 技能士1级│──│ 多能工   │──│ 公共训练 │
│ 士  │  ├──────────┤   ├──────────┤   ├──────────┤
│     │──│ 技能士2级│──│ 准多能工 │──│事业内训练│
│     │  ├──────────┤   ├──────────┤   ├──────────┤
│     │──│ 技能士补 │──│ 单能工   │──│ 认定训练 │
└─────┘  └──────────┘   └──────────┘   └──────────┘
```

（技能、技术类别）　　（从事岗位）　　（培训单位）

图 10—2 韩国技术技能型人才培养体系①

（标准）、开发课程、教材、提出设备配备要求、教师选配与培训，教学评估、就业后跟踪调查等。为保证培训质量，韩国每年将所有的培训实体全部评估一遍，以确保通过培训计划和培训条件的落实，实现培训质量的目标。师资教材是决定培训质量的决定性因素，韩国有专门的职业技能教师培训院，对教师进行资格取证培训和能力提高培训，以确保教师资格和知识技能的不断补充和更新。教材由劳动部门统筹，全国统一编发，确保岗位职务分析、教材编写和培训实施的统一性。

为创造良好的职业培训运行环境，韩国一方面通过完善教学条件和设施，提高培训质量，增强培训学员的就业适应能力；另一方面通过竞赛和表彰等多种方式提高技能人才的经济和社会地位。此外，还推行了持证上岗制度。

韩国职业培训经费筹措、支付与管理的最大特点是，由国家行为统筹协调。主要来源是以雇佣保险金和就业促进基金的形式征集，征集后再由

---

① 毕结礼：《韩国职业培训体系及其运行》，《中国培训》1999年第3期。

主管部门支付到培训方面。另外，企业自办培训学校，企业本身投入也是非常可观的。

二 澳大利亚建立了依托 TAFE 学院的职业培训体系

（一）TAFE 学院

澳大利亚职业教育与培训是国家教育体系的重要组成部分。根据田敏、梁枫（2008）介绍，TAFE 学院即技术和继续教育学院是澳大利亚的职业教育培训的实施主体。目前，TAFE 学院共有在校生 150 多万人，占全国人口的 7% 以上，其中全日制学生占 30%，非全日制学生占 70%，在非全日制学生中有 90% 为在职人员，就是说 TAFE 学院求学者中大多数是有着各种各样生活与工作经历的在职人员，他们参加培训的目的在于获得相应的职业资格证书，以便更好地适应职业岗位的需要。

根据澳大利亚联邦政府规定，国家职业资格框架（AQF）由 12 个资格证书组成，它们分别是：高中毕业证书、一级证书、二级证书、三级证书、四级证书、文凭、高级文凭、学士学位、研究生证书、研究生文凭、硕士学位、博士学位。其中一级证书、二级证书、三级证书、四级证书、文凭、高级文凭由 TAFE 学院提供，它主要面向生产、管理第一线培养以动手能力见长的技能型人才、适用的高级技术应用型人才和管理人才。澳大利亚初中毕业生进入 TAFE 学院学习合格即可获得一、二级证书，若高中毕业进入 TAFE 学院学习可获得三、四级证书。TAFE 学院不同等级的技术技能证书培训，是通过学分制逐步积累完成的，这六级职业证书教育是相互贯通的，学生可以从一级证书教育一直学习到获取高级职业文凭证书为止，也可以分段完成 TAFE 学院的六级证书教育。对获得高级文凭者可以将所得学分转入高等院校，通常再读一年就可获得学士学位。这一框架不仅有利于学生分层次分阶段向上攀登，而且有利于在职人员接受某一等级的继续教育。

沈莉、王菊芬（2004）认为，TAFE 建立在行业（企业）岗位需求确定的基础上，是市场需求明确、以就业为导向的教育。学员 80% 的时间进行工作现场本位学习，只有 20% 的时间在 TAFE 进行学校本位学习。整个培训教育都立足于职业岗位的技能要求，没有理论与实践之分。TAFE 学院等培训实体都建立"产业理事会"（或产业咨询委员会），它是由雇主、工会、产业部门代表组成的。产业或行业理事会是教育内容和标准的制定者，院校培训机构则是实施者。这样 TAFE 的学员往往能够适应市场的需求，避免了"闭门造车""学无致用"的弊端。

（二）运行机制

1. 政府管理与行业咨询组织互补

TAFE 管理是由澳大利亚联邦政府的国家培训署（ANTA）与各州政府设立的教育培训部分级负责，实施规范有序的职业培训管理，保证了教育与培训的内容符合国内、国际产业界对知识和技能的最新要求，保证了教育与培训达到国家规定的整个水平和所发证书的权威性与通用性。在国家培训署的协调下，澳大利亚设有 21 个全国性行业培训咨询组织，此外，各州与 TAFE 学院也都成立了行业咨询组织。行业咨询组织的成员以行业人员为主，都是本行业实践经验丰富，专业技能和理论功底较强的知名专家。他们协助政府提供最新的相关岗位能力要求及近期就业信息，以指导 TAFE 学院的课程设置与教学内容，并帮助学生选择要学习的专业领域，参与从制定职业培训宏观政策、职业培训计划、职业技能标准、职业教育质量评估到财政经费分配、课程设置、教材开发、具体实施的全过程。联邦政府的行业培训咨询组织还具有对 TAFE 学院的专业设置、教学大纲、教材编审、培训规范和标准的审批权和指定权。

2. 建立了国家培训框架

郝理想、魏明（2009）在文章中介绍：20 世纪 80 年代，澳大利亚为了建立国家第三级职业教育和培训系统，成立了技术与继续教育学院（TAFE），并且由 TAFE 完全垄断了初级和高级职业教育与培训。"一极独揽"式的职业教育培训格局无法有效刺激澳大利亚职业教育的健康全面发展，于是，进入 20 世纪 90 年代，澳大利亚政府对国家职业教育政策开始有一些积极调整，政策的制定中明确了职业教育的最终目的，是想要建立和发展一个巨大的公、私兼具的职业培训市场，在这一巨大的职业培训市场中，国家公立的培训机构与私人参与和投资的培训机构同时并存，相互公平竞争，使职业教育能更好地适应国家产业急剧发展的需求。但是这一巨大的国家职业培训市场的建立需要统一的管理规范和认证体系的配合，于是，国家职业培训和资格认证标准体系——国家培训框架便应时而出。

国家培训框架有两个关键的组成部分，其一是国家认证框架；其二是职业教育培训包。前者规定国家职业资格证书发放的机构和全国共同认可的原则，后者则致力于解决职业培训和认证中的能力标准、评价方针以及资格证书认证的条件和标准。另外，由于培训包不提供诸如"如何达到能力标准""获得资格证书的方式"等环节的详细指导，为弥补这一缺陷，培训包通常附有一些相关的支持材料。这些材料包括学习策略、评估材料和职业发展材料。

3. 实行基于培训包的标准、评估和资格证书制度

职业教育培训包是一套国家认可的用以认定和评价受训人技能的职业标准和资格的体系，它并不规定为使个体达到这种要求应当采取怎样的教育和培训方式。每项培训包均针对特定的行业、行业部门或企业而设计，都包括三个组成部分：行业认可的能力标准、评估准则、培训包内授予的资格证书。

——培训包中的能力标准、能力单元、要素及能力标准的实现。每个培训包都包含多种能力。培训包里所规定的能力有如下特点：第一，能力概念集中反映出在特定产业的工作过程而不是学校学习过程中所要求的能力，而且体现出将知识和技术转化并应用到新形势和新环境中的能力要求。第二，培训包中所列出的能力标准，所强调的是实实在在的培训结果和知识、技术的最终应用，而不只是简单的规则说明书。第三，能力标准既关心个体能做什么，也关心其能够在多大的环境范围内去完成这些任务的能力。

能力单元是能被国家认可和记录的最小单元，每个能力单元包含多种能力要素。能力要素"是单元的基本构成部件而且能够将能力单元本身的关键目的进行分化描述"。能力要素是使个体经过培训，在其特定的工作领域能够完成的一系列活动。能力要素必须是能在个体行为中明确的显现出来并且可以评价的行为或结果。诸多能力要素相结合，就构成了能力单元。

每一项能力要素都有实施标准。实施标准"是一种评价性的描述，规定了要评价的内容以及实施的要求和水平"，通常每个能力要素都有相关的几个实施标准。而且每项能力标准都有可变化的范围，因为评价和执行这些能力的环境条件会因行业的不同而产生很大的差异。

——评估准则。评估准则是培训包体系的三个主要成分之一，其目的是帮助培训机构以公平、平等和一致的方式进行评估，保证评估与澳大利亚质量培训框架标准相一致。评估准则有五个主要部分组成，即评估体系概述、评估者资格、设计评估资源指南、评估指南和评估信息资源。培训包的评估以能力为本位，即建立在受训者能够做什么和知道什么的基础之上，培训包所承认的是受评估者所具有的能力而不是他们所学习过的课程。它也可以对受评估者先前的能力进行评估，如果受评估者能够证明自己的能力，即使这些能力还没有达到获得一个证书或文凭的全部要求，他们也能得到有关某一资格的学分或能力记录。

——培训包内授予的资格证书。澳大利亚自1995年1月起改变了过去中学、职业教育院校和产业培训机构各自单独颁发证书的状况，转而逐步建立和采用全国统一的资格认证框架（AQF），通过AQF建立起中等教育、职业技术教育和普通高等教育之间以及职业教育和成人教育之间的横向沟通与联系，使各种层次的教育相互沟通、补充和交叉，形成具有梯次结构的有机网络，同时也兼顾了就业前教育与就业后教育的联系，体现了终身教育的思想。学生在初级中学阶段除取得中学毕业证书外，可以通过学习职业技术课程模块取得一级证书和二级证书，即便是未取得一、二级证书，也可保留之前的课程模块学分。进入职业教育类院校如技术与继续教育学院后，中学阶段获得的职业技术教育模块课程学分仍可得到承认，能继续进入后续课程模块的学习，并取得相应的证书或文凭。职业技术教育阶段可取得的证书或文凭有一级证书、二级证书、三级证书、四级证书、普通文凭和高级文凭。各等级证书或文凭对应的技术层次为，一级证书——半技术工人，二级证书——高级操作员/服务人员，三级证书——技术工人，四级证书——高级技术工人/监工，普通文凭——专业辅助人员/技术员，高级文凭——专业辅助人员/管理人员。AQF用十二级资格规定了初等与中等教育、职业教育与培训、高等教育的分立与贯通，为各教育系统之间的资历确认、学分转换，不同院校及学科证书课程的衔接以及学生在不同教育系统之间的转学或继续深造提供了权威性的保障条件。

4. 多元稳定的投资主体

澳大利亚建立了政府、企业、行业和个人多元化的职业教育与培训投资体制。目前投资的主体还是政府，以往政府提供的资金占97%左右，学院自筹占3%左右。政府的经费随着受教育者或培训者拨到其所选择的学校。如果学生对该院校提供的服务不满意或有其他原因，可以转学，同时经费也将转到新的学校。在以政府拨款为主的前提下，TAFE 学院的经费来源已发展为四种：证书课程计划专项经费（政府投资一般占 80%，学员个人或用人企业支付 20%），此类经费一般占学校总经费来源的 60% 左右；用户选择培训项目，一般占学校总经费来源的 20% 左右；培训招标项目，一般占学校总经费来源的 10% 左右；完全商业运作的培训项目（商业运作项目完全由 TAFE 学院按照市场机制去获得），一般学院的 10% 的经费来自此项目收入，从学校发展趋势来看，此类经费呈逐年上升态势。

三 韩、澳职业培训体系的启示

纵观韩、澳职业培训体系，有以下值得借鉴的地方。

（一）建立具有本国特色的职业培训体系是经济社会发展的必然要求

职业培训涉及的不仅仅是教育问题，关系到的也不仅仅是人力资源开发问题，更重要的它是一种促进社会公平、推动社会进步、促进社会和谐的一种手段，理应引起广泛重视。

（二）职业学校与职业培训机构一体化的形式应引起重视

澳大利亚 TAFE 学院本身就承担着学校教育和培训职能，其运作方式与德国的双元制类似，是由学校和企业共同承担培训责任，不同的是德国与学生签订的是职业教育合同，而澳大利亚是针对已经签订企业雇佣合同基础上的一种培训，但他们都表现为职业学校与职业培训机构的一体化。在我国，现阶段可以考虑以区域龙头职业学校为核心建立职业教育与培训集团，也可以专门在一定的区域建立职业培训集群基地，通过土地资源、税收和硬件设备等优惠，鼓励职业学校和培训机构在相近区域内建立集群或集团，发挥集体的吸引力和影响力。

（三）搞好职业培训离不开政府的宏观管理

推进职业培训工作的开展，离不开政府的鼓励与支持，离不开政府的顶层设计。但政府的宏观管理职能一般都集中在法制体系建设、标准体系建设、评估体系建设、上岗准入制度建设等。政府要运用法律手段、经济手段替代行政手段，扮演好企业（培训人）和学校（被培训者）的中间协调人的角色，扮演好弱势群体公平接受培训的矫正人和保护者的角色。

（四）政府投入是职业培训运行资金的主渠道

政府的主体责任决定了其也必然是投资的主体，但绝不是唯一渠道。依据国际普遍接受的"谁受益，谁承担"的原则，培训经费的多元化是各国的通行做法。各国的职业培训资金资助有三种方式，即通过国家立法，政府提供经费的资助；依靠社会相关部门如产业、企业之间的协议提供资金；或通过受训者或培训企业，按雇员和被雇佣者的需求提供资金资助。格林等人就欧洲国家不同的职业培训资助体系将其分为国家引导资助、社会管理资助与需求引导资助三大类。我国可以建立国家、企业、个人等多方分别承担职业培训费用的机制。

（五）培训内容的标准化和职业资格证书的权威性是保持职业培训吸引力的内在核心

在划分培训等级的同时，制定与相应等级职业资格匹配的培训资源包是建立职业培训体系的重要组成部分，如此可以确保各地的不同机构有相同的培训质量要求。职业资格证书考取的规范性和严格性有助于保证培训质量和鉴定的权威性，从而增强职业培训的公信度和吸引力。

第三节 我国新生代农民工职业培训体系建设策略

一 职业培训体系建构依据

从国家相关政策要求和各地开展职业培训工作的实际来看，职业培训处于有机构、有目标、有任务，但缺统筹、缺机制（动力）、缺监督的松散状态，不能满足广大劳动者对职业培训的需求，亟须以终身教育的理念加快构建分工明确、职能互补、充满活力的区域一体化职业培训体系。

构建区域统筹的职业培训体系既符合当前培训资源分散状态下的整合要求，又符合学习型社会建设的发展方向，更是加快发展现代职业教育的应有之义。

（一）终身教育的终身性、人人性、平等性理念的必然要求

一般认为，终身教育是指人们在一生各阶段当中所受各种教育的总和。从时间上看，教育应贯穿人的一生，是"从摇篮到坟墓"的连续性的教育过程；从教育形式上看，包括在任何场所和机构所施行的正规的学

校教育和非正规的各种形式的教育培训活动。终身教育的最大特征是其终身性，它从传统的单纯重视和强调学龄期间正规的学校教育扩展到了覆盖学前和职后乃至人的终生的教育活动。这种以促进人的终生学习为理念的教育所坚持的是人人性、平等性的教育理念。

终身教育在我国已深入人心。《国家中长期教育改革和发展规划纲要（2010—2020）》提出战略目标是："到2020年，基本实现教育现代化，基本形成学习型社会，进入人力资源强国行列。""构建体系完备的终身教育。学历教育和非学历教育协调发展，职业教育和普通教育相互沟通，职前教育和职后教育有效衔接。继续教育参与率大幅提升，从业人员继续教育年参与率达到50%以上。现代国民教育体系更加完善，终身教育体系基本形成，促进全体人民学有所教、学有所成、学有所用。""到2020年，努力形成人人皆学、处处可学、时时能学的学习型社会"。纵观人的一生，正规学校教育结束之前的学习生涯与之后的职业生涯既有明显区别但还延续着有机的联系，职前的教育为后续的终生学习奠定基础，但职后的终生学习是与职业活动和日常生活紧密关联的活动，是一种在职业活动之余或附属于职业活动的一种学习活动。显然，以促进职业生涯发展为主旨的职业培训理应成为职后终身教育的主要教育内容。终身教育从纵的方面寻求教育的连续性和衔接性，从横的方面寻求教育的统合性，职业培训资源只有整合成一个有机的整体才更有助于贯彻终身教育理念实现人的终生学习的目标。

从人的职业发展角度看，人都存在一个从门外汉到熟手以至于专家的过程，在这一成长过程中，尽管基础的受教育水平、个人的职业发展兴趣与能力是关键因素，但如果有促其职业发展的良好的外部环境，显然也有助于发展。职业培训作为终身教育的重要支柱必然贯穿于人的发展的全过程。从我国提供职业培训的机构状况看，要想形成覆盖人的职业搜寻、职业成长全过程的终身教育体系，单靠用人单位的在职职业培训很难满足上述需求，从而，建立一个涵盖企业培训机构的完整的职业培训体系就显得尤为重要。

（二）人力资源开发艰巨任务的必然选择

如前所述，我国现有培训资源存在管理分散、各自为政、培训效率低的问题，不适应我国人力资源开发的总体要求，必须通过整合资源以提高培训的规模和质量。

《国家中长期教育改革和发展规划纲要（2010—2020）》提出了继续教育的数量要求，提出要"更新继续教育观念，加大投入力度，以加强人力资源能力建设为核心，大力发展非学历继续教育"，2020年从业人员继续教育要从2009年的16600万人次增长到35000万人次（包括学历继续教育）。由于没有详细的统计数据，我们只能把它与《现代职业教育体系建设规划》中的数据进行比较，2012年培训21000万人次，比2009年的16600万人次增加了4500万人次，平均年增1500万人次，较原计划2015年前年均增长2070万人次减少了570万人次。原计划2015年到2020年年均增长1200万人次，现在从2012年到2020年年均增长1750万人次，每年的任务量增加了550万人次。可见，培训任务完成的压力很大，必须要创新思维，努力构建覆盖面广、结构完整、运行高效的职业培训体系。

（三）建设现代职业教育体系的应有之义

《国务院关于加强职业培训促进就业的意见》（国发〔2010〕36号）提出，要"适应城乡全体劳动者就业需要和职业生涯发展要求，健全职业培训制度。要统筹利用各类职业培训资源，建立以职业院校、企业和各类职业培训机构为载体的职业培训体系，大力开展就业技能培训、岗位技能提升培训和创业培训，贯通技能劳动者从初级工、中级工、高级工到技师、高级技师的成长通道。"可见，建设新型职业培训体系是国家五年前的重要部署。尽管《意见》明确了统筹的目的是"通过建立职业培训制度、健全职业培训体系来适应城乡全体劳动者就业需要和职业生涯发展要求"，统筹的对象是"职业院校、企业和各类职业培训机构"，统筹后要承担的职责是"开展就业技能培训、岗位技能提升培训和创业培训，贯通技能劳动者从初级工、中级工、高级工到技师、高级技师的成长通道。"但对"谁来统筹、如何统筹"，《意见》中并未明确。

《现代职业教育体系建设规划（2014—2020年）》进一步明确了职业培训在整个教育体系中的地位，明确了职业培训与职业学校教育、人力资源开发以及终身教育之间的关系，可见，把职业培训纳入到职业教育整体视角来考量，是职业教育在新的历史时期改革与发展的必然要求。

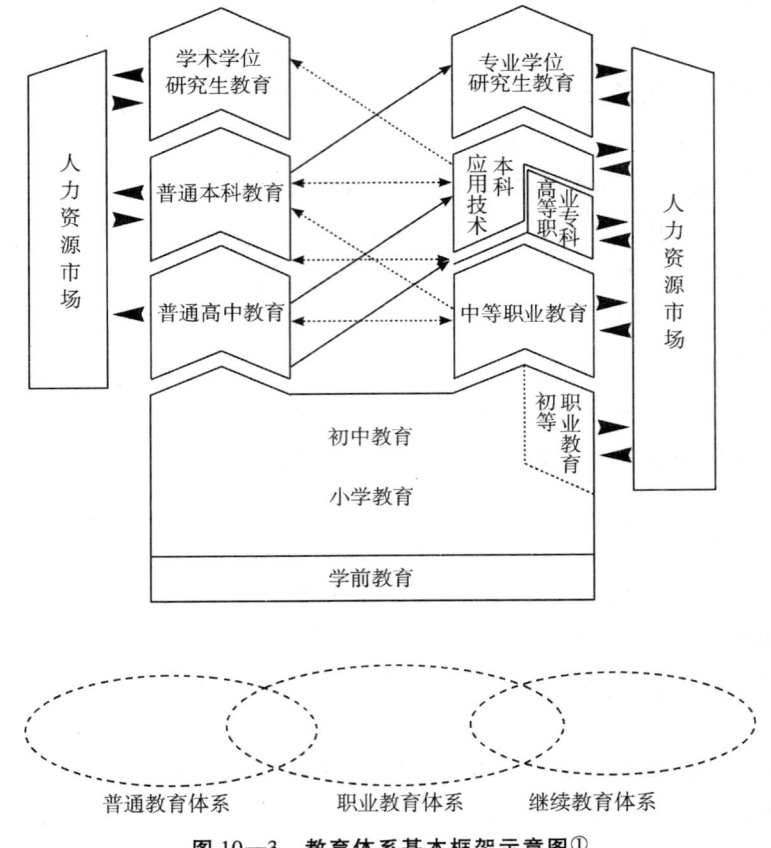

```
                学术学位              专业学位
                研究生教育            研究生教育

                                    应用  本  高
  人              普通本科教育       技    科  等    人
  力                                术        职    力
  资                                          业    资
  源                                          专    源
  市              普通高中教育       中等职业教育    市
  场                                                场

                                              初 职
                                              等 业
                          初中教育             教
                                                育
                          小学教育

                          学前教育
```

     普通教育体系   职业教育体系   继续教育体系

图 10—3　教育体系基本框架示意图①

回顾改革开放以来我国职业教育发展历程，在 20 世纪 90 年代初期是以加强县级职业教育资源统筹为标志的职教中心建设，通过统筹发挥了职教中心的资源优势，奠定了中等职业教育发展资源基础，进入新世纪以来，通过课程建设丰富了职业教育内涵，现在又通过现代职业教育体系建设，打通了职业教育的上升空间，使得职业教育与普通教育有了充分的交流与合作的可能。但根据我国教育体系图可以看出，普通教育、职业教育和终身教育三个系统的互联互通很有必要。在职业教育范畴内以及职业教育与终身教育相交互的范畴就是职业培训，与现代职业教育体系建设要求

---

① 教育部等六部委：《现代职业教育体系建设规划（2014—2020 年）》。

相匹配，加快进行职业培训资源统筹、构建与现代职业教育体系相交互的现代职业培训体系也是《规划》的内在要求。

二 地方统筹的区域一体化职业培训体系内涵

建设职业培训体系必须强调各组成部分要在基于一个共同目标的前提下，分工明确、职能互补，必须要围绕社会成员就业与职业发展需要形成覆盖从求职到职业生涯结束这样一个完整的职业生命周期的全过程，必须建立完整的制度体系来确保培训工作的有效运行。结合前述研究成果，笔者认为，应该发挥县（区）基层政府的统筹和执行功能，建立地方统筹的区域一体化职业培训体系。

地方统筹的区域一体化职业培训体系是指：以终身教育理念为指导，以全面推进人力资源开发和促进职业发展为目标，以县（区）为单位统筹本区域各级各类的职业培训资源形成开放包容、职能互补、功能完善的职业培训体系。

其内涵体现在数字"123456"之中，即一个体系、两个目的、三个阶段、四项制度、五大功能、六项任务。

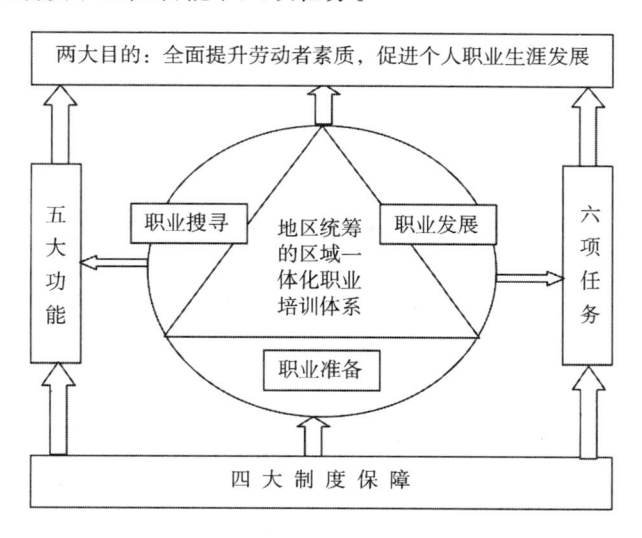

图 10—4 地方统筹的区域一体化职业培训体系示意图

一个体系：通过资源统筹，以县（区）为单位构建一个适合我国国情的职业培训体系；

两个目的：紧紧围绕职业能力这一中心，全面提升广大劳动者素质，促进个人职业生涯发展；

三个阶段：根据个人职业生涯全程特点，开展满足职业准备、职业搜寻、职业发展三个各阶段不同需要的培训活动。

四项制度：为确保职业培训体系的有序运行，建立资金筹措与使用制度，培训任务统筹分配制度，程序化培训流程与标准化培训课程体系制度，培训成效考核与督导评估制度等相结合的制度系统。

五大功能：开发人力资源、提高广大劳动者素质，促进社会流动、推动和谐社会建设，适应技术进步、推动经济结构转型升级，发挥政府主体职能、推动现代职业教育体系建设，满足个性化发展要求、让广大劳动者有尊严地生活。

六大任务：建立以区域就业培训服务系统为依托的培训信息发布平台系统；建立根据社会与个体培训需求、培训机构的能力与优势等对培训任务进行统筹的分配机制；建立以形成与完成职业岗位工作任务密切相关的模块化的培训课程资源和与职业资格标准对接的课程体系；建立政府、用人单位和个人三方责任共担的培训经费筹措机制；建立与完成培训任务的数量、培训质量和培训绩效考核结果相关联的培训经费的分配与调控机制；建立校企密切合作、资源共建共享的动态培训师资资源库制度。

三 地方统筹的区域一体化职业培训体系建构策略

（一）以县域作为基本的统筹区域

《职业教育法》和《国务院关于加快发展现代职业教育的决定》（国发〔2014〕19号）都明确我国开展职业教育的责任在地方。职业培训是我国职业教育的重要组成部分，其主要作用是服务本区域经济发展。

区域通常是指一定的地域空间，具有一定的面积、形状、范围和界线。在我国省、县、乡三级行政区划中，县域处于中层，既具有相对完整的经济体系结构和较大的经济体量，又具有基于地理分割的人口、文化、产业、经济等地理区域特征。培训需求是因为聚集的产业和就业机会而生，培训的类别与层次也与产业生产力水平和生产组织方式相联系。因此，以县域为单位统筹区域内职业培训资源较为合适。

（二）由职教中心和优势企业牵头组成职业教育培训集团统筹县域内职业培训资源

在一些发达国家，职业学校教育与职业培训是融为一体的。我国绝大多数职业学校也都有开展职业培训的经历，甚至还相当有成效。在推进现代职业教育体系建设过程中，校企合作、工学结合的办学模式已被广泛接受，职教集团建设在一些地方也很有成效。可见，依托职教集团建设成果，进一步丰富集团内涵、拓展集团功能，把统筹县域内职业培训资源作为集团的主要功能之一也是顺理成章的事。通过统筹区域内职业培训资源有助于挖掘现有职业院校的培训潜力，发挥优势企业培训的示范作用，弥补中小企业缺乏自我培训能力的不足，引领部分社会培训机构向专门化的职业培训机构转型，并通过体系内各机构合理分工、错位发展，推动形成目标明确、职能互补的区域一体化职业培训体系。

（三）地方统筹策略

1. 开展培训资源普查

以县为单位开展区域内的培训资源普查，即在不改变隶属关系的前提下厘清现有培训资源的总量，把握整体培训能力，为统筹整合区域内培训资源奠定基础。

2. 建立县域职业培训与就业信息平台

人社部门授权牵头单位并帮助建立固定人口和流动人口就业与培训信息资源库，建立涵盖教师、教室、实训场地、设施、培训优势等信息的培训资源数据库，为体系建设与运行的信息化奠定基础。

3. 建立职业培训信息征集与培训机构"按需开方"的对接机制

以往培训不管是政府主导还是企业主导都带有明显的计划性，属于"自上而下型"，再加上培训资源分散，界限分明，受训者选择余地小甚至没有选择余地，往往处于被安排、被培训境地。区域一体化职业培训体系的建立使得区域内培训资源得到统筹、可开展的培训项目领域得到扩展、培训实力得到明显增强。通过需求与应对对接机制的建立，可以发挥区域一体化职业培训体系的优势，在扩大培训规模、提升培训质量的同时，进一步提高培训项目设计的针对性，更好地满足广大民众个性化的培训需求。

4. 建立培训资金管理与分配统筹机制

可以成立县级职业培训基金管理委员会，全权负责县域内职业培训资金的筹集、管理、绩效评估等事宜，该基金会可以挂靠人社管理部门。基金会不直接开展职业培训活动，培训基金的使用和分配主要依据职业教育培训集团授权机构完成培训任务的数量和质量评测结果进行，形成既与职业教育培训集团相对独立又相互关联的运行机制。

5. 政府和用人单位作为基金来源主渠道

根据"谁受益，谁承担"的原则，个人和企业总是最大的受益人，所以应该在培训中承担主要的经费。但由于我国农民工群体形成具有特殊的社会历史背景，属于国家重点扶持的特殊群体，个人承担能力较弱。现阶段应该继续采取政府投入为主的策略，尽可能减少个人负担比例，政府可以把分散于各管理部门的培训专项资金集中起来纳入一般预算，转移支付到县财政单位，作为基金会的主要经费来源。企业作为受益主体，应该全面履行国家有关提取培训费用的义务，《国务院关于大力发展职业教育的决定》中明确要求："一般企业按照职工工资总额的 1.5% 足额提取教育培训经费，从业人员技术要求高、培训任务重、经济效益较好的企业，可按 2.5% 提取，要足额提取教育培训经费，主要用于企业职工特别是一线职工的教育和培训。企业新上项目都要安排员工技术培训经费"。同时鼓励社会团体、民间组织和个人捐资助训。

6. 建立培训任务授权管理制度

建立一体化的培训体系的目的不是要束缚各培训机构的手脚，而是要纳入统一的管理体系，提高培训成效。集团要预先根据农民工和企业培训需求设计培训项目、估计培训规模、分配培训任务。对于设立专门培训机构的企业来讲，其专属性培训权利要保障，其通用性培训能力要优先满足，在能力许可范围内还可以承担本企业以外缺少自培能力企业的员工培训。对于职业院校和社会培训机构来讲，可以依据各自的优势获得（或通过招标获得）相应的培训任务授权。

7. 形成培训资源共享通用机制

企业内部培训资源和企业生产现场是重要的培训场地和资源，是职业院校和社会培训机构所不具备的，职业院校较为稳定充裕的教师资源和理论优势是企业与社会培训机构所欠缺的，社会培训机构灵活的办学机制也是企业与职业院校所不具备的，职业院校和社会机构的区位优势也是在开展培训过程中不得不考虑的因素，因此，要发挥体系的优势，建立体系内资源共享共通机制。

四 地方统筹的区域一体化职业培训体系保障机制建设

（一）健全农民工职业培训的制度保障体系

2014年，国务院撤销了原农民工联席会议制度，成立了由副总理马凯任组长的国务院农民工工作领导小组，传递出了要统筹解决农民工问题的决心。为了更好地解决农民工就业与城市融入问题，就必须把以提升素质促进职业发展见长的职业培训纳入到制度化管理的轨道。分三个层面：宏观层面主要是顶层设计，一方面在《职业教育法》修订完善过程中把职业培训体系建设作为重要的一部分突出出来；另一方面在现代职业教育体系建设中丰富和完善职业培训体系建设的内容。中观层面是各地方按照国家总的要求制订符合本省本地实际的实施细则，建立健全地方行政法规体系。微观层面是各县域职业培训体系内部要建立系统的培训管理制度和工作流程。

（二）建立职业培训标准体系

回顾我国曾经借鉴的国外职业教育经验，无论是国际劳工组织的MES、北美的CBE、澳大利亚的培训包以及韩国的五级技能体系，无不与职业培训以及培训标准相关联。我国尽管也建立了管理视角的职业培训体系，但职业标准与技能等级标准并未全部完成，即使已经制定出的标准，由于经验和方法的问题在一定程度上也存在不能起到真正表征职业与技能特征的缺陷。

为保证职业培训质量，从国家层面应尽快建立符合国际质量标准和国际"质量认证制度"的培训管理质量标准体系，与国际质量标准体系接轨，以规范职业培训市场、提高职业培训质量，推动整个社会职业培训的长期发展。从县域角度应结合本县产业特征和产业发展水平，在不降低国家通用标准的前提下，细化符合本区域的职业培训实施细则，使培训起到促进个体技能提升，引领产业升级发展的作用。

发挥行业协会、研究机构和高校的研究能力，开发行业职业技能标准、组成职业技能鉴定专家团队，定期巡查职业培训开展情况。

(三) 建立严格的考评制度，切实落实国家"先培训后就业"制度

借鉴英国职业资格证书教育体系和韩国技能分级经验，加大国家职业标准开发力度。探索建立国家职业标准编制工作招投标和社会化运行机制，组建以行业为主体，企业、院校和科研单位参与的国家职业标准研究和开发队伍，加紧完成与国家职业大典相对应的各职业的标准，满足国家人力资源开发的标准化需要。

与国家职业标准相对应，应严格国家职业资格证书考核与发证制度。据不完全统计，我国职业技能鉴定一次通过率在84%左右，高通过率所表征的可能是标准定的较低或考核把关不严，最终伤害的是职业资格证书的权威性。资料显示，韩国职业技能鉴定通过率一般为19%左右。质量是通过率的唯一尺度，证书内涵必须同岗位需求相一致。必须通过鉴定把握培训质量，促进培训质量提高。为此韩国职业技能鉴定基本上是全国统一调控。具体调控办法为：由劳动行政部门委托国家级事业单位主管具体鉴定事项，如统一命题、统一考务管理、统一证书发放管理等。

只有提高了职业资格证书的权威性，"先培训后就业"政策才能得到很好的落实。

第十一章 新生代农民工培训模式设计

农民工培训是针对特定群体的一种培训活动,其模式的选择既要遵从培训的一般规律和要求,也要符合农民工这一特殊群体特征和诉求。

第一节 培训模式概述

《现代汉语词典》对"模式"的解释是:某种事物的标准形式或使人可以照着做的标准式样。模式除有"模"的含义外,还包含"式",即样式、形式的含义。湖南师范大学教育科学学院郭晓明认为,模式不是一般的具体存在形式,而是更具典型意义的、有代表性的存在物。它是从多样的现实存在中概括而来的,是"定格"的结果,更强调对象的典型性、概括性和代表性。在日常生活中,模式有时被泛化。培训模式是培训的各个要素的优化组合及发挥较大培训效益的典型范式。农民工培训模式一般是指农民工培训的责任主体和培训实施主体综合运用培训各要素开展培训工作的具体组织运作方式。

一 农民工培训模式分类

从农民工培训工作的起点来看,农民工培训从无到有,首先是能不能开展、谁来组织与支撑开展的问题,其次是能不能确保培训成效并作为一种有效的经验以资借鉴的问题,主要涉及培训的组织与具体运作方式等问题。为此,研究农民工培训模式可以按以下标准进行分类。

(一)按培训责任主体划分

根据农民工培训组织的主体不同,可以划分为:政府主导、企业主导、职业学校主导、社会培训机构主导、公益组织主导和个人主导六种模式。在这六种模式中，有异同、有交叉。政府主导、企业主导和个人主导模式的共同点在于他们各自承担了培训经费支付主体的作用，同时他们又都是培训受益的主体；公益组织与政府责任相似，都是经费支付的主要责任主体，但经费来源渠道不同，管理机制不同，且一般不直接组织实施培训工作；职业学校主导与社会培训机构主导的共同点是他们都属于实施培训的主要主体（与部分企业内设培训机构的性质相同），他们都可以自主或接受委托开展培训工作，但它们的办学机制和公益属性不同，社会培训机构一般属于民办学校性质。企业主导的培训既可以由企业自身或联合体完成，也可以委托职业学校、社会培训机构来完成；个人主导的培训一般是由个人根据兴趣和需要自主选择接受培训的方式和主体，可以自主选择师傅或培训机构并选择受教育方式和性质（如是否学历教育等）。

表 11—1　　按责任主体划分的农民工六种培训模式比较

模式名称	培训目的	模式特征	经费来源	运作方式	典型
政府主导模式	普遍提高农民工素质和技能水平，促进就业	准公益性质；不直接组织培训；拥有控制和监督权；一般是大批量有组织的培训，是当前农民工培训的责任主体；经费充足，培训缺乏灵活性，有助于推动就业	国家财政	以政策的方式引领农民工培训工作；一般不直接组织培训，但对培训的组织与实施拥有控制和监督权；审批培训机构的资质；以拨款的方式控制或引导培训、监督质量	由农业部等六部牵头的农村劳动力转移培训阳光工程
企业主导模式	提高本单位员工素质和技能水平，提高工作绩效	投资与受益主体；注重投资效益；可以是办学主体；培训岗位针对性强，有助于就业和职业发展，深受农民工欢迎，培训费用使用效率高	企业	根据培训需要和成本收益，采取企业内设机构培训、委托培训或购买培训等不同的运作方式	青岛海尔集团内设培训机构——海尔大学

续表

模式名称	培训目的	模式特征	经费来源	运作方式	典型
职业学校主导模式	发挥学校办学资源的优势，服务社会，促进农民工技能水平提升	培训主体，具备稳定培训的优势。规模大，服务面广，有利于推动就业	自筹或委托单位承担或个人学费	发挥学校服务社会的功能，贯彻国家政策的要求或根据委托单位的要求开设相应的培训项目，并实施培训，对培训学员不收或收取少量的成本费用	教育部牵头的技能素质提高计划或依托自身资源和社会需求自主组织的各类农民工培训
社会培训机构主导模式	发挥机构的社会服务功能	自负盈亏，注重培训收益，规模小，专业领域较窄，针对的群体面窄，专业灵活，但易出现纷争，能满足就业需求；引入竞争机制，市场化运作，效率高，但易增加农民工经济负担	委托单位或个人学费	根据培训市场的情况自主开设培训项目，并依据成本核算确定收费额度，自负盈亏	典型的社会力量职业培训机构——河北保定虎振厨师培训学校
公益组织主导模式	发挥组织的公益性功能	非政府性、公益性；针对性强，成效好，规模较小	自筹	基于公益目的针对特定人群自主或委托有资质的机构开展培训活动	公众较为熟知的北京富平家政学校培训模式
个人主导模式	自我发展与自我价值提升	自我主体，针对性强 花费较少，针对性强，灵活，规模小，就业好	个人支付培训费用	根据个人兴趣爱好和就业与职业发展的需要，自主确定学习项目、方式	学徒制、学历补偿教育等

（二）按培训的实施场所和具体组织实施方式划分

根据农民工培训场所和具体组织实施方式可以划分为：课堂讲授、现场培训、工学交替、网络培训四种模式。课堂讲授模式重点强调授课的组织方式和以语言传授为主的培训方法，具体方法包括讲授、讲座、研讨、案例等，适应于以系统知识学习为主的培训；现场培训模式重点强调授课地点在工作场地，以工作场地作为学习情境，以参观考察、情境感知为主，适合于现场直观感知为主的培训；工学交替模式强调理论讲授与实践训练的交叉融合，既可以在学校和企业之间进行交替，也可以理论与实践内容的交替，较为适合以具体技术和综合岗位能力提升为主的培训，是课堂教学与现场教学的整合；网络培训是基于现代网络技术的远程培训。

在实际的培训过程中，各地各培训单位通常根据各自的实际情况将以上两类培训模式进行组合与交叉。

二 农民工培训模式选择依据

在农民工培训工作实践中，选择和借鉴培训模式时要尊重新生代农民工的学习诉求、要体现农民工学习特点、要适合培训内容的需要、要突出培训机构的特点和优势、要符合培训教师的特长。

（一）尊重新生代农民工的培训诉求

前述调查研究表明，新生代农民工与上一代农民工相比具有受教育程度高，认同知识与技能对职业发展的促进作用，有较高的职业期待，学习意愿强烈，在业余时间有一定的学习习惯，在学习机会面前依然看重正规学历教育的特点。在职业培训诉求上有以下特点。

1. 促进就业尤其是高质量的就业是他们接受培训的根本目的

前述调查表明，新生代农民工进入城镇务工的行为选择对绝大多数而言不是一时的冲动，而是一种既定的坚定意愿，也不是仅仅想学点技术这么简单，换言之，学技术也仅仅是手段，不是目的。他们外出打工的目的集中在"开阔眼界，寻求更好的发展契机""赚钱以提高家人和自我的生活水平"和"改变务农的生活方式"三个方面。所以能够顺利就业是他们外出打工的首要任务，只有就业了他们才有可能在城镇立足，从而改变传统的在农村务农的生活方式，提高收入水平，提升生活质量，并有可能寻找到更好的发展契机，获得更大的发展。从这个意义上说，他们接受培训的根本目的也必然是希望有助于促进就业和职业发展。

2. 提高技能水平是新生代农民工对培训内容的首选

新生代农民工外出打工的直接目的是获得经济收入,其依托是就业,在学历水平一定的情况下,尤其是在起始素质都差不多的群体中,在面对就业岗位相似性极高的就业格局状况时,提高自身专业技术水平就是他们最朴素的选择。对他们而言有了技术,获得了岗位资格证书就相当于有了某一领域的敲门砖,在同行中就具有了竞争力。

3. 在培训时机上期望与择业和工作节点相匹配

从促进择业视角来看,培训时机应与工作周期和求职状况密切相关。农民工的工作周期往往以农历新年为中止和起始点。在以春节为分水岭的节后求职高峰期,求职者众,岗位供给也相对充裕,民工们的就业机会和选择余地也较大,其求职的迫切心情和担心错失选择机会的心态使他们不屑于"浪费时间"参加常规性的培训。所以春节后是最不适宜的培训时机,但节后过了正月用人高峰如果还没有找到如意的工作的人,往往降低求职预期,此时是组织有针对性培训的较好时机。

在非择业节点组织的培训要充分考虑农民工的职业特点,农民工群体大多在企业工作,一般不享有正规工作单位职工或所谓正式工所享有的带薪培训待遇,收入多少与在岗与否和工作时间长短紧密相关,所以正常上班期间的长时间培训很少有人能够参加。

4. 对培训机构的选择注重信誉和便利

培训机构是实施职业培训的主体,不同机构在组织方式、运行机制和培训成效等方面差异较大。目前社会上各级各类培训机构较为繁杂,但新生代农民工群体在培训机构的选择上较为理性。在"最信赖的培训机构"的选择上,"有政府背景的人才市场的培训机构"最受欢迎,是"私立社会培训机构"的十倍,其次是"正规院校的培训机构"和"企业或行业协会培训机构"。培训机构的选择倾向一方面体现了公众最看重的是培训机构的信誉,"政府背景"和"正规院校"是培训机构可信度的金字招牌,私人培训机构的规范性有待提高,无论是收费标准、培训内容还是承诺兑现情况都影响到了他们的社会声誉;另一方面反映了我国还没有广泛形成面向社会的行业企业培训机构,行业企业培训机构开展培训一般是面向自身招聘和内部员工需求,大多数人被排除出培训范围。

5. 行动导向的培训方式备受青睐

在培训决策和培训实施过程中，不同的培训方式需要有不同的培训条件和培训情景与之相匹配，这不但影响了学习的热情、学习的成效，更影响到培训后成果的转化。行动导向的培训方式由于更加注重真实的培训情境与培训理实一体化的统一，因而备受青睐。现场培训能够提供真实的工作情境，便于培训成果的转化和应用。无论是"干中学""半工半读"还是"现场培训"，它所体现的是新生代农民工群体在学习方式选择上的实践性取向，说明他们更倾向于短平快、注重解决实际问题的学习方式。

6. 在培训地点选择上更青睐于务工地和用人单位

在培训地点的选择上，人们更多的是考虑方便，但有时也考虑培训地点对培训成效等其他方面的影响。在调查中，选择在"用人单位"接受培训的人数高于在"专门培训机构"接受培训的人数，其考量可能是在用人单位参加培训方便、针对性强，一般也不会影响收入，而在专门的培训机构参加培训尽管质量有保障，但有可能影响收入。选择在"务工地"参加培训的人数是"家庭所在地"参加培训人数的三倍多，说明人们更倾向于在务工地参加培训，这也向注重在农民工输出地进行培训的传统做法提出了质疑和挑战，除非是必需的、有针对性的或是订单式的培训，一般应选择在务工地、在用人单位来进行。

综上，开展新生代农民工培训要按照培训活动5W1H（Why、Who、Where、When、What、How）六要素的要求，充分考虑新生代农民工的培训诉求。

（二）要符合新生代农民工群体的学习特点

新生代农民工群体受教育程度较高，接受能力也较强，但他们毕竟不是学生，他们是有一定工作经历且离开学校一段时间的成人群体，对其实施教育培训时必须要选择符合这一群体学习特点的方式方法，否则事倍功半。

科尔伯认为，人们在学习过程中表现出不同的风格。他根据人们在感知外在信息时偏向于具体和抽象的程度以及学习内化过程中偏向于反思与行动的程度，将学习风格划分为四种类型：抽象感知型、具体感知型、积极型、反思型。在感知外部信息时，对于抽象感知者，学习信息的最好方法是分析，他们更愿意去注意、观察和思考这些信息；对于具体感知者，学习信息的最好方法是直接参与其中，他们更愿意通过做、活动和感觉来感知信息。在处理信息过程中，反思型的人更愿意通过反馈和思考的方法来处理信息，这种方法更能帮助他们搞清信息的含义；积极型处理者选择把知识加以运用，通过直接的经验来进一步测试和处理这些知识。

学习风格理论揭示了人们在学习过程中表现出来的差异性，这种差异既有先天形成的原因，又有后天影响的因素。新生代农民工由于大多数是借以血缘、地缘等关系以同质化的方式共同工作与共同生活，久而久之就形成了较为趋同的学习风格。总体来看，由于新生代农民工群体的学历众数在初、高中学历层次，属于传统"应试教育"机制的"失败者"，所以他们在工作或学习中逐渐趋向于"先做起来再说"，倾向于具体感知和积极处理者的风格，在具体实施培训工作时要注重"情境式""做中学"或"理实一体"模式的选择和应用。

除了学习风格理论外，西方教育界总结了成人学习的十大特点：需要知道学习的目的和原因，才会去学；感觉有现实或迫切的需要，会更愿意去学；对学习内容的实用性和结果尤其关注；对与现实联系密切的知识或信息较易引起注意；乐意在培训过程中有表达个人意见和见解的机会；拥有较为丰富的经验，喜欢新旧知识对比，年纪越大对新生事物接受越审慎；喜欢受到尊重和重视，成人比小孩的自尊心更强；年纪越大，对复杂动作的协调性就越差；成人更容易引起精神疲倦；在学习过程中有一定的独立性，喜欢按自己的学习方式和进度学习，并期望知道学习的结果。新生代农民工是成人群体的一部分，自然也符合这些特点，因此在新生代农民工群体培训模式选择运用以及培训的具体组织实施过程中，要充分考虑这一点。

（三）要顺应人的知识获得与技能成长规律

戴尔"经验之塔"理论揭示了人类认知过程一般遵循"从简单到复杂，从形象到抽象，形象和抽象相结合"的规律，同时也表明，在人类经验积累过程中，"做"的经验既是基础也是根本，是人们获得经验的主渠道。培训作为一种促进或助长人们更好地获取经验的一种举措，其方式的选择也要考虑这一特点。

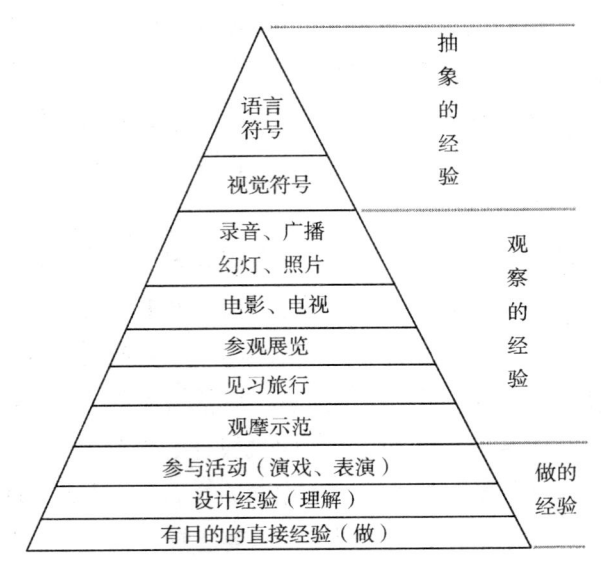

```
                    抽
                    象
          语言       的
          符号       经
                    验
        ─────────────
        视觉符号
      ─────────────
      录音、广播         观
      幻灯、照片         察
    ─────────────      的
      电影、电视         经
    ─────────────      验
      参观展览
    ─────────────
      见习旅行
   ─────────────
     观摩示范
  ─────────────
  参与活动（演戏、表演）   做
 ─────────────        的
   设计经验（理解）      经
─────────────         验
  有目的的直接经验（做）
```

图 11—1　戴尔经验之塔①

对大多数新生代农民工而言，外出务工必须经常面对许多全新的课题，而解决这些课题既没有相应的参照物，又无法与已有经验建立起直接联系，这就需要具备对已有经验的迁移能力和很强的创造能力。北京师范大学赵志群教授认为，经验性学习是培养迁移和创造能力的理想方案。经验性学习的4个阶段是：具体经验—产生联系—抽象升华—应用检验，即在具体经验的基础上，通过反思观察与原有知识发生联系，在反复联系的基础上通过抽象思维由具体抽象到一般，升华为理论知识，在新的环境条件下进行应用和检验，如此反复和循环，提升适应新环境和发现问题、解决问题的能力。

技能的形成与知识的掌握具有较大差异性。赵志群认为：现代工业心理学和工程科学研究成果表明，技术工人在工作中所需的知识、技能和处理实际技术问题的能力等，除少数纯科学技术知识外，多数可以划归到工作经验的范畴之内，即"工作过程知识"。传统学习心理学是建立在"从不知道到知道"这样一个认知过程的，职业学习心理学是建立在"从不会做到会做"这样一个行动过程的，即从"门外汉到专家"这样一个发

---

① 百度百科：《戴尔经验之塔》（http://baike.baidu.com/view/3238311.htm）。

展过程的。所以职业培训的任务,是把处于低级阶段的人通过合适的方法带入更高级的阶段。

对于初入职的新生代农民工而言,如果此前从未接受过类似的职业技术教育和培训活动,是从普通学校毕业即进入职场的话,他需要把原先在学校学到的相对职业而言非常宽泛的知识逐渐向职业领域聚合与凝练,由初学者向高级初学者转变。然后通过实现理论知识的物质存在形式向心理存在形式转化,将条件性知识与本体性知识融合,再将陈述性知识、程序性知识逐渐与工作情境相融合形成具有较强问题解决能力的策略性知识与技能,成长为有能力的工作者。面对纷繁复杂的工作难题,通过工作经验的积累、具有问题导向性的知识学习和对他人实践知识与经验的兼收并蓄逐渐成长为熟练者。把自身积累的大量处于隐性状态的实践性知识转化成显性状态的比较容易被别人认识和接受的理论知识,由知识的消费者向知识的生产者和创造者转变。在这样一个职业成长过程中,需要在不同的阶段接受不同性质的教育和培训,所采取的方法和策略也必然不同。

培训过程与工作过程是两种不同性质的过程,但在培训的具体实施过程中要遵循人在工作过程中的行动规律。工作过程就是工作人员借助一定的工具在特定的工作环境中,根据生产产品的需要按照一定的时间和空间顺序所采取工作行动的过程。一个工作过程的复杂程度和范围是由工作任

工作过程——完整的行动模式

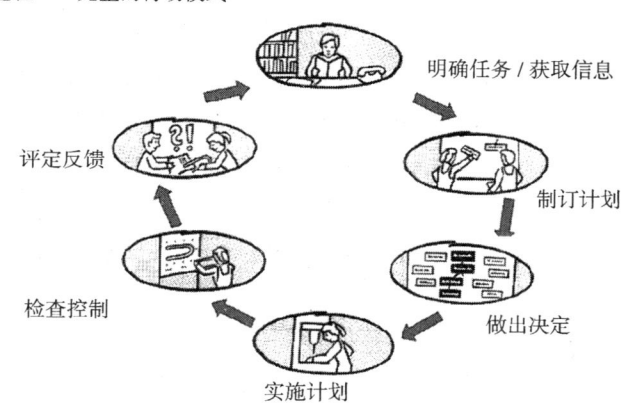

图 11—2 工作过程的六个阶段示意图①

---

① 图 11—2 工作过程的六个阶段示意图来源于北京师范大学赵志群教授讲义。

务的性质、工作单位以及产品的种类决定的。在工作过程中，不同职位、教育和经验背景的人扮演着不同的角色，但他们的工作一般都是按照"明确任务、计划、决策、实施、检查和评价"这一程序进行的，这就是人类活动的完整行动模式，培训过程的设计与实施要遵循这一规律的要求。

（四）要与培训内容的性质相匹配

在遵从人类活动的完整行动规律的同时，在具体的培训实施环节还需要考虑培训内容的差异性。培训内容的选择与确定是遵从培训目的需要的，但从培训的具体内容来看，还要涉及知识、技术、技能的差别，对培训的方式亦有不同要求。

徐国庆在《实践导向职业教育课程研究：技术学范式》中列出了温森提的知识分类，将知识分为三类：描述性知识——是对事实的陈述，比如材料性质、技术信息、工具特征等。描述性知识是形式化的知识，可以采取规则、抽象概念和一般原理等形式进行表述；规定性知识——是以提高工作流程或操作方法效率为中心的知识；默会性知识——是难以用通常形式表达的经验性知识。相对前两种知识，默会知识更多地体现在技术活动中。在培训方法的选择上，前两种知识可以通过讲授、讨论、引导文等以语言文字交流为主的方法，可以沿用传统的信息传播方式或借助多媒体等媒介进行。对于默会性知识需要在导师的引领下但更多的是通过自身在工作实践或实习训练中不断揣摩、感悟而得。

技术包括以科学为基础的技术和以经验为基础的技术。按照米歇姆的技术观，技术应当包括以下四个方面：一是作为物体的技术即技术是指特定的人造物如工具、机器等；二是作为过程的技术即人作为客观主体制造或使用物体的过程；三是作为知识的技术即技术是一种特定形态、结构与性质的知识；四是作为意志的技术即技术的价值体现在人们对它的使用过程中，技术的根本目的在于实现人们基于某种目标的意图和愿望，即人们的某种意志。

一般而言，技术不是一种"静态"存在，它本质上是一种过程和活动。当知识、技能和工具等要素在一定的技术目的指导下有机地结合起来，对材料施加某种影响时，便构成了技术过程，或者说技术活动。按照技术活动要素在技术过程或活动中的组成范式，相应地可以将技术划分为经验型技术、实体型技术、知识型技术。经验型技术是由经验知识、手工工具和手工性经验技能等技术活动要素组成，并以手工性经验技能为主导要素的技术活动范式；实体型技术结构是由机器、机械性经验技能和半经验半理论的技术知识等技术活动要素组成，并以机器等技术手段为主导要素的技术活动范式；知识型技术结构是由理论知识、自控装置和知识性经验技能等技术活动要素组成，并且以技术知识为主导要素的技术活动范式。[1] 这三种技术活动范式在不同的社会历史中所处的地位不同，一般认为它们分别在农业社会、工业社会和后工业社会中占据主导地位，形成相应历史时期的社会技术基础。但这三种技术活动范式又具有内在的历史传承和延续性，在现代社会也都有其存在的空间和作用。

从培训的视角来分析，不管是基于科学的技术还是基于经验的技术，都需要与具体的人联系起来。当人与技术活动范式关联在一起时，可以划分出相应的人才类型。教育部鲁昕副部长在2014年谈到高考改革时说，高考有两种模式。第一种模式是技术技能人才的高考，技能加文化知识；第二种模式就是现在的高考，指学术型人才的高考。"技术技能型有三种人，第一类是工程师，第二类是高级技工，第三类是高素质劳动者。"鲁昕解释说，之前的职业教育只讲技能，随着信息技术的发展和产业升级，技能需以技术为基础。

百度文库文献《技术型人才与技能型人才的概念辨析》中表述，就人才类型而言，目前比较一致的看法是：总的人才可分为学术型、工程型、技术型和技能型四类。其中技术型和技能型人才由职业教育来培养，是职业培训的主要对象，但两者是有区别的。

技术型人才也称工艺型、执行型、中间型人才，他们在生产第一线或工作现场从事为社会谋取直接利益的工作，只有经过他们的努力才能使工程型人才的设计、规划、决策转换成物质形态或者对社会产生具体作用。这种人才又可分为三类：生产类，如工厂技术员、工艺工程师、农艺师、畜牧师、植保技术员等；管理类，如车间主任、作业长、工段长、设备科长、护士长、护理部主任以及行政机关中的中高级职员；职业类，如会计、统计、牙技师、导游、空勤人员、农业生产经营者等。技术型人才要有一定的理论基础，但不必达到工程型人才要求，而更应强调理论在实践

---

[1] 刘大椿：《科学技术哲学导论》，中国人民大学出版社1999年版，第232页。

中的应用。由于他们大都是在生产现场工作,因而与工程型人才相比具有以下特征:一是相关专业知识面要更宽广,如工艺人员除需要工艺知识外,尚须经济、管理等方面的知识;二是综合应用各种知识解决实际问题的能力更强,特别要具备解决现场社会性问题的应变能力,以及一定的操作技能;三是由于生产现场的劳动常常是协同工作的群体活动,因此,人际关系能力、组织能力是这类人才极为重要的素质;四是在人才成长过程中,更强调工作实践的作用。

技能型人才也称技艺型、操作型人才,是在生产第一线或工作现场从事为社会谋取直接利益的工作,主要应掌握熟练的操作技能以及必要的专业知识。他们与技术型人才的区别在于主要依靠操作技能进行工作。技术工人属于这类人才,一些高技术设备的操作者,虽有操作任务,但不能简单地归入技能型人才,尚须分析其智力含量的多寡,才能决定其是技术型人才还是技能型人才。

人才是分类型的,知识、技术与技能之间以及内部也是有区别的,当我们面向不同类型的人员开展涉及知识、技术、技能、态度等不同内容的培训时,也要选择不同的方式方法,以提高培训的针对性和培训成效。表11—2给出了基于不同培训目标的培训方法选择建议,表11—3给出了给予不同培训课程内容的培训方法建议。

表 11—2　　　　　　　　基于不同的培训目标的方法选择

培训目标	培训方法	理由
更新知识	多采用课堂讲授、影视技术等方法	知识性培训涵盖内容较多,且理论性较强,课堂讲授法能体现其逻辑相关性,对于一些概念性的内容、专业术语性内容通常通过讲授,便于学员理解。影视技术可以作为补充。
培养能力	多采用角色扮演、工作指导、案例分析、研讨法等	技能培训要求学员掌握实际操作能力,如销售技能、生产作业技能等,学员经过角色扮演、工作指导等反复练习,使技能熟练到运用自如;对于以培训企业中级以上管理人员的经营决策能力为培训目的的则应选择案例研究法、研讨法,通过案例研究和实践研讨来增强解决实际问题的能力。

续表

培训目标	培训方法	理由
改变态度	多采用游戏等方法	态度培训若采用课堂讲授法会使学员感到空洞；角色扮演又较难体现态度转化课程的内容，如团队精神的培训等。采用游戏培训可以使学员通过共同参与的游戏活动，在轻松愉快的游戏中得到启发，再通过培训顾问在方法上加以引导，将很快转变成学员的主动行动。

表 11—3　基于不同培训课程内容的培训方法建议

序号	培训课程内容	适合培训方法
1	领导艺术	研讨法、角色扮演法
2	战略决策	案例研究、研讨法等
3	管理常识	课堂讲授、影视技术等
4	产品知识	课堂讲授、影视技术等
5	营销知识	课堂讲授、案例研究等
6	财会知识	课堂讲授、影视技术等
7	跨国经营	案例研究、研讨法等
8	品牌管理	案例研究、研讨法等
9	管理技能	角色扮演等
10	作业技能	工作指导、工作轮换等
11	人际沟通技能	角色扮演等
12	创新技能	研讨法、工作指导法等
13	商务谈判技能	角色扮演、研讨法等
14	销售技能	角色扮演等
15	服务技能	角色扮演等
16	团队精神	游戏法等
17	服务心态	游戏法等

（五）要与培训机构所具有的培训资源相适应

徐国庆和赵志群从不同的视角阐释了同一问题——培训情境问题：培

训的过程应与工作过程相匹配，培训的方式要与用人单位的劳动组织方式相适应。徐国庆（2004）认为，工作过程所需要的知识可称为工作知识，其形成主要有两个来源：一种是在工作实践中"生产"出来的，这部分知识即工作诀窍；另一类知识是学科知识在工作过程中应用的结果。无论哪种类型的工作知识，其存在形式都与以学科为载体的学科知识完全不同，它是依附于工作过程的，所以在培训时，如果能按照工作过程的要求组织培训活动就能够提高培训成效。赵志群（2003）认为，劳动组织方式是指在生产、管理、服务和经营过程中劳动者与劳动工具之间的关系，它是通过劳动者承担不同的工作任务和应用不同的劳动工具来区分的。事实证明，采用相同的技术和不同的劳动组织方式，对生产力的促进程度有可能是完全不同的。不同的企业有不同的劳动组织方式，即使是技术水平处于同一层次的企业由于劳动组织方式的不同对培训的具体要求也有差异。

通常来说，知道培训应该怎么做是开展培训工作的前提，但实际怎么开展要受培训机构自身资源条件的限制，也就是说，具体组织培训时选择什么样的培训模式还要与自身具有的或能够统筹的资源相适应。

现实中各培训机构具有不同的资源优势。职业院校具有充裕的培训场所和较好的地理位置，掌握系统理论知识的教师充裕，但其实践指导教师、实训场地以及真实性的工作情境等资源较欠缺；社会培训机构既不具有职业院校宽阔的教室和场地，也不具备企业培训机构的现场优势，但协调社会资源能力较强，机制灵活，如果认为必须可以聘用适合的老师、租赁适宜的场地；企业培训机构对企业生产特点的了解以及拥有的真实生产情境是其他机构所不具有的绝对优势，不足主要体现在有相当一部分中小企业自身不具备培训组织与实施能力，同时有一部分具有培训机构的企业由于受生产经营状况以及高级管理者的影响，培训组织的变数较大，培训教师队伍的稳定性和充裕性不高。

不同的资源优势也就决定了在由各类培训机构组织培训时，必须考虑各自的资源优势，选择适当的培训方式和方法。如职业院校应以组织知识素质类、管理类培训为主，社会培训机构应以短平快的急需紧缺的技能类培训为主，企业培训机构应以与工作岗位需求密切的培训为主。图11—3是韩国职业培训由不同机构承办的示意图，可供借鉴。

(六) 要与教师自身的特性和优势相适应

选择什么样的培训模式，除了外在的客观条件和要求外，最主要的还是跟实训教师自身的特点和优势有关。理论上我们可以为采取某种模式选聘相应的教师，但在实际的培训环节往往受多重因素制约，先有教师，然后分配培训任务。所以我们不能忽略教师这一核心要素。

从培训教师的来源来看，可以分为内聘讲师和外聘讲师，内聘讲师又包括专职讲师和兼职讲师。外聘讲师也分为两类，一类是学院派，即职业院校或相关研究机构人员，在理论方面有相当的造诣；一类是实战派，即有在企业生产经验管理一线的工作经验，有经过多年历练总结出来的实战经验。

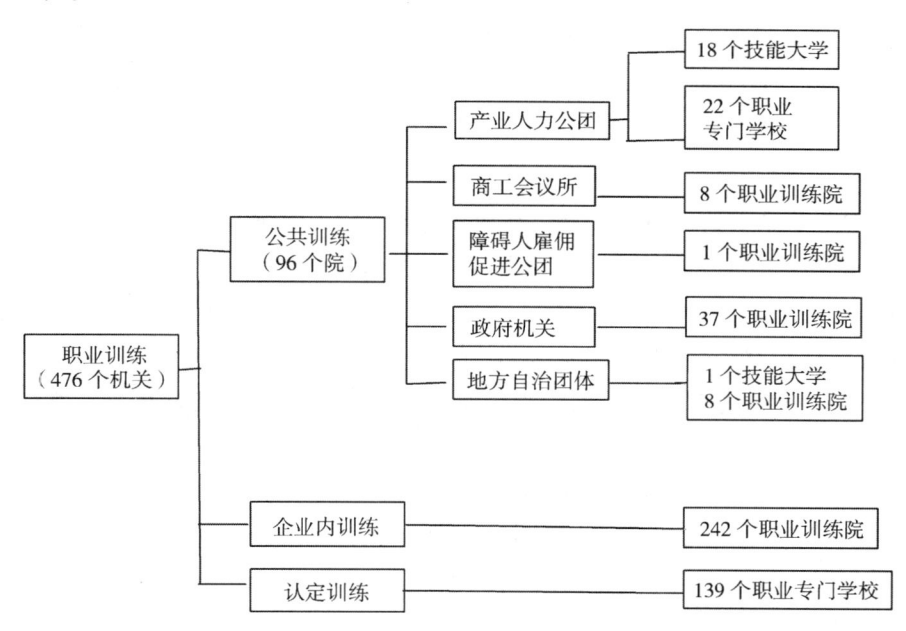

图 11—3　韩国职业培训机构体系示意图[①]

不同领域和类型的教师由于各自优势不同，在同等资源条件下可以有各自不同的模式选择倾向。一方面要根据培训需要和不同领域教师各自的特点进行匹配式选择；另一方面也要根据教师自身现有条件和培训需要对教师提出相应的要求和改变。

---

① 毕结礼：《韩国职业培训体系及其运行》，《中国培训》1999 年第 3 期。

第二节 基于不同培训主体的培训组织模式

培训组织模式主要是指培训主体间相互沟通协作的培训运作方式，目的是在区域一体化职业培训体系框架内，更好地发挥主体间的协同作用，提高培训组织运作效率。

一 政校企合作模式[①]

自2004年以来，国家出台了一系列惠农政策，对农民购买农机器具给予一定的补贴，极大地促进了农机制造业、农机销售业和农机修理业的发展，但随之而来的是对"技能型"农机人才的大量需求。吉林省四平市采取了"政—校—企"合作培训农民工的新模式有效地解决了这一问题。

（一）运作方式

"政—校—企"农民工培训模式是指政府部门（四平市农业委员会，下同）、培训学校（吉林农业工程职业技术学院）和农机企业（农机制造商、农机销售商等）联合举办农民工中专班，培训对象为35岁以下的农民工或打算进城务工的农村青年，毕业后主要从事农机制造、农机销售、农机维修和农机管理等工作。具体采取半工半读、半农半读形式，对于已经在城里务工的农民工，采取半工半读形式，根据个人实际情况安排培训。对于在乡的农民，采取半农半读形式，农忙时回乡里干农活，农闲时进行培训。学历教育与职业资格证培训相结合，采取弹性学制，学制暂定为3—4年。采取学分制，对于学制内达到规定学分的学员发给中专毕业证书；达不到规定学分的学员，要求其参加职业资格证考试，考试合格者由劳动部门发给相应的职业资格证。

（二）各自职责

1. 政府职责

政府的职责主要包括组织生源、协调实验设备和实习工作两个方面。例如，四平市农业委员会通过电视、广播、报纸、宣传单等形式宣传招

---

① 刘才：《四平市"政—校—企"农民工培训模式探讨》，《湖北农业科学》2013年第2期。

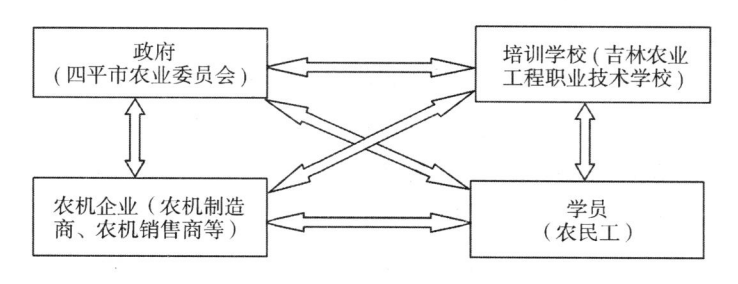

图 11—4 "政—校—企"农民工培训模式

生。要求宣传到村、到户，做到家喻户晓，适龄青年人人皆知。组织生源工作由四平市农机监理处负责。农民工培训班所需要农机器具和有关实验实训设备由政府有关部门与农机制造企业或农机公司协调免费供给或租借给学院使用。农机操作技能训练是通过单项实习和顶岗实习来完成的，农机实习需要大量的农机器具和土地，培训学校自身很难解决。因此，为了搞好农机实习，由政府有关部门出面协调，由各乡镇农机管理站或农机监理站负责将学员安排到各农机合作社和农机大户进行实习。

2. 培训学校职责

（1）培训学校负责学员录取、学籍管理、职业资格证和毕业证办理工作。在农民自愿报名和乡镇、村组织择优推荐的基础上，依据中专招生有关文件精神，到省招生办公室办理录取工作。学员的学籍由学校管理。学员在校期间，学校组织学员参加职业资格证考试，考试合格者由学校负责办理职业资格证。学员学习结束时，达到规定学分者发给中专毕业证书；没有达到规定学分者发给培训证书。毕业证书由学院负责办理。（2）培训学校要负责制定和实施培训计划。针对培训对象的特点、培训目标和四平市农业机械化水平现状，由吉林农业工程职业技术学院和四平市农业委员会从实际出发，本着"干什么，学什么；缺什么，补什么；要什么，给什么"的原则，共同开发课程和教材，共同制定培训大纲，共同制订培训计划。培训计划制定后，由培训学校组织实施。（3）培训学校要负责推荐就业。学员毕业后由培训学校负责推荐到农机企业就业。对于部分愿意回原地发展的学员，给予享受市、县两级政府专门制定的优惠政策的权力；愿意到城市里就业的，由学院负责推荐到相关企业就业。

3. 农机企业的职责

农机企业是指农机制造商、农机销售商和农机修理厂等，其工作涵盖多个方面。(1) 为培训学校提供农机器具和实验设备。举办农民工培训班需要农机器具和实验实习设备，为了提高农民工的实践技能水平，农机企业将农机器具和实验实习设备免费、低价收费或租赁给培训学校使用。(2) 为培训学校提供师资。近些年来，农机专业大学毕业生很少，职业院校缺少农机专业教师资源，农机企业的工程技术人员可作为培训教师。(3) 接收学员实习和顶岗实习。实践技能的习得离不开实习和顶岗实习，农机企业是农机专业学员最好的实习基地。根据三方的协议，农机企业有责任接收学员实习和顶岗实习。(4) 优先录用学员。当农机企业需要员工时，优先在培训班中录用员工。

二 非政府组织与社会培训机构合作或独立开展培训的模式

较为典型的是富平家政学校探索的"民办公助"培训模式和中华职教社主导的"温暖工程"。

（一）富平"民办公助"培训①

北京富平家政学校成立于 2002 年 3 月，该校是由著名经济学家茅于轼和汤敏集资 40 万元创办的非营利组织，以扶贫和社会发展为己任，主要开展以家政服务员职业技能培训和就业服务为主。"富平"——让平民富裕起来。富平学校的股东投资不分红，办学收入用于学校发展。2002 年 8 月，在学校运行之初，为了提高学生的信任度，解决招生难问题，学校负责人与安徽省政府正式签署协议，省扶贫办给每位农民工出资 800 元，资助他们到北京的路费和培训费用，标志着"民办公助"模式的开始。富平学校最初实行全免费培训，导致了一些学员不珍惜培训机会的问题，于是富平对于学员培训有了收费要求，从"零门槛"变成"低门槛"。每位学员需要交 400 元钱，自己先交 150 元，剩下的 250 元从以后的工资里扣除，地方政府补助每人 200 元。2003 年年底，由国务院扶贫办、福特基金会、富平学校和世界银行共同召开研讨会，介绍富平模式，国务院扶贫办相关领导特别对富平"民办公助"的模式给予肯定。此后，

---

① 本部分是基于对富平学校办学的公开资料结合富平家政学校网站内容整理而成。

富平又分别与甘肃、湖南、河南省扶贫办签订协议，合作组织贫困地区农民进城培训就业。

富平家政在北京通州区建有培训场所，家政服务员上岗前，要在此接受为期 2—3 周的封闭式岗前培训，家政岗前技能培训共 210 学时，包括家政基础课程、育婴员课程、养老护理课程与综合素质课程四大模块。针对家政工作实践性强的特点，培训分为理论课、实操课与模拟课，老师对理论、案例讲解与学员实操并重，学员通过考核取得相应上岗资格。在北京市内设有 4 个就业门店，可帮助所有经过培训的毕业学员找到家政服务工作并保障学员的合法权益。为了帮助处于弱势地位的学员，富平通过预收客户一个月的工资，给客户与学员每人一张银行卡，客户将工资打入卡中，再通过富平转入学员卡中，以保证工资按时发放。为了解决学员的不适应以及与客户的纠纷，富平建立了督导制度，招聘北京市民担任督导员，定时家访，了解情况，协调关系，解决矛盾。

自成立以来，富平家政一直致力于帮助中西部贫困家庭的女性在城市实现体面就业和发展。截至 2014 年 6 月，培训就业了 27000 名家政服务员，其中 90% 来自偏远地区，累计为 12000 余户北京市居民提供了放心、专业、有保障的家政服务。

（二）中华职业教育社主导的"温暖工程"培训①

中华职业教育社是主要由教育界、经济界、科技界人士组成的群众团体，是党和政府团结、联系国内外职业教育界人士的桥梁和纽带。中华职业教育社 1917 年 5 月 6 日由著名爱国民主人士黄炎培先生联合蔡元培、梁启超、张謇、宋汉章等 48 位教育界、实业界知名人士在上海创立。中华职业教育社以倡导、研究和推行职业教育，改革脱离生产劳动、脱离社会生活的传统教育为职志，以"谋个性之发展，为个人谋生之准备，为个人服务社会之准备，为国家及世界增进生产力之准备"为目的，追求"使无业者有业，使有业者乐业"的理想，倡导"双手万能，手脑并用""敬业乐群"的教育理念，有力地推动了中国近现代职业教育事业的发展。

1994 年，时任全国人大常委会副委员长、中华职业教育社理事长孙

---

① 中国报道：《温暖工程"使无业者有业，使有业者乐业"——访中华职教社总干事陈广庆》（jrcj. Chinareports. org. cn/news－1510－1599. html）。

起孟,响应时任中共中央总书记江泽民关于希望各民主党派和党外人士,协助党和政府解决城乡大批富余劳动力安置就业问题的号召,提出实施温暖工程的设想。该设想得到了中华职业教育社以及社会各界人士的积极响应。在中央统战部的大力支持下,中华职业教育社于1995年1月正式启动实施温暖工程。温暖工程在实施过程中,得到了社会各界的广泛支持,与香港培华教育基金、香港恒基集团公司、上海湘江实业公司、新加坡金鹰国际集团、可口可乐(中国)有限公司、韩国斗山集团等一些著名企业结为"温暖工程公益伙伴"。

温暖工程通过动员社会优质教育资源为申请受助者提供服务,由项目实施地在当地选择具备条件的职业培训机构,并委托他们对学员实施技能培训。实施有针对性的农民培训,协助政府推动农村富余劳动力转移;资助城镇下岗失业人员接受职业培训;开展特殊群体的职业培训;开展面向贫困家庭子女的助学活动;开展公益性职业指导和职业介绍;其他符合温暖工程宗旨的项目。温暖工程采取项目制管理模式,建立首席责任人制度、项目督导员制度、台账制度、受益人举报制度、公示制度、检查验收制度、项目评估制度等相关制度,做到契约化实施、动态监控、过程公开与效果可评估,保证项目资助绩效的最大化。

在温暖工程的基础上,2011年10月,由中华职业教育社发起并经国务院批准正式设立了中华同心温暖工程基金会,这标志着我国职业教育公益领域的唯一一家全国性公募基金会正式诞生,为温暖工程健康、稳定、快速发展提供了更广阔的平台以及强有力的资金保障,大幅提高了"温暖工程"的普惠度。陈广庆总干事在谈及"温暖工程"20年的成就时谈道:"自温暖工程公益项目建立以来,已经陆续在全国26个省(自治区、直辖市)900多个县开展了温暖工程项目,建立温暖工程基地114个,累计培训各类人员1215.86万人次,帮助320万人实现就业,资助贫困生67.83万人,资助金额达7.3亿元。

三 校企合作模式[①]

梁秒法等学者认为,农民工在社会生产中发挥着重要作用,但是其总

---

① 梁秒法等:《基于校企合作的农民工培训模式和管理机制探索》,《机械职业教育》2013年第9期。

体技能水平不高、素质偏低等问题，成为制约产业升级和经济社会可持续发展的瓶颈之一。但在长期的农民工培训实践中，职业院校和企业缺乏有效的沟通与合作不利于高技能应用型人才的培养，建议采取校企合作的培训模式。

（一）校企合作的农民工培训模式构建与实施

构建真实或仿真的职业环境，有利于学员在职业活动环境中开展学习。为了培养应用型人才，教学内容基本上要达到以企业真实案例作为教学项目，强调过程真实性和实用性。以机械专业为例，项目包括制造工艺、夹具设计、检验测量操作等学习工作任务，知识覆盖面广，为"技术＋管理"的复合型人才培养作了很好的探索，实现"就业到岗位的零过渡"的培训目标以满足市场对人才的要求。建立起具有生产能力、满足教学、培训需要的生产性实训基地，是把培训、教学和生产，以及社会服务紧密结合在一起的新型培训模式，是把培训课堂设在生产现场、把生产现场、工作内容搬进课堂的创新型模式。此模式实现了具有"双师"素质的学校专业教师和企业一线技术工人共同为培训学员授课，既讲解书本理论知识，又将企业中的实际生产经验穿插其中，解决学校专业教师工程实践经验不足、学员顶岗实习等生产性实训的问题；形成规范的实训教材，开发一系列培训项目教材，工学结合特色教材。学校主动把企业生产目标与学校、培训机构的目标结合起来，提高企业产学结合建设基地的积极性，坚持与知名企业实现稳定合作。通过"生产性实训""准就业"模式、"行动导向""以师带徒""开放式、自主式、协作式学习""案例法""岗位化"教学模式等，培养学员全面素质和综合能力，尽快适应岗位，达到企业要求。

探索"1＋1"培训模式，实现"高素质、高技能人才"培养的目标，以"校企一体化"中"校企"为平台，实现人才能力培养的"螺旋式递进"。在人才培养模式上，以学员上岗为导向开展教育。其"1"为由学校和企业共同指导完成，共建"校中厂"生产性实训基地，企业技术骨干驻校指导学生实习，学生在校内进行生产性实习，主要进行基础性技能和单一技能训练，在学校专业老师及企业师傅指导下进行部分工序的生产性实训。其另"1"为实现高职院校走出去、把培训教室搬到工厂，和企业共同创办"厂中校"，为学生轮岗实习和顶岗实习创造机会，参与企业技术开发、攻关、试制等，成为企业的准员工，进行综合技能的生产性实训，同时结合工作岗位、工作内容进行提升。

在师资建设方面，采取"走出去，引进来"的方式，实行师资互聘、互访制度。参与互聘的教师不仅限于在校内进行培训上课，还将到企业参与现场学员的指导，开展学术研讨会、讲座等，同时，教师在教学培训过程中经验得到提升。企业有丰富经验的师傅参与学校的专业建设、组建学术团队以及培养学员实际动手能力、经验介绍等其他工作，其工作量都折合成课时。企业可借助学校高级专家进行新产品开发、试制，开发具有自主知识产权的产品，提升企业品牌及竞争力。教师互聘，可优化教育资源的配置，提高培训工作质量。"教师互聘"不仅能有效缓解高职院校培训量扩张带来的师资结构性短缺的矛盾，同时也能够有效降低学院的办学成本，是实现院校间优势互补、提高教学质量的重要举措。建立有序的、持久的教师互聘、互访机制，是实现结构优化的一个新平台，它实现了校厂间的优势互补、搭建了一个"人才培养立交桥"。

从实施保障方面来看，首先，农民工培训应加强政府指导和扶持。统筹规划，明确责任，完善组织领导体系，加强部门间协调沟通，建立政府牵头、部门相互配合、社会各方参与的工作机制，并且要充分发挥高职院校培训农民工的积极作用。其次，要通过整合教学资源，进一步优化整合培训基地。针对农村劳动力资源现状，做好劳动力市场需求预测，动态的调整培训方向。根据国家职业标准和不同行业、不同工种、不同岗位对从业人员基本技能和技术操作规程的要求，安排培训内容，设置培训课程，加强培训内容针对性。最后，要创新培训方式，提高培训质量，教学方式上要力求适合农民工的层次和基础。另外，要通过多种形式、多种渠道宣传农业科技培训和农民工转移培训的重要意义，为进一步搞好农民培训工作营造良好氛围。

(二)"校企一体化"的农民工培训管理机制

职业院校培训工作要努力推进办学体制、机制改革，探究建立"校企一体化"的各种运行模式，制定"校企一体化"的相关机制和制度，促使校企深度融合，为深化教学改革提供保障，真正做到"融专业入产业"，为培训模式改革和企业员工技能培训改革服务。拓宽学校的办学空间，激励企业参与合作的积极性和动力，加强高职院校与行业企业的共建合作，实行多种形式的联合办学。依托校企合作办学机制，深化管理制度改革，制订完善的相关制度、流程及考核制度。以责任和利益的双向驱动，研究双师素质、岗位聘用管理、教师专项激励、兼职师资管理的制度，校企教师互聘制度，提升专兼教学团队的质量；通过设制定规、设限定标、设项定责，推动专任教师主动为企业行业服务并进入企业进行技能、技术、管理项目进修，在校企合作项目实施中提升双师水平。制定专项制度，激励企业兼职教师参与学院的专业建设和教学活动，分析校、企、个人之间的相关性，建立各方的义务及权利、职责，设置相应的管理权、相应的管理部门。加强内部人财物和运行机制的管理，明确基地定位，把基地建设成管理规范、运行高效的公共服务平台。建立相关文件、制度，做到有章可循。

学校要建立产学研合作委员会，组建成人教育学院、产学合作办公室和系分管领导、产学研合作秘书等三级管理组织体系，成立分管校长主抓的组织机构。由成人教育学院、产学办牵头具体确定战略思想和制订发展规划，牵头组织教师深入企业、产业、行业调研，在与企业的接触中及时捕捉合作信息并进行发布，在沟通中创建合作平台。负责单位介入学校的服务和管理工作，并签订规范的框架合作协议，明确权责。主管部门对出资者承担资产保值增值责任，内部逐步形成责权分明、管理科学、激励与约束相结合的管理机制，激发各方的积极性和动力。成人教育学院和产学办还负责协调各系部间的合作工作，合作实施的主体是系部，通过考核评估等奖惩措施保障产学研合作项目的执行，只有各系部的积极行动才能促使产学研合作落到实处。产学办在负责联系相应的政府职能部门同时，还要积极争取各项政府扶持、优惠政策等。多方共同建设实训基地，基地成立专门监督纪检部门，负责监督基地资金的筹集及实施，并聘请相关的法律顾问，对建设过程中的法律问题予以咨询。主管部门应加大对基地贷款管理的宏观监控力度，加强对基地及管理者资金使用，加强对培训工作资金使用、收入分配等问题上的监督。运行和管理机制框架见图11—5。

通过对依托职业院校农民工培训工作的研究，探索了基地建设的模式和相关的管理机制。通过研究发现，生产性实训基地建设能实现"学业到就业零过渡，就业到岗位零过渡"的目标。加强与企业的合作联系是高职院校可持续发展，建设高水平实训基地的发展之路。

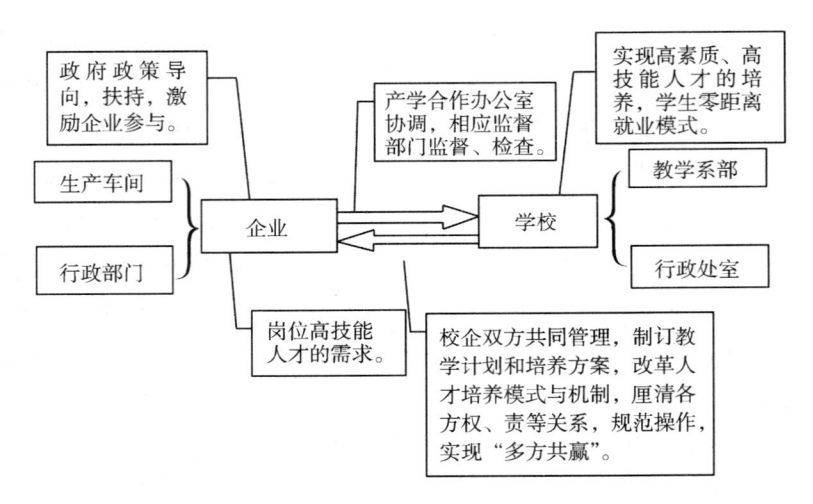

图 11—5 "校企一体化"运行和管理机制框架

"校中厂，厂中校"人才培训场地，为学员在真实的生产环境中进行实训实习和企业员工职业技能培训提供良好的平台，将企业中的实际生产经验穿插其中，解决专业教师工程实践经验不足问题；破解高职院校和企业双向需求难以得到解决的困境，同时，减轻企业培训经费负担，避免学校重复建设实训室，提高学校与企业的核心竞争力。

"师资互聘、互访"的师资建设方案，能缓解培训机构培训量扩张带来的师资结构性的矛盾，实现校厂间的优势互补。

构建符合"校企"双方利益、权责的运行、管理机制，有效实施"校企合作"的生产性创新性培训模式，实现人才能力培养的"螺旋式递进"和培训过程的实践性和职业性，使以"高素质、高技能"为目标的农民工培训工作真正收到成效。

四 订单委托培训模式

企业参与是实施"订单式"培养模式的关键。采用"订单式"模式培养人才，企业按照岗位提出培养要求，提出用工需求、教学要求和相关资料，由职业院校教师依此为依据确定教学内容并转化成培训课程。培训时，由企业选派工程师到校讲课，将岗位要求、员工的素质要求、企业文化、企业理念教给新生代农民工，从而保证学校、企业与培训人员的良好衔接。"订单式"培养是职业院校实施新生代农民工教育培训的一种共赢的合作模式。通过"订单式"人才培养，高职院校在招生过程中，就会吸引更多的新生代农民工参加培训，通过"订单式"培养，新生代农民工在培训合格后可以直接到企业工作，使他们成功就业。在"订单式"培养中，企业的订单也是新生代农民工积极参加培训并成功就业的关键。通过参加培训，可以使新生代农民工成功就业、增加了收入、生活水平得到提高、生活方式得到改变，甚至融入城市生活当中去，实现他们生活、就业的愿望。①

格力空调作为世界知名品牌家喻户晓，湖南格力是格力集团在湖南区域的销售商，年销售额达35亿元，全省售后技术服务网点2000多家，旺季所需空调安装维修工超过1万人，庞大的市场为农民工提供了大量的就业机会。湖南省劳动人事学校作为湖南省高技能人才培训基地、农村劳动力转移培训基地，与湖南格力合作开展了四期格力空调安装维修农民工培训班，先后有300多人进入格力售后网点就业，工作稳定，收入高，既探索了一条"校企合作、订单培训"的新模式，也收到了良好的社会效果。②

（一）校企联合，广泛宣传

农民工由于信息不畅，想参加培训，但很难找到自己心仪培训的机构和项目。因此广泛宣传，正确引导，是做好农民工培训的首要工作。

2008年受金融危机影响，沿海加工企业停工停产，湖南出现了上千万农民工返乡，为缓解政府压力，学校与湖南格力联合，制订了返乡农民工培训计划和宣传策略，制作了招生宣传手册和广告牌，向湖南农民工发布免费培训和就业信息，首期培训班于2009年3月开班，6月份顺利进入企业就业。

（二）校企合作，共建实训基地

2009年上半年，湖南格力提供价值近20万元的空调设备，在校内建立了格力空调展示大厅、格力空调维修实训室，由学校出资新建格力技能培训多媒体教室。湖南格力还将其在长沙的华维、天长、拓基、白源、河

---

① 娄玉花、徐公义：《开展新生代农民工教育和培训模式的研究》，《中国职业技术教育》2013年第30期。

② 黄升平：《探索校企合作订单培养的农民工培训模式》，《科协论坛》（下半月）2014年第4期。

西等几个规模较大的售后服务中心作为培训学员实习基地,从设备和场地上充分满足了农民工的培训需求,技能培训更具有针对性、可操作性和实效性。

（三）双方参与,共同教学

学校针对格力空调产品,开发了"格力空调技术培训教程"作为培训教材,选用格力总厂有关格力空调安装维修培训的课程资源,进行现代化教学。教学过程以职业岗位工作过程为导向,采用项目教学、现场教学、案例教学,运用多媒体手段,理论教学与实践操作相结合,理论教学由学校专业教师担任,操作实训、模拟岗位工作,由湖南格力专业技术人员担任技术指导,通过培训学习,所有学员都能基本掌握维修岗位工作要求。

（四）职业考证,持证上岗

在培训过程中,严格按照国家制冷设备维修工（初级）职业标准组织教学,培训的学员通过校内2个月的系统理论学习、操作实践和校外1个月的岗位实习后,统一参加国家职业资格制冷设备维修工（初级工）证书和制冷维修工特种设备上岗证书考核,考核合格安排到全省各售后技术维修单位就业,考核不合格人员须参加下一轮培训。

（五）订单培训,保证就业

湖南格力年销售产品30多亿元,售后安装维护工作量大,售后服务网点两千多家。学校在开展农民工培训过程中,充分利用隔离的售后网络优势,每月定期收集全省各网点用工信息,签订合作意向,保证了参培合格农民工顺利进入格力系统对口从事空调安装售后相关工作,实现了企业、学员的双赢。

第三节　基于不同培训媒介（场景）的培训实施模式

培训实施模式是指培训机构在不同的培训地点具体实施培训行为时综合考虑培训目标、培训内容、培训情境、培训资源、培训教师和培训对象的特点与需求等所采取的培训要素组合与结构方式。根据培训地点不同可以分为课堂培训模式、现场培训模式、理实一体化培训模式、远程培训模式四种类型。

一　课堂培训模式

我国现在较为传统也较为普遍的培训模式是基于传统课堂情境下的以知识传授、角色认知、智能提升为主的培训模式。在课堂培训情境下可以根据培训师和学员主体作用的发挥程度划分为以教师为中心的培训模式和以学生为中心的培训模式。

（一）以教师为中心的培训模式

发挥教师知识传播的主体作用，依托培训教师的经验与才干，由教师去统筹各种媒介与资源，以讲授、设问、答疑的方式进行知识传授，统领培训过程、掌握培训进度。其培训成效的高低与培训师自身的知识与技能素养以及知识传播艺术水平高低有关。此种模式适用于认知性的知识与技术技能培训，有助于在较短时间内掌握较多的知识，形成一般的认知技能。对于初入职场求职的新生代农民工进行职业引领、入职培训或进行职业领域知识更新、一般技能提升较为适用。

在以教师为中心的培训模式中，最常见的是讲授法。教师是课堂的焦点，在整个教学过程中起主导作用。

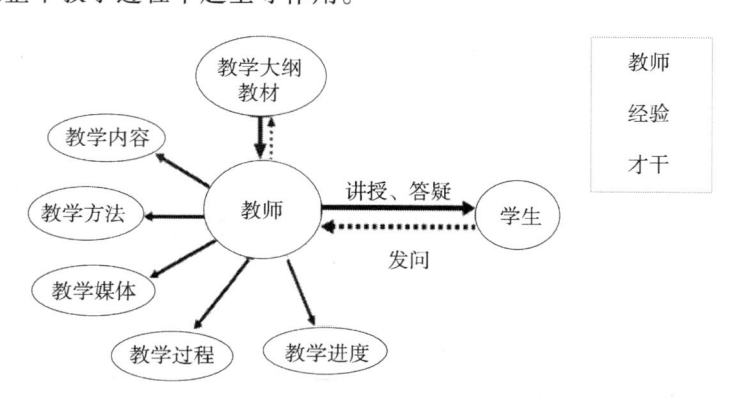

图 11—6　以教师为中心的授课模式图

讲授法是教师通过语言系统连贯地向学员描绘情景、叙述事实、解释概念、论证原理和阐明规律的一种授课方法。由于语言是传递经验、交流思想的主要工具，故它是教学的一种主要方法，其他教学方法的运用，几乎都需要讲授法的配合。

讲授法是一种基于传统认知理论的教学方法，教学过程中以教师讲授为主导、学员认真听课并积极思考，其有效活动过程如下：

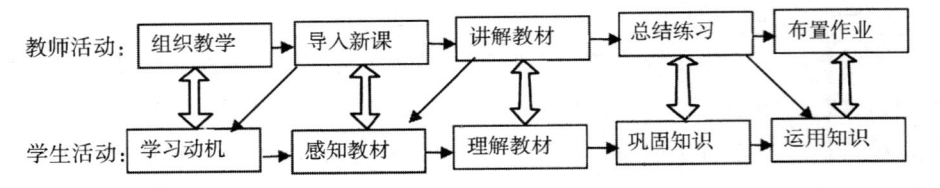

教师活动：组织教学 → 导入新课 → 讲解教材 → 总结练习 → 布置作业

学生活动：学习动机 → 感知教材 → 理解教材 → 巩固知识 → 运用知识

（二）以学员为中心培训模式

由学员直接面对学习对象，在教师引导下自主统筹运用各种学习媒介和资源，在教师统一要求下自主决定学习过程。此种模式可以充分发挥学员的主观能动性，可以充分照顾到学员之间的差异，对新生代农民工群体中责任心强、学习积极主动、有一定学习基础和能力的人较为适用。

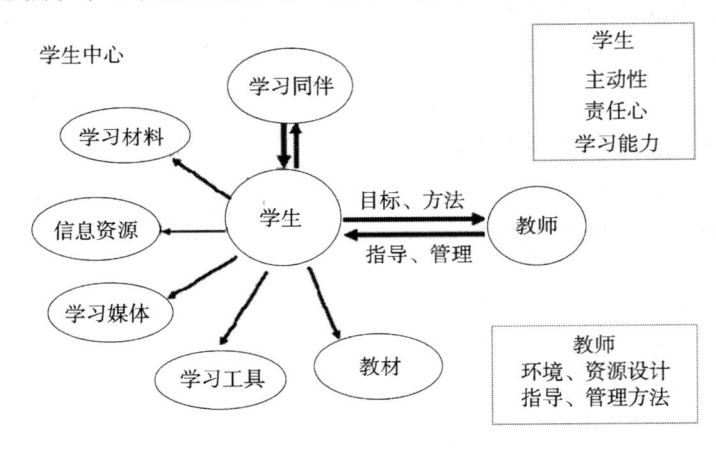

图 11—7　以学生为中心的授课模式图

在以学员为中心的培训模式中，教师经常选用的培训方法有：讨论法、角色扮演法、引导文法、游戏法等。在培训过程中，学员处于活动的中心，以平等身份与教师互动。

二　现场培训模式

现场培训模式一般是指在生产现场进行的以提升员工职业岗位能力为主的培训。这种培训往往是在企业利用工作车间的现有生产线进行的观摩性或实操性培训。培训活动就在个人的工作现场进行，有些时候培训活动还和生产结合在一起，培训不影响企业生产。但由于能在生产现场参加培训的学员往往是本企业员工，服务面较窄，所以一般把现场拓展为除了生产现场外还包括企业、职业院校和社会培训机构建立的有一定（或模拟）生产和经营功能的（模拟）生产现场或实训中心。适合于在这些场所进行的培训组织方式就属于现场培训的范畴。

从培训组织来看，影响现场培训组织方式的除了场地的特点以外，更主要的取决于在岗状态。以职业生涯为轴线，农民工职业培训可分为职前、入职和在职培训三个阶段；以在岗状态为标准，农民工职业培训可分为离岗培训和在岗培训。在职业搜寻阶段的职前培训通常是带有自主定位性的培训，缺乏明确的岗位指向性，一般是由职业院校和社会培训机构承担，主要采取反复训练以提升技能的方式。在入职阶段的培训（包括入职前的订单培训）一般瞄向准职业岗位，有一定的技术技能要求，大多由企业培训机构或企业委托相关机构完成，一般采取参观、实习的培训方式。这两类培训一般都属于脱岗培训的范畴。在职培训属于职业岗位能力提升培训，岗位针对性强，目标明确，企业一般视培训性质、内容、对象不同，可以采取脱岗或在岗培训策略。可见，在不同的职业阶段可以有不同的在岗状态的培训，不同在岗状态的培训一般由不同的机构承担，有不同的培训情境，采取的培训策略也不同。

（一）脱岗培训的模式

学员脱离生产岗位而接受的现场培训有两种方式，一是通过参观等直观感知的方式促进学员在对比与思考中达到开阔眼界、解放思想、转变观念、获得启发的目的；二是通过实习操作、模拟工作情景等反复技能训练的方式促使学员掌握操作要领、形成技能技巧。在这种培训模式中，培训师所起的作用是引领、指导和示范，学员是真正的学习主体，进步快慢以及进步的程度主要取决于学员自身。

脱岗培训经常采取的培训方法包括参观法、练习法、情景模拟法等。练习法的活动范式如下：

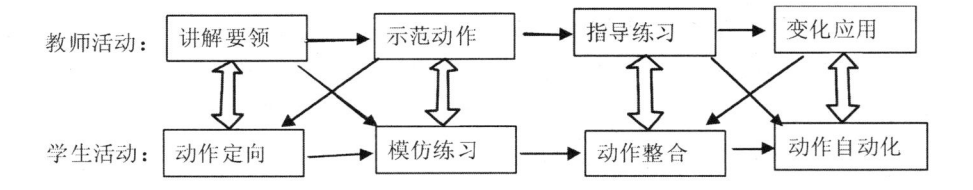

教师活动：讲解要领 → 示范动作 → 指导练习 → 变化应用

学生活动：动作定向 → 模仿练习 → 动作整合 → 动作自动化

（二）在岗的培训模式

在岗培训模式是学员不离开自身工作岗位的一种培训模式。赵志群称为"现代工作岗位培训法"。他认为，为了提高生产服务灵活性和降低成本，现代企业普遍大力推广团队工作方式，在弱化岗位职能的同时，要求员工对整个工作过程有更深入的了解。岗位培训可以缩小实际工作过程与教育培训之间的差距，可减少所学知识技能的迁移性困难。在岗培训模式的参与者一般是处于同一工作领域的同事，牵头人是受过专门培训的普通员工，而不是领导或培训专家，员工学习带有较强的自组织性，探讨的主题大多与生产过程中的实际问题或技术攻关有关。

较为有代表性的在岗培训模式有质量小组、学习车间、学习岛和轮岗培训等。"质量小组"是日本20世纪50年代创立的，它是由3—10个同事组成工作小组，定期短暂聚集在一起，讨论特定的或现实的题目、问题以及工作任务，提出解决办法并通报给有关部门。"学习车间"是由德国宝马公司与Hoechst电气公司共同创办的，目的是促进基础较弱的职工针对岗位需求自我学习。企业为员工创设一个可供学习的车间，职工就共同的问题组成有一定期限的小组，在工作时间定期、自愿在工作岗位附近的"学习车间"里碰面，讨论解决或提高方案。"学习岛"是企业大量推广小组生产方式后，在工作岗位附近设立的一种"学习化的工作岗位"。人们从整个生产过程中找出或专门设计一些特定的生产步骤，将其分离并建成专门的学习岗位。由于这些学习岗位处于大量的生产岗位"海洋"的包围之中，因此称为"学习岛"。按照学习岛方案，学习并非发生在生产工作岗位，而是处于生产区域内部独立的"岛"上，其最大的特点是在学习与工作行动分离的情况下，将学习场所与工作环境整合起来。"轮岗培训"是大企业通行的一种培训方式，它可以帮助轮训者练习和体会其他相近岗位的任务和职责，了解这些岗位的知识技能要求，学习多个岗位的专业知识与技能。

三 基于网络的远程培训模式

基于网络的培训学习方式打破了时空的限制，能够满足没有固定学习时间和地点的人的特殊学习需求，弥补了传统教育培训的缺陷和不足，是对农民工进行教育培训的一种新型方式。

张再华等在《新型农民工远程网络培训模式探讨》中指出，自2009年以来，为应对国际金融危机冲击，广东省人力资源社会保障厅针对劳动者劳动技能素质偏低、就业结构压力增大的矛盾，根据公共服务均等化要求，探索运用科学的方法解决农民工培训中发现的问题，在全国先行先试，打破面对面课堂授课的传统培训模式，借助互联网手段，初步建立了覆盖城乡全体劳动者的远程职业培训公共服务平台。职业技能网络培训，是要建成集网络学习、素质熏陶、实践体验为一体的职业教育培训延伸链，是汇集导学功能、督学功能、助学功能的职业教育培训模式的创新。农民工远程网络培训平台包括应用软件平台开发、硬件环境搭建和第三方底层支持软件实施三部分，培训过程中可以将基于平台的资讯和公告等信息通过短信或邮件方式传送给学生和教师，丰富资讯传达方式，突破传统个人电脑上网查看方式的局限性。

娄玉花等在《开展新生代农民工教育和培训模式研究》中提出，针对新生代农民工有一定学历，爱上网，同时又没有固定的时间和地点的特点，职业院校等培训机构可以通过网络、手机、QQ答疑等方式，充分利用学校的专业教学资源库，国家级、省级精品课程资源，通过网络平台对新生代农民工进行远程教育。

网络远程教育培训的实施步骤：

——建立网络平台。网站主页设置通知公告、学历教育、非学历教育、职业标准、学员交流等一级栏目，二级栏目中设置招生、教学资源、行业标准、人才培养方案、岗位工作流程、课程体系、课程标准、教学安排以及QQ群、博客、下载专区等互动学习栏目。

——丰富教学资源。高职院校等培训机构可以充分利用网络学习平台，展示行业标准、人才培养方案、岗位工作流程、课程标准等。为方便学习，把教师的整体设计和单元讲稿全程录像上网，把教材的电子版、引导文、学案、教师工作页、学生工作页、案例库、习题集等教学资源上网，以供学习者自主学习、自主训练。为了提高新生代农民工的兴趣，学校可以把一些重点、难点的学习内容做成FLASH动漫、甚至闯关自测游戏，便于学生自我激励、自我检测。

——导师管理、答疑。安排教师辅导学员，通过电子邮件、QQ等了解学习进度，批改作业，答疑解惑。

第四节 企业主导的农民工学徒制培训模式

农民工外出务工的主要目的是改变生活现状,促进自身发展。因此,在获得职业之前接受培训的主要目的是促进就业,入职培训的主要目的是尽快适应职业岗位工作的需要,在职培训的目的是促进自身的职业发展。就农民工培训而言,除了前述各种群体式的集中培训模式外,学徒制是一种较为适合农民工群体技能提升和职业发展的培训模式。

一 学徒制溯源

"学徒制"是一种在实际生产过程中以言传身教为主要形式的技能传授方式,是职业学校产生以前人类社会知识、技术、文化传承的主要手段。[①] 诸如传统医药、商业贸易、工程建筑、机械加工、餐饮服务、工艺美术等涉及人类生活和工作的各领域知识与技能都可以通过学徒制的方式习得或传承。其学徒过程是徒弟跟随师傅在手工作坊、店铺或其他工作场所共同劳动,学徒首先承担最简单的工作任务,在师傅的监控和帮助下,逐渐过渡到更复杂的部分。学徒在真实的工作场所完成真实的工作任务的过程中通过观察、模仿师傅的工作过程,感知和捕捉师傅的知识和技艺,然后在师傅的指导下进行反复的实际操作,在重复完成工作任务的过程中逐渐领悟、习得师傅的技能。

关晶、石伟平研究认为,作为职业教育的最早形态的学徒制历史可以追溯到青铜器时代。当时,由于手工业和社会分工的快速发展,血亲关系范围内的技艺传承已不能满足需要,职业教育开始走出家庭,通过一种初级的、未完全制度化的学徒制形态,将技艺传承给家庭以外的成员。相关的历史记载在古埃及、古希腊、古罗马以及中国战国时期均有出现。其后,随着城市手工业的发展和行业协会的介入,学徒制也随之在 13—14 世纪到达了鼎盛时期。18 世纪开始的以工业化大生产为标志的工业革命完全颠覆了传统学徒制的生存基础,学校职业教育兴起并壮大起来。然

---

① 杨黎明:《关于现代学徒制(一)——什么是现代学徒制》,《职教论坛》2013 年第 6 期。

而，正当人们认为学徒制只适合家庭作坊的手工业经济而应该收入历史博物馆时，德国的异军突起，引起了世界对学徒制的重新思考。20世纪60年代末，德国最终以法令形式确立了"双元制"的职业教育地位，而"双元制"被认为是以校企合作为基础的现代学徒制。20世纪90年代后，西方各国也纷纷效仿德国，改革学徒制，如英国1993年的现代学徒制改革、澳大利亚1996年的新学徒制改革等。也就是说，学徒制经历了几千年的传承和变迁之后，在职业学校教育成为职业教育的主流形式的当代，又以新的形式与特征成为当今世界主要经济体国家学校与企业合作推进职业教育的新的载体。

与国外学徒制在发展中受行会影响较大不同，我国现代化大生产滞后于西方，行业协会没有得到充分发展，职业学校也是在洋务运动后才逐渐发展起来，但由于常年战乱与纷争、经济基础薄弱，学校形态的职业教育发展并不充分，人群覆盖面较窄，所以在中小城镇和广大农村地区，学徒制依然是技艺传承和技能获得的主要途径。20世纪80年代，中等职业教育获得空前发展，许多传统学徒领域技能开始以学校的方式进行传播，流行于民间的学徒制才逐渐走向衰退，但并未退出历史舞台。较为有代表性的如河北保定"虎振厨师培训学校"、石家庄"振头木工培训学校"等在当时以至现在都有广泛影响。

二 学徒制培训是提升农民工职业技能的有效模式

2014年2月26日，国务院常务会议确定了加快发展现代职业教育的任务措施，提出"开展校企联合招生、联合培养的现代学徒制试点"。随后，各级教育管理部门、研究机构和职业院校都开始了现代学徒制的研究与试点工作。

搜索相关文献资料可知，当前我国现代学徒制研究与实践的重点放在了学校形态的职业教育如何借鉴德、英、澳等有代表性国家的"校企合作"经验，推进全日制职业学校教育的发展上，而忽视了本当是面向成人进行技能授受的学徒制在职业培训方面的作用与转型发展。课题组认为，在终身教育视域下借鉴发挥学徒制经验和优势搞好职业培训尤其是农民工培训工作，对于解决我国当前劳动者队伍技能素养不高、高技能人才缺乏、产业工人队伍不稳定的现状具有突出重要的作用。

(一)职业技能始终是农民工群体职业立足与职业发展的短板

调查显示,新生代农民工群体中有32.6%的人具有职业资格等级证书,自认为"有技术专长"的人占比46.5%,"没有特别技能"的占到了19.5%。说明该群体中尚有相当多的人只是凭借年龄和身体素质的优势搜寻工作。在回答"外出务工压力来源"时,排第一位的是"低学历",第二位的就是"缺乏技能",占比为27.3%。在"影响自己职业升迁或流动的主要因素调查"中,专业技能水平列第一位,达49.2%,而受教育程度选比为18.2%,说明就入职门槛而言,学历水平高低决定了其就业层次和就业的难易程度,但做出职业选择后,影响其职业发展的因素是"专业技能水平"的高低,近一半的人选择这一选项,说明他们对自己的技能水平不自信、不满意,并认识到了这一短板。所以在回答"您最希望接受的培训是什么"的问题时,49.9%的人选择了"专业技术类",在回答"您参加职业培训最看重的是什么"问题时,57.2%的人选择了"提高技能水平"选项。说明职业技能依然是农民工群体职业立足与职业发展的短板,从促进就业和职业发展的角度看,应加强职业技能的培养和训练。

(二)农民工工作岗位所需技术大多属于经验与实体形态技术范畴

按照技术活动要素在技术结构中的地位和作用,相应地可以将其划分为经验型技术结构、实体型技术结构、知识型技术结构。经验型技术结构是由经验知识、手工工具和手工性经验技能等技术活动要素组成,并以手工性经验技能为主导要素的技术结构;实体型技术结构是由机器、机械性经验技能和半经验半理论的技术知识等技术活动要素组成,并以机器等技术手段为主导要素的技术结构;知识型技术结构是由理论知识、自控装置和知识性经验技能等技术活动要素组成,并且以技术知识为主导要素的技术结构。

现代技术结构属于经验型技术结构、实体型技术结构和知识型技术结构并存的三项模式。在20世纪80年代,有人做过这样的统计,即使是在进入后工业化社会的美国,在977个工业部门中,名副其实的知识型技术结构的高技术部门也只有36个,还有56个是准知识型技术结构部门,剩下的全是实体型和经验型的技术结构。我国经过改革开放后30多年的飞速发展,经济结构和生产方式发生了天翻地覆的变化,但实体型和经验型的技术结构仍然存在，尤其是农民工受原始学历水平、社会关系资源的限制，所从事的工作岗位大多局限于经验型和实体型技术结构。调查显示，新生代农民工群体中42.8%的人从事工作属于商业、服务业，35.9%的人从事的工作属于生产运输、设备操作及相关职业。这些岗位所需要的生产技术，更适合采取学徒制的方式进行传承。

（三）与工作过程相关的技术知识更适合在工作情境中获得

知识是人类的认识成果。知识可以分为陈述性知识、程序性知识和策略性知识。陈述性知识是描述客观事物的特点及关系的知识，也称为描述性知识。程序性知识是一套关于办事的操作步骤和过程的知识，也称操作性知识。这类知识主要用来解决"做什么"和"如何做"的问题，可用来进行操作和实践。策略性知识是一种较为特殊的程序性知识。它是关于认识活动的方法和技巧的知识。与工作过程相关的知识更多的属于程序性和策略性知识。

技术是在劳动生产方面的经验、知识和技巧。依据技术活动所需知识的性质可以分为技术理论知识与技术实践知识，离开技术理论支撑的活动是机械的重复或简单的操作活动，但生产的核心是以技术实践知识为基础的。徐国庆认为，构成技术工人行动的三要素是：操作、标准与情境。标准是技术工人技术活动的主要内容，而操作是按照某种技术规则在特定的情境中进行的，因此，与生产密切相关的技术操作活动是建立在对技术规则的理解和把握、对特定技术活动情境的正确判断与决策的基础之上的，离开了技术活动情境，技术规则就需要变化与调整，技术活动的路径与方式亦不同。从技术获得的角度来看，在真实的工作情境中获得知识与技术更适合在这一情景下应用。赵志群也认为：当今社会，信息化和自动化程度极大提高，传统的精细化岗位分工被灵活、整体化和以解决问题为导向的综合任务所替代，这对员工的职业能力提出了更高的要求，特别是工作中的计划、决策和分析复杂问题的综合能力，这只能在真实的"工作情境"和整体化的"工作过程中"获得，单纯学校教育模式无法独立承担起这一重任，只能采用深入的校企合作和工学结合方式，而这恰恰是现代学徒制最核心的部分。

梁小红（2014）认为，院校教育偏重显性知识的传递，运用图表、公式、文字阐释理论知识，这种知识传承模式具有系统化、规范化和标准化的优点，有利于培养出具备一定逻辑思维和人文素养的人才。但与显性知识相比，职业技能更明显具备隐性知识的特征，专业技术的养成多依赖于从业者的经验、经历、感悟，受制于所在企业行业的文化、惯例、规则等。难以用固定的媒介表达出来，传播的范围有限。

技术是把科学或者说有组织的知识系统地应用于实践的、具体的工作，情境性是技术知识的特性。也就是说技术知识隐含在具体的职业实践中，技术知识的习得与具体的工作情境紧密结合。对于学徒制来说，教育场所就是具体的工作情境，学徒技术的习得就是在工作情境中完成的。情境学习将知识技能与应用紧密结合起来，使学徒更加清楚学习的意义与价值，能激发他们主动学习的愿望，促进知识与技能的有效习得。同时，情境学习是默会知识或者说隐性知识习得的重要方式。"默会知识"是波兰尼提出来的相对于"显性知识"的概念，它指的是人类知识中那些无法言传或不清楚的知识。根据这一理论，波兰尼非常强调学徒制的重要作用。他认为，一种无法详细言传的技艺不能通过规定流传下去，因为这样的规定并不存在。它只能通过师傅教徒弟这样的示范方式流传下去。与此同时，情境学习中的耳濡目染帮助徒弟养成某种职业所需的工作态度和职业道德。

可见，学徒制与生俱来的特征可以更好地实现个体与工作岗位的对接，保证了工作技能的有效习得，促进了个体工作诀窍、默会知识的学习及实践能力的发展，满足了用人方的需要，而这正是其他职业教育所无法替代的，是其价值的体现、也是其生生不息的根源所在。

（四）学徒制有助于帮助和引领农民工更好地融入社会

农民工不但要在城镇就业，还要在城镇生活，所以融入城市才能让他们找到归属感。调查表明，有8.0%的人认为已经融入城市，70.6%的人表示基本或正在融入，20.0%的人表示没有融入，1.4%的人表示无法适应城市生活。

一般认为，农民工社会关系网络最初以血缘、亲缘、地缘等乡土社会关系网络为主，在农民工集聚的工作单位，容易形成封闭群体网络，与城市户籍员工产生社会距离，从而影响融入。史斌认为，与上一代农民工相比，新生代农民工与城市居民的社会距离在增大。王桂新调查研究认为，同群效应是影响农民工社会距离的一个主要因素。因为个人拥有的信息不完备时往往会参照与其关系密切的周围人的选择。个人受同群效应作用对社会距离的影响方向，取决于周围的人——所属"同群"的价值取向。李培林认为，完全靠出卖劳动力的农民工多集中在建筑业、生产工厂等领域，其业务往来单一、接触的人员较少，再构社会网络的能力较弱。

所以，要想促进农民工融入城市社会，缩小社会距离，需要帮助他们在原有的圈子之外，不断扩充、构建新的社会关系网络，增加网络关系的异质成分。在企业广泛推行学徒制就是一种既能有效提升技能水平，增强自身发展与交往的自信心，还能拓展原有的交往圈子，拓展交往空间的有效路径。因为，学徒制传承的不仅仅是技术、品德与文化，它还有助于构建出一种新的关系网络，建立起与城市户籍员工、高技能员工之间新的交往空间，扩大交往范围，从而有助于他们融入社会，促进和谐社会的建设。

三 农民工学徒制的运行建议

发挥学徒制在农民工培训中的作用需要赋予其在企业培训中的应有地位，要制定学徒制的运行机制和培训标准，要建立规范的学徒考核制度，使其培训成果要得到应有的认可。

（一）将农民工学徒制培训纳入企业员工培训总体规划中去，予以正规培训同等地位

传统"一对一"形态的学徒制由于其培训效率较低，一般不被企业纳入大规模人才培训的形式选择范畴，尤其是改革开放以来学校形态的职业学校大发展之后，企业内部基于企业行为的学徒制几乎不存在了，即使有也往往被认为是个人行为，谁学徒、谁当师傅、师徒关系的确定以及学徒规模缺乏整体安排。但随着劳动者群体整体受教育水平的提升，以及企业对高技能人才的迫切需求，学校形态的职业教育在应用型高级技能人才培养方面的不足愈加显现，而学徒制在应用型人才培养方面的优势更被人们认同。为此，企业要高度重视学徒制在内部人才培养中的作用，把学徒制纳入本单位人才提升战略和人才培训整体规划中来，进行整体设计，在确保培训成效的同时，尽可能提高培训效率。具体举措可以包括：制定本单位长期学徒培训规划、确定推行学徒制的领域和职业范围、制定师傅遴选标准及指导规范、明确学徒选拔标准及学徒规范、制定学徒期间师傅授艺经费补助标准，从培训经费中划拨专项经费用于学徒在学徒期间材料消

耗、机会成本和学徒制管理的费用开支，提升学徒制在企业培训中的地位，加强学徒制的规范管理，增强学徒制的吸引力和生命力。

（二）借鉴现代学徒制理念推进学徒制的企校合作，丰富现代学徒制内涵

传统学徒制是基于工作岗位对某一特殊工种的单纯技术学习，与现代生产组织方式和技术发展水平对劳动者的职业技能要求相比过于窄化，不利于学徒未来职业发展和职业转换。

赵志群认为，现代学徒制是将传统学徒培训与现代学校教育相结合的合作教育制度，是现代职业教育制度的重要组成部分。杨黎明认为，从本质上讲，现代学徒制和传统学徒制是一致的，即都有师傅、徒弟以及师傅对徒弟的培训和指导，都强调"做中教""做中学"。杜广平认为，现代学徒制的特征是结合了学校和企业双方的优势，既传承了传统学徒制的一个核心特征——师傅带徒弟的教学方式，又融入了现代学校教育的特点。传统学徒制主要是以传授操作技能为主，解决的是一项具体的工作应该怎么做的问题，是师徒之间的言传身授，言传是很弱的，甚至是无法言传的，模仿是其基本形式，在模仿中逐渐熟练，在熟练中逐渐悟到含糊的经验。学到精细处，只能是靠自己体悟产生出自己的经验。传统学徒制所传授的技能知识具有明显的隐性知识的特点。现代学徒制则是在传授隐性知识的基础之上，又加入了显性知识的传授。显性知识是脱离于工作场景而存在的一般原理性知识，有些甚至是对既有隐性知识的高度总结和概括之后上升成为原理性知识。可以说，现代学徒制是结合了传统学徒制和学校教育的双重优点。

关晶认为，现代学徒制与情境学习的理论相吻合。学徒在真实的工作情境中学习，所学的知识技能与其应用之间的联系是明显的，他们更能理解学习的意义和价值，从而主动学习，并更有效率地习得那些知识和技能。同时，在学徒制中，学徒通过观察师傅及其他工作者的工作，耳濡目染，从而逐渐习得那些重要的"默会"知识和技能，同时养成某职业所需要的工作态度。

综上所述，现代学徒制的本质是学校与企业合作培养人才，其立足点有两点，一是基于工作的学习；二是工作技能+工作理论。正如德国职业教育专家劳耐尔所说，职业教育"仅有专门的工作经验是不够的，因为

它缺少专门学科的理论知识。而后者也不能直接形成实践能力。因此，只有将专门的工作经验与相关理论知识的获得结合在一起，才能构成职业教育与培训的基础。"以上关于现代学徒制的认识与理解启迪我们，在加强基于职业学校主导的现代学徒制研究与实践，丰富现代职业教育制度建设内涵的同时，也可以考虑建立基于企业主导的学徒制培训机制的建设，从而更好地拓展现代职业教育制度的外延。事实上，我国推行职业教育校企合作的最大难点是企业的积极性不高，而德国、英国、澳大利亚等国现代学徒制的发端正是基于传统学徒制不能很好地适应现代化大生产对人才需求的数量和职业技术从经验型向知识型转变的要求，然后基于行业企业的需要而建立和发展起来的。从这个意义上说，将国外现代学徒制理念回归到我国建立基于企业主导的学徒制培训机制的建设上来既契合国际职业教育发展的基本路径，也符合当前我国着力探索的"校企合作、工学结合"的现代职业教育制度建设要求。因此，推进企业与职业院校培训机构、社会培训机构合作（简称校企合作）的农民工学徒制培训模式的发展既符合企业和农民工个人发展要求，也符合当前我国现代职业教育制度建设的总要求。

（三）加强农民工学徒制培训标准建设，提高学徒制的社会认可度

农民工学徒制走上正轨除了纳入企业培训计划、加强校企合作外，还需要加强学徒制培训的标准化建设，以提高学徒制的社会认可度。

1. 明确学徒制的运行模式

姜大源在 2007 年考察澳大利亚职业教育后指出，澳大利亚的技术与继续教育机构除了提供相当于我国高中阶段（10—12 年级，证书 I—IV 级）、专科阶段（文凭和高级文凭）直到本科阶段的职业教育与培训，甚至还可提供研究生课程的学习外，还提供学徒教育和学徒前教育以及实习培训。前两种培训提供的是相当于证书 I—III 级的职业培训，一般从第 11 年级开始，也有从 10 年级开始的。学徒前培训目前刚开始实施，主要是针对未找到工作的青年提供 I 级证书职业培训。实习培训始于 1984 年，原来主要是针对未毕业的高中生，后来转向 20—25 岁无固定工作的青年人，现在则主要面向 30—40 岁的失业工人。实习培训也可提供证书教育，它对于改善其职业前景有极大促进作用，可采取全日制或部分时间制的方式进行，但总培训时间一般不超过 1 年。学徒培训与实习培训的一个重要的区别在于：

企业和技术与继续教育机构在中止培训合同时，参加学徒培训的双方必须一致同意才可以实施，而参加实习培训的双方则可单方中止合同。

澳大利亚的学徒培训，或被称为"新学徒制""学徒培训和实习培训制"，指的是一种企业与个人签订了为期 4 年的雇用合同之后，学徒除了在企业里工作以外，雇主还要在这 4 年期间将学徒送到技术与继续教育机构里学习 3 年的制度。这里的所谓"新"，是为了与传统的学徒培训（始于 1927 年）只有企业一个培训地点而现在则有两个培训地点的学徒培训加以区分。按照这一制度，学徒必须每周有 1 天，或者在 3 年内有 4—8 周（1—2 个月）在技术与继续教育机构里学习，其余时间在企业。学徒培训一般要求接受培训者为 10 年级或以上年级的学生。学习目标是获得证书 I、证书 II 和证书 III。

澳大利亚政府采取各种措施积极鼓励企业参加学徒培训和实习培训，其主要措施有：对参加学徒培训的企业给予奖金等鼓励；使学徒培训内容成为培训包的一部分；学徒获得的证书为全国认可；政府给予培训企业以经费支持（学费补助）。目前，仅维多利亚州就有 3 万多企业参加学徒培训，估计全澳参加学徒培训的企业有 12 万家。

中国职业教育与成人教育网中《关于英国现代学徒制》资料显示，英国现代学徒制的建立与其以需求为导向的职业教育体系紧密结合，为英国职业教育与技术发展提供支撑。1998 年，英国设立了培训标准协会，2008 年设立了英国国家学徒制服务中心，从国家层面上首次建立了一个网络搜索平台，为用人单位、学生、培训机构提供了线上信息公平共享的平台。Nyahn 博士 2009 年出版的《现代学徒制的再发现》介绍了英国学徒制的规则。英国现代学徒制具有统一的学习框架，每个框架包含 3 个核心内容，并同时规定每年不低于 280 小时的学习内容。

赵天柳介绍了他实地参加博世学徒制培训的切身感受：第一周属于适应性培训，和同学们在 TGA 第一周学习的内容并非技术，而是软技能和商业管理技能，包括环境意识、质量意识、成本意识、流程意识，这与技术培训一样重要。双元制培训的精髓强调学生是解决问题的主体，培训师只提供必要的资源和维护整个培训的顺利进行，因此有无这些意识会影响到学徒日后的工作表现。与软技能教育相配合的是，博世在企业培训这一元中设计了六步教学法，从收集信息开始，计划、实施、自我评价、外部评价和质量控制，学徒通过模拟接客户项目来完成这六步。最终目的是锻炼自己寻找资源、解决问题的能力，完全是未来工作的实景。

《中国学徒博世造》作者钱丽娜在"博世苏州学徒培训中心"花了两天时间亲身体会了学徒们的学习和工作过程，发现博世学徒制具有以下四个特点，一是培养流程生产化。博世学徒制更像一个融入了全面质量管理的生产流程，包括了"订单—采购—生产—检验—交付"所有环节，只不过它最终交付的产品是出徒的"学徒"。二是培训方式任务化。所有学徒培训项目都是任务导向，模拟的是学徒今后工作中可能遇到的任务，强调将流程观念牢牢植根于学徒脑中。三是学习过程自主化。师傅（教师）有意识地培养学徒自学和自己解决问题的能力，鼓励他们去摸索尝试，而自己只是作为辅助人员旁观。四是技术头脑商业化。用"微公司"模拟真实的企业运营流程，由学徒自主管理。学徒将独立运作整个"微公司"，了解真正的生产运营和商业运营环境。走上工作岗位的博世学徒，对质量和标准更加一丝不苟，他们更能从客户角度来考虑解决问题，也给团队注入了新的学习动力。

纵观世界各国学徒制的组织运行方式，尽管有较大差异，但共同点是：企业与学校双方以相关法律制度为依据，共同承担育人责任，共同确定培训内容，学习过程中实行企业和学校交替、结合，部分时间在职业学校学习理论，部分时间在企业培训技能，学生具备双重身份，在职业学校是学生，在企业是学徒，学徒享有低于成年工人的学徒工资。国家成立实施学徒制的专门监管机构，在地方设有分支机构，培训结束后经考试合格授予国家承认的职业资格证书。我国要在吸收借鉴澳、英、德经验基础上，制定适合我国国情的学徒培训运行机制。

2. 建立学徒标准

众多资料显示，英、澳、德三国都把国家职业资格框架与现代学徒制进行融合与对接。英国把现代学徒根据学业年限、技能水平等划分成不同的层次类型，并且与国家职业资格证书 NVQ 相对应，基础学徒制定位于 NVQ2 级水平，高级学徒制定位于 NVQ3 级水平。澳大利亚建立了完善的职业资格框架体系，学徒按照合同规定完成相应的培训内容，达到职业和行业所认可的能力标准，可以获得全国认可的学历资格证书，即 AQ-FL1—4 级证书，这些证书与普通教育相互衔接沟通，提高了学徒参加现代学徒制的积极性，增加了学徒的就业机会，同时也保障了职业流动的通畅，并且把获得国家职业资格证书所需要达到的技能要求作为现代学徒制的重要教学内容加以实施，真正实现国家职业资格证书与现代学徒制的融合与对接。

我国要把学徒制纳入正规的培训体系，也必须制定不同行业、不同领域职业岗位学徒的入门标准、学徒的主要内容、学徒过程节点要求、考核方式及标准，把传统的没有明确出徒要求的状况转变为有明确师徒行为规范和出徒考核的制度，要与职业资格证书制度相衔接。

（三）建立学分银行

建立学徒制培训的学分银行，注重学业累加与培训的连续性，拓展上升通道和空间，职业培训与职业学校教育相联系，非正规教育与正规教育相衔接。

要把学徒培训纳入到终身教育体系中来，建立学徒档案，并把学徒过程中所学知识、技能作为一种经历和成果转换成学习积分，经过累积最终能够与资格证书和学历证书教育关联起来，建立起非正规教育与正规教育之间的联系，发挥学徒制在职业资格与学历证书获得以及职业发展中的作用。

英国学徒制既有等级，也有与学位制度相衔接的机制。主要有三种等级：（1）中级学徒，学徒对象是工厂的操作员，可以获得国家职业资格 2 级功能性技能证书（如语言、逻辑、计算机和团队合作等软技能）。（2）高级学徒，学徒对象是领班、技术员、高级技工，可以获得国家职业资格 3 级关键技能证书，相当于高中课程证书。（3）高等学徒，对象是企业管理人员，可以获得国家职业资格 4 级关键技能证书。国家职业资格 4 级相当于高等教育，要求具有高学历和一定的学术能力。一般地，学习中级的学徒需要有 1 级证书，学习高级的学徒需要有 2 级证书，学习更高级的学徒需要 3 级证书；对未能达到要求的，有专门的培训机构进行培训，这包括预备学徒制证书。

澳大利亚建立了一种学习互认机制，对各种形式的先前学习或工作经历，可采用不同的规定予以认定或折算，主要有三种类型：（1）先前学习

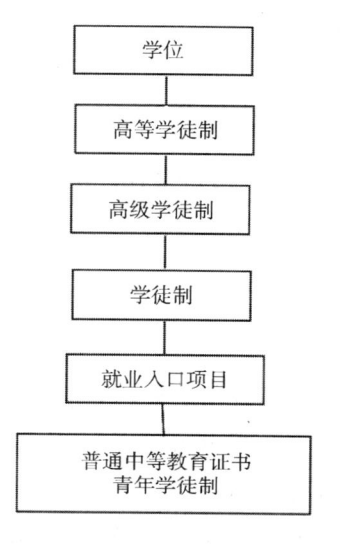

```
        ┌─────────┐
        │  学位   │
        └────┬────┘
        ┌────┴────┐
        │高等学徒制│
        └────┬────┘
        ┌────┴────┐
        │高级学徒制│
        └────┬────┘
        ┌────┴────┐
        │ 学徒制  │
        └────┬────┘
        ┌────┴────┐
        │就业入口项目│
        └────┬────┘
     ┌──────┴──────┐
     │普通中等教育证书│
     │  青年学徒制   │
     └─────────────┘
```

图 11—8　英国现行学徒制体系

认定。它是对个人通过正规或非正规的教育与培训、工作经历、生活经验所获得的技能与知识予以认定的机制。例如，在国外学习的成绩（如在中国）以及在企业工作的经历，都可通过认定并折算为学习时间，从而可减少后续学习年限。(2)学分转换办法。它是一种对各种形式的技术与继续教育的单元或模块、高中毕业证书、大学或其他培训的成绩予以认定并折算为学分的转换机制。学分转换的计算方法有 8 个层级，相当复杂。(3)基于认定的减免。它是一种建立在先前学习认定基础上而由注册培训机构（RTO）对其先前学习、工作或生活经历进行的等值认定或高出认定，从而可以减免后续学习时间的机制。

总之，建立农民工学徒制度既是该群体获得职业技能、促进职业发展、融入城市社会的有效途径，也是贯彻终身学习理念、丰富职业培训形式、构建现代职业教育体系的必然要求。把学徒制度纳入企业总体培训规划、加强与职业院校培训机构合作、制定学徒制培训标准、建立学分银行和与职业资格证书、学历证书相衔接的制度有助于提升学徒制的社会地位和学徒成果的社会认可度。

第十二章 农民工培训质量管理与评价

如前所述,虽然农民工培训主体不同,培训的公益属性有别,且各培训主体培训的重点人群有异,但提高培训成效的期望和诉求是一致的。因此,加强农民工培训的质量管理与评价,使之更能体现主体意愿、满足受训者的培训诉求,规范各相关主体的培训行为,提高培训成效具有重要的现实意义。

培训质量管理与质量评价都是提高培训质量与成效的重要手段,有人把质量评价纳入质量管理的范畴,从理论上是说得通的,但在实践层面,二者是有区别的。培训质量管理侧重于过程监控,是提升培训质量的保证,培训质量评价侧重于结果判断,适用于培训决策和后续培训活动的调整,对后续的培训改进具有重要的指导意义。

第一节 农民工培训质量管理

质量是事物本身的一种属性,它可以表征事物(产品或工作)的优劣程度。美国质量管理专家克劳斯比从生产者的角度出发,把质量概括为"产品符合规定要求的程度"。美国的质量管理大师德鲁克认为"质量就是满足需要"。ISO 8402 把质量定义为:反映实体满足明确或隐含需要能力的特性总和。从培训的视角来看,培训通过知识与技术的传播可以使受训者获得相应的能力、形成相应的观念、方法和态度,从而能够更好地服务于组织的生产和管理需要。但组织的这种需要是随培训项目、培训时间、培训地点、培训对象和组织内外部环境的变化而变化,所以,这里的"需要"实质上就是培训对组织的"适用性"。培训的结果对需要的满足程度必须通过特有的指标来加以表征,通过对这些指标的定性与定量的描述来判断培训结果对预期目标也就是需要的满足程度,所以这时的质量是指培训结果与组织需要的"符合性"。因此,对培训质量管理就是通过对培训过程的控制以达到更大程度地符合组织需要的培训活动的过程。

由于农民工培训主体多元、培训组织方式差异较大,为便于研究,本章根据培训对象的就业状态分为两大类:一是企业为主体的员工培训。尽管企业的员工不都是农民工,但农民工已经或即将成为其主体,且员工组成不同并不会直接导致培训的组织与管理方式差异,所以把企业员工培训纳入笼统的农民工培训监控与评价的范畴。二是处于职业搜寻阶段的各类农民工培训,包括政府主导的、职业院校主导的以及其他社会机构与组织主导的农民工培训。这部分培训的对象都处于职业搜寻阶段,接受培训的目的很明确,都以职业知识与能力获得为路径、以促进就业为目的。企业为主体的培训更多地体现组织的需要,职业搜寻阶段的培训更多地体现个体的职业意愿,因此二者的监控与评价主体和实现策略也会不同。在通常情况下会分别表述。

一 建立农民工培训质量管理体系的理论依据

(一)全面质量管理理论

质量管理是指在质量方面指挥和控制组织的协调活动。企业质量管理经历了质量检验、统计质量管理和全面质量管理三个阶段。全面质量管理是一种综合的、全面的经营管理方式和理念。1994 年版 ISO 9000 族标准中对全面质量管理的定义为:一个组织以质量为中心,以全员参与为基础,目的在于通过让顾客满意和本组织所有成员及社会受益而达到长期成功的管理途径。任何产品或服务的质量,都有一个产生、形成和实现的过程。从全过程的角度来看,质量产生、形成和实现的整个过程是由多个相互联系、相互影响的环节所组成的,每一个环节都或轻或重地影响着最终的质量状况。为了保证和提高质量就必须把影响质量的所有环节和因素都控制起来。美国质量管理专家朱兰提出了质量管理三部曲:质量策划——确定质量管理要达到的目标以及实现目标的途径;质量控制——确保组织的活动按计划进行;质量改进——不断提高质量水平。我国专家总结实践经验,提出了"三全一多样"的观点:即全员参与的质量管理、全过程的质量管理、全企业的质量管理和多种方法的质量管理。全员参与的质量管理要求全部员工，无论高层管理者还是普通办公职员或一线工人，都要参与质量改进活动；全过程的质量管理必须在各个工作节点中都树立质量意识，体现预防为主、不断改进的思想，把好质量关；全企业的质量管理是指为保证和提高产品质量必须使企业的研发、维持和质量改进的所有活动构成一个有机的整体；多种方法包括科学的管理方法、数理统计的方法、现代电子技术、通信技术等。全面的质量包括产品质量、工作质量、工程质量和服务质量。

企业员工培训作为企业工作的一部分，全面质量管理理论完全适用其质量管理的要求。其他组织开展的农民工培训活动，全面质量管理理论也可以成为其质量管理的理论依据和思想基础。

（二）ISO 10015 培训质量管理标准

在企业长期的员工培训实践中，为了提升员工培训管理水平，提高培训效果和培训效益，满足组织长远发展的需要，一些大型企业和国际组织逐渐总结形成了一些国际公认的培训质量管理标准。国际标准化组织（ISO）于 1999 年 12 月颁布了《ISO 10015：质量管理——培训指南》，该标准是在质量管理体系中专门针对人力资源培训的最新指南性标准，国家质量技术监督局于 2001 年 3 月 20 日正式发布了 GB/T 19025—2001 idt ISO 10015：1999 年《质量管理培训指南》国家标准，这是对国际标准化组织（ISO）《ISO 10015：质量管理——培训指南》的等同转化。人们普遍认为，该标准为企业自主培训制度的建立（自我培训、自我咨询和自我评价）提供了一套系统的方法工具，该标准具有通用性，适于各类组织规范人力资源培训的过程，标准的有效采用，有利于组织由传统粗放式管理，转化为标准精细化管理。

该标准体现了全面质量管理的理念，具有如下特点：

1. 全过程的监视与持续改进

在 ISO 10015 标准中，明确提出了监视包括评审整个培训过程的四个阶段中的每个阶段，以提供在满足培训要求方面的有效的客观证据。

2. 以质量方针和培训方针为要求，提出明确的培训目标

该标准明确地要求应以组织建立的质量方针和培训方针为输入，以确保组织的培训需求能够以满足组织的需求为前提，应把组织的目标和要求及培训目标作为"培训计划"的输入，以确保组织的培训按事先确定的

培训目标完成，避免培训的盲目性和失败。

3. 强调评价培训过程的有效性

该标准要求，学员在受训后应建立起对其评价的机制，这种评价包括长期和短期的评价，防止忽略培训效果的评价。

（三）全面质量管理模型——PDCA 管理循环

全面质量管理理论和国际标准化组织颁布的质量管理标准为农民工培训质量管理提供了依据，但如何具体实施质量管理工作还需要更加明确和可操作性的方法。美国质量管理专家戴明博士在总结前人经验的基础上完善了质量管理内容、流程和方法，提出了 PDCA 管理模型即戴明环（见图 12—1）。该模型的核心思想是提出了质量管理工作必须顺序经过的四个阶段，即 Plan（计划）、Do（执行）、Check（检查）、Action（处理）四个阶段，这四个阶段既可以根据管理需要循环递进，也可以大循环中套小循环。计划（P）阶段，明确所要解决的问题或所要实现的目标，并提出实现目标的措施或方法；执行（D）阶段，贯彻落实上述措施和方法；检查（C）阶段，对照计划方案，检查贯彻落实的情况和效果，及时发现问题和总结经验；处理（A）阶段，把成功的经验加以肯定，变成标准，不成功的要分析失败的原因，吸取教训。该理论的提出为我们构建培训管理体系提供了有益借鉴。

从全面质量管理理论到 ISO 10015 管理标准再到戴明管理模型体现了质量管理从理念到操作的三个层面，为我们开展农民工培训质量管理提供了理论指导和可供借鉴的管理模型。

二 农民工培训过程重要工作事项

实施农民工培训全面质量管理的前提是把握好影响农民工培训质量的关键节点。根据培训工作流程可以把农民工培训划分为培训筹划、培训实施和培训评价三个阶段，每个阶段都有各自的关键事项和工作要求。

（一）培训筹划阶段

培训筹划阶段一般包括以下主要工作事项：获取培训资质、开展需求调查、研制培训方案、组建培训教师团队等，质量管理的主要任务是针对这些工作事项做好过程与质量审核。

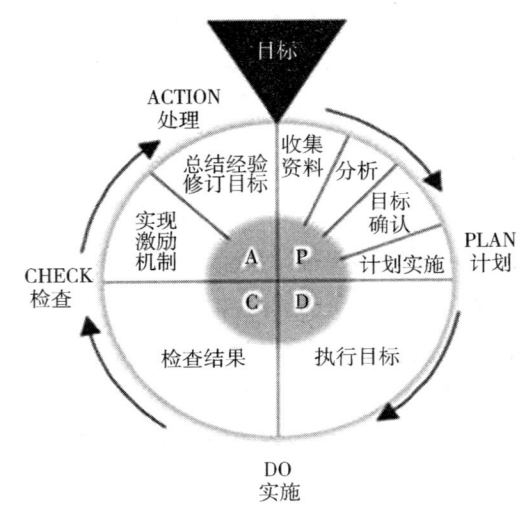

图 12—1　戴明环示意图①

1. 获取培训资质

获取培训资质就是获得培训授权的过程。企业开展员工培训是一种常态化的工作，有具体的部门和机构来承担相应的培训任务，不存在培训授权的问题，所以本工作环节主要针对企业以外的农民工培训。企业以外农民工培训的公益属性决定了政府是农民工培训的责任主体，但政府又不能直接开展具体的培训工作，所以要向有能力的培训机构进行培训授权。得到授权的前提是具有办学资质的教育培训机构要有培训的意愿，要符合委托主体提出的获得授权的基本条件与资质。所以培训机构要根据政府制定的培训机构申报条件和遴选程序，及时提出申请，接受评估，获得授权。以"阳光工程"为例，政府通常 3—5 年遴选一次培训机构，并向社会公布。只有获得授权的机构才可以向相应的部门申请农民工培训任务（当然也有其他经费支持渠道的培训或是职业院校自组织的培训项目，这些属于其他性质的授权）。

2. 开展需求调研

培训机构一般地处城市区域，是农民工往来聚集的地方，便于集中开

---

① 百度百科：《PDCA 管理循环图册》（http://baike.baidu.com/link? url = - MZFuG46uJE - cBc2gIrk00 - zO3RuwMkFwPJsDJsySPkT6a7NgJRjBo3jHvl - Uxru。20150802）。

展农民工培训工作。但培训什么、怎么培训除了要遵从（考虑）委托方的意愿外，更要了解并符合（有时需要引导）农民工的需求，否则就会影响培训招生、降低培训成效。所以，做好需求调研工作也是发动生源、搞好培训工作的前提。

需求调研的首要任务是根据农民工需求准确定位培训项目的培训目标。培训目标确定后也有利于培训目标群体更好地了解培训项目的性质和意义以提高参训意愿。主管部门在布置培训任务时一般会有较为宏观的培训目的和要求，但不会明确到具体培训项目的培训目标，同时考虑到培训经费的额度限制一般也会向培训机构下达培训任务量，明确完成要求，但参训人员一般是由培训机构自行宣传组织，这就需要培训机构在主管部门总体要求之下对培训项目做出具体而明确的培训目标表述，以此来让农民工了解培训项目的性质以及培训后可以在知识与技能等方面发生的改变，从而做出是否参加培训的决定。培训目标要与委托方的要求、受训者的个人诉求相吻合。国家在布置任务时主要是基于国家整体战略的考虑，各地也有各自的特殊情况、地方发展战略、经济结构和产业布局特点，所以各地尤其是省市级政府往往会根据本地农民工流入流出趋势、农民工总量、重点产业发展情况、经济发展水平等因素提出培训的目的和任务，这就需要培训机构在充分理解地方政府要求的前提下，做出农民工总体规模和流动状况的预判，确定潜在的重点培训人群，有针对性地开展农民工培训需求调查，调查内容涵盖"5W1H"——为什么 Why、培训什么 What、培训时间 When、培训地点 Where、谁来培训 Who 以及如何培训 How。

培训需求调查的方式可以有多种，对于有明确就业去向或就业领域指向明确的培训班，如用人单位委托班（订单培养）、技术应用领域指向明确的培训班如数控操作班等，可以根据用人单位预招工情况针对指定人群开展有针对性的培训需求调查，但调查重点要围绕用人单位（明确的就业领域）的要求设计问题，可以采取面对面的问卷调查或访谈的方式。对于非确定培训人群的调查主要采取随机抽样调查，可以通过入室调查、网络调查、流动农民工集聚重点区域随机发放问卷调查等多种方式，还可以通过查阅文献资料的方式总结归纳培训需求。

对需求调查信息可以采取定性与定量相结合的方法进行处理和分析。定性的分析方法包括逻辑推理法、鱼骨图法、胜任力模型法等，逻辑推理法简便易行，鱼骨图法系统全面，胜任力模型适用于有明确职业岗位针对性的（订单）培训。定量的处理和分析方法包括频数统计、主成分分析和相关性分析等，频数统计较为简单，主成分分析和相关分析适合于深度挖掘影响因素，可以借助 SPSS 统计软件进行相关分析。

借助需求信息分析结果，有助于我们深入了解当地农民工流动趋势、就业意愿、就业现状和对培训的诉求，从而明确农民工群体的培训重点人群、培训目标、培训内容和培训方式等，开发出针对农民工不同需求、用人单位不同岗位要求、不同技能水平、不同类别的系列培训项目，使培训项目的设定更加具有广泛性和针对性，以增强培训项目的吸引力。

3. 研制培训方案

获取培训资质只是得到了培训授权，培训机构一般还要依据授权和自身的培训能力，结合需求调研结果研制培训方案，进一步明确培训目标、开设的主要课程、课程的主体内容、具体的培训策略、相应的培训方式方法以及培训结果考评办法等。根据授权部门的相关规定，培训方案一般还要接受授权部门的审核，审核通过后通过一定方式向社会公布。

培训方案是培训机构开展培训的基本依据，亦是对其进行审核评价的主要参照。培训方案的核心内容涉及培训目标的确定以及围绕目标的实现设置什么课程两个方面。培训目标由培训机构根据管理部门要求或组织的需要、结合农民工群体诉求而定，是培训工作的出发点和归宿。培训目标的文字表述要简单明了，既能够准确反映受训双方的培训需要，又能够让人一目了然，便于农民工明确学习任务、激发学习动力。在拟定培训项目目标的时候，一方面要明确指出农民工在接受培训之后所应掌握的知识技能和行为方式的改变，另一方面需要指明农民工在接受培训后行为方式改变的环境条件和期望的业绩水平。如农民工接受"计算机维修"专项技能培训后，要"能够根据客户对计算机故障情况描述和实际检查结果正确归因，并能根据现场维修条件对一般故障提出经济可行的问题解决方案"。这样的培训目标表述既明确了责任主体是参加培训的农民工，又明确了农民工接受培训后应该达到的两项技能标准，即能够根据顾客的描述和自己的检查找到问题的根源，在此基础上能够提出正确的、经济可行的问题解决方案以供客户抉择，如果自身的维修条件许可并解决之。

农民工培训课程开发应遵从能力本位原则，以完成真实的职业活动所应具备的知识、技术、能力与素质为核心进行能力本位的课程开发。同时考虑农民工对"短、平、快"专项技术的需求，可以在设立公共培训课程的同时设立一些模块课程，供农民工选择，以增强培训的针对性。同时设置模块课程时可以围绕某一职业领域或某一职业（工种）技能标准总体设计、分项目实施，实行学分累计制，增强培训的灵活性和连续性。

在设计培训方案时不要忽视培训成效考评方式和考评标准的设计。在灵活考评方式的同时要尽可能与已有的职业标准如职业技能鉴定标准和职业资格认证标准相衔接，以增强培训质量考核的权威性。对于培训内容复杂、要求高的工种和项目，可以通过学分积累的方式把阶段性考核与终结性考核相结合。对于培训内容偏重观念、态度等方面的培训可以突出过程性考核，也可以设计适当的考评情景进行现场考核。

4. 组建培训教师团队

培训教师团队的结构与师资水平直接决定着培训的质量。农民工培训涉及专业领域众多，培训任务年度间变化较大，农民工群体的身心特点与学习能力也存较大差异，对授课教师的专业背景、技术技能水平、授课技艺要求较高，社会一般培训机构很难组建起一支完全属于自己且能胜任全部教学任务的教师团队，所以需要制定农民工培训师资队伍选拔聘用制度，与企业、职业院校建立起密切的合作关系，建立起一支专兼结合的教师团队资源库，以便能满足培训需要。

（二）培训实施阶段

培训实施是从学员报到一直到学员完成各项预定学习任务离开培训机构的全过程，工作事项主要涵盖以下方面：学员报到与完善信息资源、培训与学习资源准备、培训地点选择与学习场地布置、学员日常生活的筹备与管理、培训教师的日常管理、教学组织与培训日常管理、培训考核与证书发放、培训档案建设等，可以概括为学员管理、教学管理、服务管理和档案管理四个方面。所有这些管理活动都要在培训委托方任务要求、个体培训需求、培训方案的活动安排、培训目标的约束、经费预算范围、管理人员配置等总体协调与匹配下进行。所以该阶段的主要任务是建立起各项管理工作规范，统筹协调培训运行各相关要素，全面落实培训方案要求，实现预期的培训目标。

1. 学员管理

对于一些需要自行组织招生的培训项目，要注意招生的规范性，确保公开透明，不违规宣传、不做过头承诺，不搞欺骗招生。在培训招生人数、结业人数等基础数据信息方面要建立起核查机制。

在培训期间学员管理的重心是通过建立班委会做好学员的自组织与约束工作，使学员能够全身心投入到学习中来。要通过目标引领和制度建设提升他们学习的压力和动力，督促引导他们勤于思考，养成及时向教师和管理人员反馈学习中的问题的学习行为习惯，以提高学习效率和学习效果。

2. 教学管理

教学是培训工作的中心环节，是决定教学质量高低的关键因素。要建立教学管理日志以监督培训方案规定课程和教学环节的落实；要做好学生的签到和学习过程管理，以保证正常的学习秩序；要掌握教师备课和教学安排情况，以督导教师认真备课、提高教学质量；要做好与教学进程要求相关的工作如培训资料的印制与发放、外聘专家的行程与接待、课程结业考评安排等事项，以确保教学环节的有效衔接。

3. 服务管理

培训期间要有专人负责培训服务工作，要建立与学员、教师和相关人员的密切联系。要与后勤服务部门协调做好吃、住、行的保障工作，为学员提供良好的学习环境；要制定安全工作预案，确保培训期间师生的生活、教学以及实验、练习和外出考察环节的安全；要加强制度建设，在涉及学员利益方面如优秀学员评定、就业推荐、资格证书考取等方面的公开透明，以确保公平公正；要建立学员信息沟通反馈机制，把握好报到、结业以及重要事件之后的重要时间节点学员的诉求与动向，为学员提供诉求表达渠道，和谐学员与教师和管理人员的关系。

4. 档案管理

培训过程档案资料既是培训准备、实施的记录和证明材料，也是进行培训质量评价的重要支撑材料，其保存的完善与规范性程度也是管理水平的重要表征。列入管理档案的资料包括训前各种准备资料和体现工作过程的过程性资料、学员信息资料、任课教师信息资料、教学运行及管理资料、学员过程学习资料、学员结课考评资料、学员就业去向资料等。

（三）培训评价阶段

该阶段工作主要包括培训结束时的课程学习质量评价、学员满意度评价以及培训结束一段时间后的培训质量评价。学习质量评价主要针对培训项目所规定的知识、技能、态度等即时性培训目标的达成度进行判断；培训满意度评价主要侧重学员对培训项目的设置与课程方案设计、培训过程管理和培训服务保障等环节的满意度，是学员对培训全过程的感受性评价；培训结束一段时间后的培训质量评价主要考察学员接受培训对就业的促进程度、培训结束后将所学知识技能与态度转化为职业行为的情况以及这种行为的转变带没带来相应的工作成效以及成效大小。第一项评价的目的是判断学员培训目标达成度，参与对象主要是培训教师和学员，评价方式与课程结业要求相匹配即可；第二项评价的目的是判断学员对培训机构的满意度，参与对象主要是学员，可以采取问卷调查和召开座谈会的方式；第三种评价的目的是判断培训项目以及培训机构的工作成效，参与对象一般包括学员、工作单位的同事和直接领导，主要是针对学员就业后在工作岗位上应用所学情况以及所学内容对工作的促进作用的大小等情况，一般采取实地考察、问卷调查和召开座谈会的方式，随着农民工培训工作的深入和普及，可以采取第三方评价的方式开展评价，以增加评价的客观性。

三 基于戴明环的农民工培训质量管理体系架构

培训质量管理是培训工作程序的重要组成部分，是质量保证的重要措施，它重在预防。其目的是确保培训任务能得以落实，培训工作能顺利开展，培训成果能最大限度地符合预期要求。

质量监控不是质量评价，目的是减少培训组织与实施过程中可能出现的偏差，减少随意性，增强科学性、规范性，不断改进培训工作，以最大限度地提升培训效果。为此需要建立起一套完整的质量监控机制。首先，要有机构和人员。企业内部培训监控机构可以附属于人力资源管理与开发部门，与培训机构相对应，人员可以固定1—2个人，不足部分采取临时抽调的方法；职业院校和社会培训机构的监控可以由授权培训单位按授权单位数量划定不同的区域，每个区域指定有丰富培训经验的专人负责区域内的监控任务。其次，要有明确的工作时限和工作要求，培训质量监控是对培训准备、组织与实施过程的全流程即时性的监控，所以要有时限要求。最后，要有可操作性的质量监控事项、流程和标准，以增强监控的科学性、一致性。

根据农民工培训工作阶段的划分和重要工作事项，借助戴明环质量管理模型可以建构以培训过程的三阶段作为三个质量监控单元的农民工培训质量管理体系。

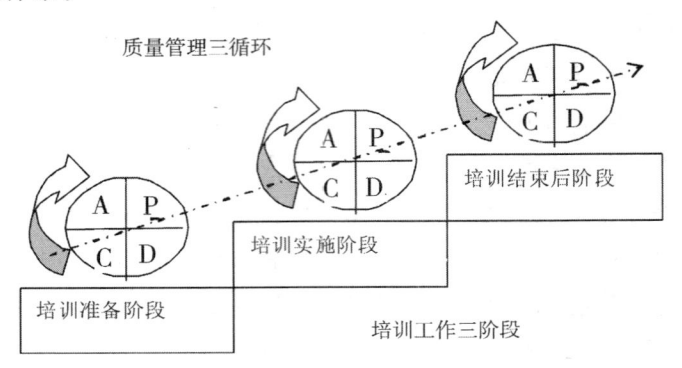

图12—2 基于戴明环的农民工培训质量管理体系示意图

（一）计划

按照 PDCA 四环节要求，依据培训流程及工作标准制订整体与分阶段相结合的监控计划。制订整体监控计划首要的任务是确定培训机构或培训项目的质量目标，以此作为监控的工作目标。作为授权培训机构一般每年都要有完成任务的数量和质量要求，这是其制定监控目标的基本依据。其次就是根据培训各环节工作事项、工作要求和工作重点制订相应的监控计划。

在培训准备阶段的监控计划主要包括以下内容：培训机构是否具备完成授权单位提出的培训任务所需的软硬件条件；培训机构针对潜在的培训对象群体是否进行了需求调查，调查问卷及发放是否合理，问卷回收整理与分析是否科学准确客观；培训方案研制团队构成是否合理，培训课程的选择与课程结构是否体现了能力本位的课程理念，需求分析结果在方案中是否得到了充分体现；培训教师团队结构是否合理，能否圆满完成培训任务等。据此明确农民工培训质量监控目标，建立监控计划与方案，制订详细的工作方案和工作程序。监控计划要体现出农民工培训特点和要求。

在培训实施阶段监控计划的重点是培训过程是否认真履行培训方案所

规定的培训内容和要求；教师是否能够胜任教学工作并能全面履行教学职责；学员日常生活和学习管理是否到位；学员在培训环节身心投入程度；学员课程考核与结业过程是否严谨、公正；培训期间的档案资料积累是否全面，归档是否及时等。

在培训结束阶段主要监控培训机构是否制订了培训质量评估方案，是否进行了学员满意度调查；有没有进行学员训后跟踪调查等。

（二）执行

执行就是根据预制的监控计划开展监督检查和信息搜集工作。在训前阶段主要围绕着农民工培训需求开展以及开展的质量、培训方案制订过程以及方案的完整性、训前涉及培训工作有效推进的各项准备工作是否到位等进行检查与信息收集。在培训实施环节主要是紧密结合培训需求、培训目标和培训方案，对农民工培训实施过程进行监控，要在随时观察的基础上，适时与受训者进行交流、与授课人员沟通，对学员反映强烈的生活保障与学习事项等及时做出调整。在培训结果考核与培训质量评价环节主要围绕考核方式与考核推进情况、培训质量评价开展以及结果反馈与调整情况进行监控，要充分考虑农民工对培训内容的理解和掌握程度、专业知识结构和实践操作技能的更新程度，农民工训后个人行为方式和态度的变化以及农民工个人、用人单位和工作岗位相关人员对培训的满意度等。

（三）检查

检查就是将所搜集信息整理后与预制的质量监控目标和培训工作流程、要求等进行对比，以判断培训各环节工作履行情况和履行质量。具体内容包括培训需求调研自身的规范性以及符合组织者需要的程度，对培训方案制订的有益程度，训前准备和培训情境的设计是否符合培训课程教学的需要，培训活动安排是否符合培训方案的要求，培训活动的组织以及经费的使用是否符合或者在培训设计的范围内，培训的组织与实施过程是否符合整体的进度，招生与管理活动是否符合主管部门的需要，培训与考核过程是否遵从了方案设计与证书考核的需要，培训质量评价环节设计是否合理等。

（四）处理

处理就是把检查结果进行归类梳理，通过与各阶段工作事项和任务标准相比对，判断哪些方面符合预定工作要求、有助于保证和提升工作质量，哪些方面工作不到位、问题的根源是什么、如何进行改进与调整等。对于符合要求的做法和经验予以肯定并保留，对不符合要求的提出改进的意见和建议供下一个循环改进和调整。

第二节 农民工培训质量评价

培训质量监控是对培训过程的把握，可以减少因认识和工作不到位可能导致的质量缺憾，但不是对培训绩效的最终判断。要真正判断一项培训活动的成效与价值，还要进行有针对性的培训质量评价。

一 农民工培训质量评价概述

美国学者格朗兰德认为：评价是事实描述与价值判断的综合。事实描述包括"量的描述"和"质的描述"。价值判断是将"描述"的事实与人的需求相关联而得出的倾向性意见。斯塔弗尔比姆认为评价最重要的意图不是为了证明，而是为了改进，评价是"为决策提供信息的过程。"农民工培训质量评价的实质是对培训目标达成度的判断，以此来判断培训的成效并对后续培训工作的改进提供依据和参考。

根据农民工职业状态不同，可以将农民工培训分为职业搜寻阶段的培训和职业存续阶段的培训（详见第九章）两大类。在职业搜寻阶段，培训受益的直接主体是个人，培训的目的是提升农民工基本的职业素质和技能水平，增强职业竞争力；在职业存续阶段，农民工职业培训融入员工培训之中，受益主体是企业和个人，培训的目的是提高员工履职能力，提升工作绩效，客观上也起到促进农民工职业发展的作用。

对农民工培训成效的评价主要基于两个视角。一是从机构能否全面完成培训任务的视角来推断培训成效的高低。对培训机构的评价主要侧重机构的培训能力，包括培训机构的办学条件（人的资源——专属与可支配的教师、管理人员；物的资源——专属与可支配的场地，实验实习设备、设施，短期培训运行资金的融资能力等）、管理与培训运行的规范度（管理制度的完整性与规范性、培训过程的监督检查的随时性、制度性）、培训执行力（承担任务的能力，培训能力与培训需求的吻合度，机构自我适应与调整能力，真实培训情境的建构能力等）。二是从受训者最终实现培训目标的程度去判断培训成效的高低。对培训对象的评价主要侧重培训前后知识、技能与职业能力的提升度、职业行为的改变度、行为绩效收益度等方面。

在职业搜寻阶段，农民工接受的是具有公益属性的职业培训，培训机构开展职业培训需要得到授权，农民工接受培训之后的就业去向也往往具有不确定性，所以在此阶段的培训成效评价就应该包括对培训机构履职程度和个人目标达成度两个方面。在职业存续阶段，农民工接受职业培训一般属于企业员工培训范畴，开展培训的机构以企业内设机构为主，培训目标明确，员工接受培训后依然进入本企业相关岗位工作，所以该阶段评价的重点应是培训后员工个人知识技能获得、工作行为改变和绩效提升程度。

不同职业阶段培训的责任主体不同也影响到评价主体。有评价培训成效的意愿主体可以有投资单位、培训机构和个人，但评价需求的出发点和意愿的强烈度不同。同时是否需要评价与资金的性质（以政府公益性资金为主的必评）、培训投资的大小（前两项主要考虑资金使用效益）、覆盖范围（机构间比较）、培训持续时间（不断改善培训工作）、培训资金拨付与管理机制（与资金分配和培训收益有关）、有无评价方案和评价能力（评价就要保证公正公平，评价能力包括评价者和评价运行资金）等因素有关。处于职业搜寻阶段的农民工接受的是具有公益属性的职业培训，其评价主体理应是资金来源主体——政府，但由于政府的主要职能是管理与协调，在国家治理体系变革的今天，由政府主管部门委托第三方评价机构来评价是必然选择。在职业存续阶段的员工培训属于企业内部的管理运行范畴，是否实施评价一方面取决于企业自身管理与运行的制度建设是否完备、培训工作在整个人力资源管理范畴中的地位和规范性程度；另一方面取决于某一具体（某一时期）培训项目对于企业投入和发展的重要性程度。一般来讲，人力资源部是企业内部员工培训评价的责任主体，负责统一规划和组织培训评价工作。

处于不同职业状态的农民工其培训的目的有异，培训的组织主体有别，因此评价的策略亦应不同。对于职业搜寻阶段的培训评价适合采取 CIPP 评价模式；对于企业主导的职业存续期间的评价宜于借鉴菲利普斯五层次 ROI 框架模型。

二　CIPP 评价模式在职业搜寻阶段农民工培训质量评价中的应用

CIPP 模式是 20 世纪 60 年代由美国著名教育评价专家斯塔弗尔比姆首创的一种综合评价模式，它由背景（context）评价、输入（input）评价、过程（process）评价和成果（product）评价组成。该评价模式涵盖了从需求调查、培训目标的确定、培训资源调配整合、培训的组织实施一直到培训结束时的目标的达成度等培训的全过程，是对培训活动的全方位评价，较为适合农民工职业搜寻阶段的公益性培训的评价。CIPP 模式注重对培训目标本身的合理性做出评价，重视形成性评价，从而使评价更全面、更科学、体系更完整；CIPP 模式强调评价为决策服务，因而使评价活动更具方向性和实用性，有助于培训工作的完善和发展。

（一）背景评价

CIPP 模式对背景评价的内容界定为：了解相关环境、诊断特殊问题、分析培训需求、确定培训需求、鉴别培训机会、设定培训目标等，其中确定培训需求和设定培训目标是主要任务。背景评价的目的是"考察现存的目的与重点是否与使用者需要相一致"，如果不一致，就必须根据对象的需要对培训目标本身作出判断。就农民工培训质量评价而言就是首先要对培训目标的科学性和合理性做出判断：培训方案制订过程中有没有进行有效的培训需求分析，培训定位是否准确，培训目标描述是否准确、明晰。通过背景评价，一方面可以鉴别培训机构在培训前准备阶段工作是否全面、到位，对环境和个人需求的把握是否准确；另一方面可以界定个人的培训需求与培训项目目标是否一致，这既是培训工作的出发点，亦是结果评价的基本依据。

开展背景评价可以采取逻辑分析法、调查法、文献法、访谈法、诊断性测验及德尔菲法等方法。

（二）输入评价

输入评价是在明确了培训的目标之后，关于达到目标所需而且可以得到的条件评价，在本质上可以理解为对用以实现培训目标的各种资源进行分析判断，亦即对培训方案的可行性进行评价。输入评价包含的事项有：收集培训资源信息、评估培训资源、确定如何有效使用现有资源才能达到培训目标、确定项目规划和设计的总体策略是否需要外部资源的协助等。

在具体评价过程中，评价者可以通过调查访谈、文献资料、案例分析等方法搜集培训机构所能提供的关于支撑培训工作开展的物力资源如场地、设施设备等，人力资源如管理团队、教师队伍等，财力资源如经费来源与管理制度等。以此与落实培训方案密切相关的课程、师资、场地、经费等需求进行比较，进而判断培训资源对实现预期培训目标的支持程度。通过输入评价，一方面可以判断培训机构符不符合主管部门的授权要求；另一方面可以督促获得授权的培训机构针对培训方案实施要求改善培训条件。

（三）过程评价

过程评价是对培训实施过程的形成性评价，目的是为农民工培训项目管理部门和培训机构项目实施负责人提供信息反馈，以及时地、不断地修正或改进培训项目的执行过程。过程评价主要通过检视项目执行过程中的既有事实，客观判断它们与既定目标之间的距离，洞察执行进程中可能导致偏离目标的潜在原因和偏离程度，提出排除偏离目标的潜在或现实因素的解决方案。过程评价需要大量的相关信息做支撑，获取这些信息、数据可以采取观察、座谈和分析培训过程相关记录资料等方法。

（四）成果评价

成果评价是对培训方案实施结果的终结性评价，主要任务是对培训活动所达到的目标进行衡量和解释。成果评价通过测量、解释和判断培训的成就，确证农民工的需要被满足的程度。它是通过对培训成果的检测来判断培训目标的达成度，并通过成果信息的反馈改进培训工作。成果评价并不限于培训结束以后，它既可以在培训以后进行，也可以在培训之中进行。其方法是在对培训对象的知识、技能、态度、行为等方面的成果进行测量或定性分析的基础上，做出目标达成度的判断，进而对该项目乃至承担该项目的培训机构的工作成效做出判断，为管理部门或培训机构调整授权或培训策略提供依据。

三　菲利普斯评估模型在职业存续阶段农民工培训中的应用

菲利普斯评估模型是在柯克帕特里克四层次评估模型基础上发展而来的。柯式评估模型是美国威斯康星大学教授柯克帕特里克1959年提出的，是当前培训效果评估中最具代表性的一种模式，又称"柯氏四层次模型"。该模型将评价分为四个层级（见表12—1）。

根据柯式评估模型的要求：在反应层次的评估上，必须评估学员对培训的满意程度（或喜爱程度）；在学习层次的评估上，必须评估学员对培训内容的了解和吸收程度（由思考如何应用而产生的学习引为和效果）；在行为层次评估上，必须评估学员对培训内容的应用和熟练程度（由学习而改变的行为和习惯）；在结果层次的评估上，必须评估培训内容使学员个人绩效及其组织绩效提升的程度（因行为改变而产生的具体结果）。

从反应层评估到结果层评估是一个从低级到高级的过程，每一低级层次的评估结果都是高一级层次的基础，培训评估必须从反应层级评估开始，逐级进行。从反应层到结果层评估也是一个难度逐渐加大的过程，需要逐渐加大人力物力来开展评估，其评价的意义也随层次的上升而逐渐增强。

表12—1　　　　　　　　柯克帕特里克培训评估模型

评估层次	评估重点	评估方法	评估主体	评估时间
反应层面	学员对培训活动的主观感受，是对项目的总体评价，包括培训情境、内容、教师、设备、方法等	问卷调查 访谈法 观察法	培训主管机构	培训进行中或培训刚刚结束后
学习层面	学员接受培训后在原理、事实、技术和技能等方面提高的程度	测试 技能练习 工作模拟	同上	培训结束后
行为层面	了解学员接受培训后行为习性是否有所改变，并分析这些改变与培训活动的相关性	绩效考核 观察法 访谈法	培训主管机构 学员上级主管 同事及下属 直接客户	培训结束后三个月或下一个绩效考核期
效果层面	了解学员个体及组织的绩效改进情况，并分析绩效变化与企业培训活动之间的相关性	绩效考核结果 企业运营情况分析	培训主管机构 学员上级主管 企业企管部门	下一个绩效考核期或一年后

菲利普斯五层次模型是对柯式评价模型的改良，除了更加注重在培训期间行动转变的意愿外，特别增加了计算投资回报率（ROI）的环节，更加符合企业追求效益最大化的理念。处于职业存续阶段的农民工培训属于员工培训的范畴，企业开展员工培训主要是希望员工能够了解企业生产流程和工作要求，更新知识与技能水平，以适应职业岗位的需要，具有较强的职业岗位应用导向，是针对具体问题而开展的，所以评价其培训成效也必然要从有助于生产领域问题解决，将知识与技能转化为职业行动并取得成效的角度去理解。根据菲利普斯五层次 ROI 框架，针对该阶段的农民工培训质量评价可以从以下方面入手。

第一层次：反应和已经存在的行动。测量农民工对培训组织与实施，尤其是课程设置与课程实施的满意度，在培训进程中以及培训结束时对自己所从事的工作有哪些触动和启发，计划培训后在哪些工作领域或具体的工作环节做出什么样的改变和调整等。通常在培训结束后采用问卷调查测量，亦可以通过查阅学员的笔记和培训总结性的资料获得。

第二层次：学习。测量接受培训者在培训过程中所学。常规方法是通过笔试测验或现场操作的方式进行，但要注意比较知识和技能的变化是否来源于培训过程，由于企业参加培训员工间的可替代性和参训人数相对较少，可以通过设置对照组和分别进行前测后测来进行精准分析。

第三层次：工作应用。培训期间得到的知识、技能以及已经存在的激励和行动意向能不能转化成在实际工作岗位的行动受多方因素制约，但企业追求效益最大化的目标没变，所以影响这种转化的根本因素可以简单地归结到员工身上，通过判断接受培训群体工作行为朝着企业所需要的方向转变的比例高低、强度大小可以有效判断培训对员工行为的影响。较为常用的方法是通过观察法来判断接受培训者将所学应用于实际工作中的情况。

第四个层次：组织结果。员工接受培训后将所学转化成具体的职业行为能够在一定程度上体现培训的成效，但能不能出现组织所期望的成效以及成效的高低就需要进一步测量，需要找出与工作绩效有关的项目来作为判断组织结果的依据。测量项目包括产量、质量、成本、时间和顾客满意度等方面。

第五个层次：计算 ROI，即成本与收益的比率。对于企业而言，培训投入作为一种人力资本投资可以纳入生产成本，有投入就要有产出，培训投资成效的高低可以通过计算 ROI 来量化。

总之，通过上述五个方面的评价可以对处于职业存续阶段的员工培训成效做出最终的判断，进而决定培训项目的存续和变革。

第十三章 新生代农民工职业培训改革与发展建议

国家高度重视农民工问题，在新世纪以来出台了一系列培训农民工的特殊政策，农民工群体尤其是新生代农民工受益颇多。随着新生代农民工群体的壮大和社会生存环境的变化，新生代农民工在自身人资水平提升的同时，伴随着改变的还有其发展诉求。培训作为提升人资水平、促进就业和推动城镇化进程的重要手段还将继续发挥重要作用，但应该根据变化了的群体的诉求、国外农村劳动转移的相关经验、现代教育培训理念和我国学习型社会建设的要求做出相应的调整和变化。基于前述研究成果，对新生代农民工职业培训改革与发展建议汇总如下。

一 积极推进新生代农民工培训治理方式的改革

党的十八届三中全会明确提出要加快推进治理体系和治理能力的现代化，教育部也提出 2014 年教育工作的主要任务之一是"深化教育领域综合改革，加快推进教育治理能力现代化"，预示着各行各业以转变治理方式为主的综合改革即将展开。农民工培训是职业教育与继续教育领域的重要任务，梳理农民工培训历程不难发现，从"入世"到 2010 年是农民工培训政策密集出台和强势推进的十年，但自 2010 年国务院办公厅 11 号文件出台后，政府层面没有再独立启动新的农民工培训项目，但工青妇等组织开始深度参与农民工培训工作。共青团中央从 2010 年始启动了"进城青年农民工技能培训月活动"，中华全国总工会从 2011 年始，以城镇就业困难群体和农民工为主要服务对象，每年 3 月下旬至 4 月下旬举办"全国工会就业援助月"。人力资源和社会保障部联合全国总工会、全国妇联组织从 2012 年开始每年年初都要开展以专场招聘会、职业技能培训、提供劳动维权服务和法律援助等为主要活动的"春风行动",解决农民工群体的现实问题。基于研究机构和社会力量创办的农民工网络信息平台——民工网、中国青年农民工网历经几年的运行已经发挥了良好的社会功效。2013年,国务院成立了"农民工工作领导小组",撤销了原国务院农民工工作联席会议,进一步加强了对农民工工作的组织领导。以上信息折射出国家关于农民工培训治理方式的调整已是必然。

(一) 推动新生代农民工培训由阶段性"工程"向终身化转变

《国家中长期教育改革和发展规划纲要(2010—2020年)》提出了到2020年基本形成学习型社会,从业人员继续教育年参与率达到50%,年开展继续教育35000万人次的奋斗目标。可见,面向所有社会群体的职业培训常态化、终身化是社会发展的必然趋势。在新型城镇化建设的大背景下,农村劳动力转移和融入城镇的任务非常艰巨。目前我国针对农民工的培训大多是阶段性的工作任务,往往冠以"工程"的名称,既然是工程,它的阶段性痕迹就很明显,对管理部门而言是临时性工作,对培训机构来讲也有很多不确定性,影响培训信息宣传的积极性和宣传渠道的稳定性,最终影响农民工的知情权和参与权。

培训的终身化发展态势要求培训机构相对稳定。影响培训机构稳定的因素主要有两个:培训项目的可持续性和培训收益。推动农民工培训的终身化就是要让各级各类培训机构"吃个定心丸",从而有助于建立长期的经营策略。要确保培训机构收益就必须从经费拨付制度变革入手。任何一个培训机构要想长期从事这一事业,就必须有一定的前期投入,包括基础设施、培训准备期间的调研和培训期间的人力物力资源等投入。一方面要在坚持培训公益性的同时,允许培训机构有合理幅度的盈利,把隐性盈利显性化;另一方面改革经费拨付机制,采取学员付费与国家资助相结合,即由培训机构确定面向学员收费的额度,国家可根据培训人数和第三方评价或学员评价给予不同额度的补贴和奖励,从而在稳定培训任务、促使机构进行必要投入的前提下,建立起与培训质量相关联的经费拨付机制,从根本上解决新生代农民工培训知情权和参与权的保障问题。

(二) 推动新生代农民工培训管理由行政化向市场化转型

在实际工作中,由于来自政府层面的行政管理较为强势,使得培训机构在一定程度上存在重视贯彻上级管理要求而忽视受训者诉求的现象。推动新生代农民工培训由行政化管理向市场化管理转型,不意味着把培训工作全部推向市场,政府对培训工作放手不管,而是要转变管理策略,推动目前"任务导向"的管理模式向"需求导向"转变,促使培训机构从思想上高度重视和切实关切新生代农民工的诉求。比如,在传统的管理机制下,一般是每3—5年对培训机构进行一次授权,期间按年度报批培训计划,但由于管理程序的复杂性和春节长假的影响,计划批复往往在5月份以后,这样每年的上半年各机构忙于获得授权或等计划,下半年突击实施培训,年底或下年初总结。这样在培训时机的选择上就容易错过最佳时期。农民工求职和单位招聘高峰一般在正月十五前后一周左右,一旦过了正月用人高峰还没有找到合适的工作,往往会降低求职预期,此时培训诉求愈发强烈,是最佳培训期,但由于培训机构还没做好培训准备,所以容易错失最佳时机。建立需求导向培训机制,变落实任务式的按指标计划组织培训为培训资质授权管理和培训任务的市场化管理模式,在政府总体目标和规划要求下,鼓励机构间竞争,培训机构可以主动追踪培训需求,自主确定培训时间、地点、培训主题和培训人数,自主招生,把人的需要摆在突出重要的位置。

(三)将政府逐级授权管理转变为授权行业协会统筹管理

现有农民工培训大多采取政府逐级授权的管理模式,即由国家或省级政府出台培训政策,省、市、县级政府的对口部门按层级出台相关规定或实施细则,并由基层政府按授权和管理权限筛选培训机构,由机构实施培训。从管理流程看,这是一个完整而结构严密的链条,但实际上是政府管理职能错位、政权与事权不分的表现,它不但弱化了政府的服务、监督与管理职能,而且行政体制内部逐级授权容易形成垄断,排斥其他非授权机构参与培训,不利于形成广泛的竞争机制,也为权力寻租和放松监管提供了借口。

由政府直接筛选培训机构并予以培训授权,虽然提高了筛选效率和信度,便于直接管理,但也容易造成培训机构"唯上是听",忽视接受培训者的核心诉求,降低培训的针对性,影响培训的成效。

行业协会是介于政府与企业之间的社会中介组织,是政府和企业之间的桥梁和纽带,具有服务、咨询、沟通、监督、协调、研究等职能。《国务院机构改革和职能转变方案》明确"加快形成政社分开、权责明确、依法自治的现代社会组织体制。逐步推进行业协会商会与行政机关脱钩，强化行业自律，使其真正成为提供服务、反映诉求、规范行为的主体。探索一业多会，引入竞争机制"。十八届三中全会《决定》中指出要"正确处理政府和社会关系，加快实施政社分开，推进社会组织明确权责、依法自治、发挥作用。适合由社会组织提供的公共服务和解决的事项，交由社会组织承担"。此举有助于推动行业协会发展并发挥行业协会在行业自律和调整经济秩序等方面的功能。

培训是行业协会服务职能中的应有之义，也是可担之责。依托行业协会开展新生代农民工培训有助于转变政府在培训政策制定、落实和监管等环节的职能，实现管办分离，推动新生代农民工培训的市场化。行业协会组织是本行业全体企业共同利益的代表，由行业协会担负起统筹协调培训职能，可以发挥它与企业沟通便利的优势，加强与用人单位的沟通与合作，深入了解用人需求，选准培训主题，在培训的组织与实施环节建立起与用人单位生产过程相接近的培训情景，贯彻行动导向的培训理念，实现培训过程与工作过程的对接，促进培训成果的转化，增强培训的针对性和培训成效。

依托行业协会可以建立行业或区域性的培训服务平台，融培训政策解读、培训信息发布、培训需求调查、培训效果评价等功能于一体，有助于在用人单位和农民工之间建立起信息沟通和共享的渠道与平台，稳定农民工培训信息传播渠道，既有助于帮助农民工及时获得培训信息，也有助于培训机构把握培训时机，提高培训效率。

（四）变培训的项目化运行机制为基金化运行机制

现行新生代农民工培训大多实行项目化管理，即国家制定针对农民工群体的特殊政策，政府职能部门冠之以"项目"或"工程"的名义，并据此向上一级直至是中央财政申请专项资金，专项资金到位后上一级政府又以项目或工程的名义向下分配，分配项目的实质就是分配资金。在多年的实践中，基层政府部门和相关机构对这种中央集权和计划色彩浓厚的项目化运行机制颇多质疑，但因不愿断了资金支持的"财路"而只能默认。在项目分配的过程中往往因为均衡或照顾情绪的需要脱离实际需求，在一定程度上影响了专项资金的使用效率。

项目化管理机制一方面分散了政府的精力和管理资源，使有些行政处

（室）变成了"项目处"，为行政部门的权力寻租提供了可能；另一方面转移了培训机构的工作重心，由于能否获得项目授权以及获得任务量的大小的决定权在职能部门，培训机构必然把工作把重点放在争项目、争任务上，而忽视培训整体设计与培训创新，从而影响培训的质量。项目化运行机制得以顺畅的根源在于与财政经费关联，这既是项目机制的优势，也成为影响项目能否可持续的短板。如果能配套资金，项目就有吸引力，就容易推进，如果不能顺利配套资金，项目就可延迟、延期甚至中断。由于下一个周期能否立项取决于国家政策取向等诸多影响因素，使得项目天生具有了阶段性或说短期性的特征，管理部门的政策设计、培训机构的培训行为也必然具有短期性特征，不利于培训的广泛宣传，影响培训相关方系统深入地研究培训，更何谈创新。

在新型城镇化建设的大背景下，农村劳动力转移和融入城镇的任务非常艰巨，还必须对新生代农民工的职业能力和文化素养进行持续的提升和引领。推动新生代农民工培训市场化不是要放手不管，不予经费支持，而是要转变政府管理职能，创新管理模式。解决新生代农民工培训项目化运行机制弊端的有效途径是实行培训的基金化管理机制，变项目管理为基金化管理，即政府授权第三方设立"新生代农民工培训基金"，可以将现有农民工培训专项经费注入基金作为启动金，确保新生代农民工培训的公益性质，后续资金以行业企业资助为主，推动资金来源的多元化。政府可以制定基金使用条例，确保基金安全和使用效率。

实行基金化管理机制后，一方面要改变拨款机制，由定额培训拨款改为以质定价，实行质量奖励或后期补助政策，其要旨在于鼓励机构培训创新，鼓励机构间的竞争，最大限度地保证受训者利益，最大化地提高基金的使用效益。另一方面要允许培训机构有合理的经济收益，把隐性盈利显性化。在传统管理模式下由于过分强调新生代农民工培训的任务性和公益性，政策上不允许盈利。但任何一个培训机构要搞好培训工作就必须有一定的前期投入，要确保可持续发展就必须要保持投入与产出的平衡，这就使得盈利隐性化。这种隐性的盈利不但侵蚀了受训者的利益，也不利于监管。因此，建议在基金化管理模式下规范机构的盈利模式和盈利幅度，以质量和声誉赢利益，以工作投入赢利润。

二 进一步加快培训主体的角色和责任转变

在不同时期，推动农民工培训工作的主体有所不同，随着农民工培训的常态化，政府的责任并不能免除，但显然应把原先中央政府的主体责任向地方政府尤其是输入地政府转移，应把政府承担的绝大多数主体责任向用人单位转移。

（一）明确并发挥输入地政府承担农民工培训的责任与作用，搭建培训平台

新生代农民工多元化的求职路径、分散的就业地域、不确定的职业领域和外出择业时间的自主性在一定程度上增大了输出地政府开展集中培训的难度。调查也表明，与传统的认为农民工输出地政府应发挥更大的培训责任不同，农民工无论从心理倾向上还是实际的求职习惯都更倾向于在输入地获得更多的岗位需求信息和就业的引领。事实上，一方面农民工输入地是劳动力流动的最大受益地区，理应把职业培训纳入到政府的责任范畴；另一方面农民工输入地也是经济相对发达的地区，有经济实力来支持职业培训工作的开展。同时，在输入地，求职人员相对集中，择业意向与当地产业结构相对一致，也便于培训项目的设计和参加培训人员的组织。输入地政府应把开展农民工职业培训工作作为应尽的责任与义务，而不仅仅是基于对农民工的"关爱"来推进的一个项目，要"普惠"，而不是"特惠"。

落实政府的培训责任，就需要输入地政府统筹当地各级各类培训资源，构建涵盖社区、用人单位和职业院校的培训网络，在一定区域内建立职业岗位供需信息与职业培训项目供给有效衔接的信息化平台，让农民工在求职过程中不但能获得职业需求信息，还能获得职业培训供给信息，便于农民工进行求职或接受职业培训的选择，努力实现应培能培、能培尽培的社会化服务目标。

（二）强调并落实用人单位开展职业培训的主体责任，促进职业发展

随着经济与社会的发展以及人口红利的收窄，"刘易斯拐点"已经不远。同时随着国家经济发展方式和社会劳动保障机制的变化，企业与员工的雇用和管理模式也将发生变化，职业的稳定性将增强，企业人力投资的保障度将提高，个人的职业忠诚度亦将提高。从培训的针对性和效率来

看,用人单位也是不二选择。"使有业者乐业"既是用人单位人力资源开发所追求的目标之一,也是劳动者认同用人单位并乐意奉献的主人翁精神的体现。《国家中长期教育改革与发展规划纲要》中提出了建设学习型社会的战略发展目标,明确了"从业人员继续教育年参与率要达到50%"的继续教育任务。调查也表明,新生代农民工更倾向于在工作单位接受职业培训。因此,用人单位面向员工开展职业培训既是其自身发展的现实要求,也是促进员工职业发展的必然要求。通过培训可以提高员工的专业技能与岗位责任意识,最大限度地调动员工工作的积极性,不断提高员工的工作效率和工作质量,同时,还可以为用人单位提供人员保障和人才储备,形成人力资源优势。因此,进一步强调并落实用人单位开展职业培训的主体责任,既符合新生代农民工培训需求行为取向,有助于增强培训的针对性、有效性,也是用人单位履行社会职责的具体体现,有助于提升员工整体素质,促进职业发展。

强调和落实用人单位开展职业培训的主体责任首先要落实既有的按职工工资比例提取职业培训经费的政策,加强监督检查;其次要制定用人单位职业培训经费使用细则并公开账务,确保普通员工能够享受到职业培训的"雨露";最后用人单位要建立鼓励员工主动学习、积极参加职业培训的政策,让他们在学习中促进自我发展。

三 切实尊重和保障新生代农民工的合法培训权益

在学习型社会建设过程中,公民享有平等的继续教育权利。新生代农民工作为新世纪以来快速成长的城市社会群体,保障其平等的职业培训权利对于实现体面就业、有尊严地生活至关重要。调查表明,新生代农民工群体中有84.0%的人没有参加过职业培训,影响他们参加职业培训的因素按顺序排列为:没时间参加、不知道如何参加、不知道哪里有培训、经济条件不允许、参加培训不方便、工作太累没精力等。可见,新生代农民工能否参加培训与工作时间、培训项目的宣传、收入水平、培训地点的选择和工作强度等有关,保障培训权利首先要从保障职工休息权、扩大培训知情权入手。新生代农民工作为特殊的社会群体,保障他们的合法权益也是我们党关注民生的重要体现。《劳动法》已经明确了职工的劳动时间,但漠视农民工休息权、随意加班的现象还非常严重,农民工也深知自己的权利，但处于弱势地位的他们基于维权成本的考虑一般采取默认、回避的策略，即使维权也很难获得公正的结果。为此，一方面应发挥各级工会组织的作用，做好与用人单位的沟通和协调工作；另一方面要加强劳动执法检查，切实保障劳动者的正常休息权。

有了正常的休息权也仅仅是为保障培训权利提供了某种可能，在调查中发现他们获得培训信息的渠道非常窄。事实上，各地每年都会推出一批针对某一特定群体的培训项目（如团委、妇联、社区或行业部门等开展的），但这些项目的发布和宣传渠道与农民工常规的信息获取渠道不对接，宣传不到位和农民工不知情的情况比较普遍。建议一方面要通过各地的劳动力市场建立免费的培训信息发布渠道；另一方面要在"农民工网"和"中国青年民工网"网络平台以醒目的方式广泛发布各地、各行业的培训信息，也可以利用微信公众号传递培训信息。

四 着力推进适应时代发展要求的培训方式改革

传统的培训组织方式是以在固定的培训场所以班级授课制为组织和运行平台的培训模式，但随着网络技术的快速发展、培训主体向企业转移以及培训成果转化的情景化要求和年轻一代人的学习特点，应着重做好以培训方式改革为主的培训改革。

（一）高度重视基于网络的远程学习方式的推广

在现实生活中，一方面农民工具有较大的流动性，个人诉求很难在培训前及时传达到具体的培训机构；另一方面农民工培训诉求不是一成不变的，它与职业状态、个人所处境遇有关，在培训学习过程中也会针对培训的具体组织有不同的意见和建议。调查显示，网络已远远超过电视成为新生代农民工务工期间了解社会、获取信息的主渠道，因此，在一定区域内建立统一的新生代农民工培训网络化管理平台，赋予它培训政策解读、培训信息发布、培训需求调查、培训资源释放、培训效果评价等管理、服务和培训学习功能。借助网络化平台的建设还有助于建立需求表达与满足的规范机制，使培训机构能及时获知他们的需求——让他们有表达的渠道，围绕他们的需求设计培训项目、做好培训筹备并尽可能实施——把他们的需求转化成具体培训行为，对需求满足程度做出评价——发挥评价的反馈和监督功能。

更重要的是，依托网络培训服务平台，可以创设多样化的学习通道和情景，吸引和方便年轻人随时随地开展"短、平、快"的网络化"自助"学习，既可以作为自主系统化学习的平台，也可以作为集中组织培训的有益补充。当前已渐成风气的"幕课"来袭，应该对我们传统的培训组织方式改革提供动力和借鉴。

（二）试点应用基于生产过程的以问题解决为核心的培训方式

在传统的培训授课方式中，陈述性的理论知识往往是以"教师讲授—学生听"为主，技能培训往往是采取"讲解操作流程和操作要领—学生听—教师示范操作—学生观察—学生练习"方式，这些程式化的带有灌输性质的授课方式往往提不起受训者的兴趣，学员参与度不高。因此，推进基于生产过程的以问题解决为核心的注重发挥学员主动性、责任心和积极性的工作岗位培训法就显得尤为重要。

赵志群教授在其专著《职业教育与培训学习新概念》中特别强调了"分散式培训"，他指出：分散式培训是20世纪后期发展起来的新型企业培训理念，是指将工作过程和学习行动结合在一起的企业培训方式，学员单独或以团队形式在工作岗位或工作岗位附近完成学习任务。在分散式培训中，与生产相联系，不再是培训的补充，而是培训的必要条件和基本内容。分散式培训是推广现代生产技术和劳动生产方式的必然要求，因为后泰勒主义劳动方式对企业员工的参与意识、责任心和创造能力等这些功能外能力（即方法能力和社会能力）提出了更高要求，而功能外能力是无法依靠传统的集中式教育培训来传授的。比如，源于日本的"质量小组"和"学习车间"培训方式是以核心员工为中心来自同一专业工作领域的成员组成的以提高质量和加强岗位学习为目的的企业内行动小组，他们借助企业提供的生产环境下专门用于解决具体问题的车间或行动场所进行研讨、分析和解决问题的试验，问题解决后，小组或车间自行解散。

还有一种方式是在扁平化管理模式下适应小组生产方式的"学习化工作岗位"与"生产性培训"的结合体——学习岛。它是在工作岗位附近设置学习岗位的一种分散式培训方案。学员在培训师的指导下，采用独立或小组方式，独立制订计划，完成任务并进行质量控制。多个学习岛可交织成为一个学习网络。

（三）重点推进基于技能传承的企业学徒制方式

学徒制是一种在实际生产过程中以言传身教为主要形式的技能传授方式。在职业学校产生以前，这种以师傅带徒弟的学徒制逐渐成为知识、技术、文化传承的主要形式。18 世纪下半叶，随着工业革命而建立起来的生产体系使学徒制逐渐走向崩溃，学校教育取代了学徒制。但近年来随着传统的职业学校教育体系在职业型人才培养方面所暴露出来的理论与实践脱节、学校与企业失联、技能与岗位需要错位的矛盾越来越突出，推行现代学徒制的呼声越来越强烈。那么，作为用人单位，在开展面向在职员工的技能提升和岗位适应能力改善的相关活动时，也要在借鉴和发展传统学徒制的基础上，结合企业文化传承、技能培育、岗位锻炼和核心员工梯队建设需要选择技术能手作为"师傅"，推动企业学徒制的开展，以此作为集中大规模培训的补充和创新。

五 进一步推进以城市融入和与资格证书衔接的培训课程改革

2013 年 12 月 16 日闭幕的中央经济工作会议指出，城镇化是我国现代化建设的历史任务。李克强总理在十二届人大二次会议所做的《政府工作报告》中指出，今后一个时期要着重解决好"三个 1 亿人"的问题，其中要促进约 1 亿农业转移人口落户城镇。新生代农民工群体作为城镇未来发展的主要贡献者和后备居民主体，促进其融入城市不仅仅体现在政策关怀、经济扶助上，更体现在素质提升和文化融入上。从这个意义上说，我们不能仅仅从培育"产业工人"的视角来关注职业培训工作，而应站在关注未来城市居民的角度来审视我们的职业培训工作。

新生代农民工精力旺盛，具有比上一代农民工更高的受教育程度，具备较好的学习基础和潜力，同时，工作实践的历练也使他们认识到了学习的重要性，表现出了继续学习的意愿。我们要利用好这一意愿，加强对农民工的公民素质教育，增强其融入城市的意识和自信心，缩短他们与城镇职工（居民）间的社会距离，促进城市融入。

课程是培训机构实施培训的载体，是培训工作的核心环节，它涉及培训目标的确立、培训内容的选择与组织以及如何评价培训成效等内容。为满足新生代农民工顺利就业和更好地职业发展的根本要求，培训机构就必须紧紧抓住培训课程的标准化建设这一根本。但由于培训机构的视野和自身能力的限制，很难把新生代农民工的培训诉求与用人单位所处地域下对劳动者的一般需要有效结合，开发出有针对性的课程。建议借鉴国际劳工组织在20世纪70年代推行的就业技能模块培训模式（MES），在深入调研的基础上，组织劳动部门和职业培训领域的专家开发适合我国农村劳动力转移需要的培训课程，培训内容的选取要突出职业岗位所需要的专业能力、方法能力和社会能力，按照工作过程逻辑设计课程结构，在培训实施中注重培训的情境性，在考核环节突出真实性考核原则。

我国从20世纪90年代中期推行的国家职业资格证书制度是劳动就业制度的一项重要内容，从促进就业角度考量，要把培训课程开发与相关职业的职业标准有机结合起来，要与国家职业技能鉴定考核机构相沟通，做好培训结业考核与职业资格鉴定相衔接，推动"培训证书+职业资格证书"制度的落实。

六 以培训评价机制创新促培训成效提升

培训评价的目的不是简单的对培训目标达成度的判断，也不是为了评价而评价的走过场，要推进基于促进培训成效提升的发展性评价改革。

在过去十余年实行的新生代农民工培训管理的授权模式下，政府在培训过程中既是裁判员又是运动员，更是规则制定者，常常以检查代替评估，以培训机构的年度工作总结代替质量评价，以工作任务完成情况表征机构的工作成效，造成质量评价的错位。如覆盖面较广影响较大的某培训工程就实施"三堂课制度"，虽然确保了培训按计划执行，防止了培训"缩水"问题，但没有反应出培训的真实成效，不利于培训工作的健康可持续发展。

推动新生代农民工培训成效的提升必须把好评价关，变工作总结式的培训评价为关注成效的综合评价。要按照评价的基本规则和流程开展评价，明确评价主体、确定评价程序、制定评价标准、发挥评价作用。

与授权行业协会管理和建立基金化运行机制的市场化改革相适应，新生代农民工培训要建立第三方评价机制，在增强评价客观性的同时，保持培训评价的常态化。从人资角度审视，职业培训的最终受益者是用人单位和受训者，对培训成效高低的判断最有发言权。可以依托行业协会建立起由政府管理人员、管理专家、用人单位代表、培训机构代表和新生代农民工等人员构成的评价专家库，共同研究制订培训成效评价指标体系，评价重点应关注农民工在培训过程中的感受以及在后续的求职或就业过程中的作用和实效，评价指标可以涉及培训定位与培训目标的合理性、培训方案与目标的符合度、培训活动与计划的一致性、培训活动对于目标的有效性、培训结果与目标的符合度等方面。为提高评价效率，可以借助培训网络平台开展评价工作，新生代农民工可以在培训期间或培训结束后的任意时间点进入平台参与评价，网络管理者和培训机构可以随时了解评价者的信息和评价结果。

评价结果可以作为引领机构推进培训改革、评判培训机构工作成效的主要依据。行业协会和基金管理机构可以针对某一主题培训的评价结果提出有针对性的指导意见，推进培训改革，提高培训质量。也可以针对区域内培训机构的整体评价结果做出对机构表彰、督促与惩戒的决定，并据此引导培训机构把注意力集中到培训上来，实现培训由任务导向向需求导向的转变，突出"以人为本"的培训理念，设计个性化的培训方案，提高培训的吸引力，切实解决新生代农民工培训高意愿低参与率、高期盼低成效的问题。

七 建立基于 STW 理论的农民工培训系统化解决方案

借鉴国际上从学校到工作过渡（简称 STW）理论的研究成果，可以把农民工从普通教育结束到初次获得有报酬职业这一过程简化为三个阶段：在职业学校接受职业教育的就业准备阶段、在劳动力市场进行职业搜

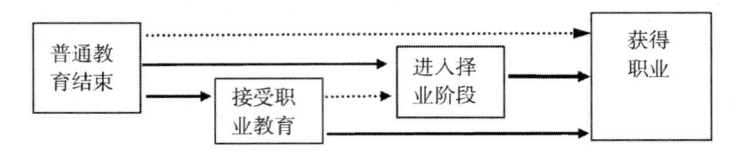

注：虚线表示非主要路径，实线表示主要路径

图 13—1 农民工 STW 示意图

寻的择业（就业等待）阶段和进入职业岗位并履行工作职责的就业阶段。这三个阶段密切关联构成了农民工从就业准备到职业获得的全流程。在农民工培训启动之初，培训的重点是处于职业搜寻阶段的农民工，根本目的是促进就业。但随着"刘易斯拐点"的到来，农民工市场逐渐由需方向

供方转变。根据人力资源社会保障部公布的数据，2013年全国有农民工2.69亿，其中外出1.66亿，比上一年增加274万人，增速在下降，就业压力得到了缓解，但随着经济发展方式的转型升级，中高级技工短缺的结构性就业矛盾愈加突显。就业矛盾重点的转移要求必须转变农民工培训治理策略。新时期的农民工培训方略必须以终身教育理念为指引，以服务新型城镇化建设为宗旨，将教育培训链条由以注重择业阶段的培训为主向就业准备阶段和在职阶段延伸，建立起覆盖从普通学校教育结束一直到贯穿整个职业生涯发展的、分阶段主体责任分担又整体衔接的、系统化综合性的培训体系。

（一）就业准备阶段

在就业准备阶段建立以面向增量农民工为主的以职业学校等全日制教育机构为依托的机制，突出政府的主体责任，发挥现有职业学校教育体系的作用。

在我国传统的崇尚学历教育氛围的影响下，人们往往把职业教育与职业培训割裂开来，由此就形成了研究农民工职业培训问题往往忽视职业学校教育的情况。目前县级以下职业教育机构的学生构成中农民子弟占主体，可以说中等职业学校承担了绝大部分新增农民工的教育培养任务，因此研究农民工素质提升问题不应忽视职业学校这个环节，要把职业学校阶段教育与职前职后的短期培训统筹谋划。职业学校要深刻理解国家关于进一步落实加快发展面向农村的职业教育的政策内涵，发挥自身的资源优势，旗帜鲜明地承担起增量农民工的培养培训任务，全面贯彻实行专业与需求、课程与职业标准、教学与生产的"三对接"机制和学历证书与职业资格证书"双证书"制度，突出职业能力培养，满足经济结构转型升级和农民工市民化对高素质劳动者的需求。

（二）择业阶段

在择业阶段建立以面向职业搜寻群体为主的带有救助功能的社会培训机制，发挥市场配置培训资源的决定性作用，确立群团组织和社会公益组织在这一环节的主体责任。

在农民工培训初期，国家把培训视为一种对农民工的救济和服务手段，政府承担起救助责任，以项目为依托推进培训工作，时间长了就不由自主地成为培训方，"管办评"一体化，抑制了其他主体的积极性和发展空间，增大了培训的内部治理成本，降低了培训效率和效果。十八大以后国家更加注重平衡政府与市场的关系问题，与十六届、十七届三中全会提出的发挥市场在资源配置中的"基础性"作用不同，十八届三中全会强调市场在资源配置中的"决定性"作用，传递出了国家治理理念变化的信号。农民工培训要顺应这一趋势，在农民工择业阶段发挥并形成以"工青妇"以及社会公益组织为主体的培训资源市场化配置机制，广泛吸纳社会资源开展农民工培训，提高培训效率。同时要进一步推动"先培训、后就业"劳动制度的落实，加强职业资格证书在择业环节的鉴别和优先作用，在避免重复培训的同时，把有限而宝贵的培训资源集中用在未接受过学校阶段职业教育的人群中。

（三）就业阶段

在就业阶段建立以面向在职人群职业发展为主的以企业为依托的继续教育机制，强化企业（用人单位）开展培训的主体责任。

农民工城镇融入的意愿、能力和水平与其自身的就业质量和职业稳定性高度相关，而职业稳定性的高低也极大地影响着企业开展培训的积极性。为此，一方面要在国家政策框架下建立起职工诚信档案和职工权益保障机制，稳定企业和职工间的工作合同关系，减少不必要的职业流动，降低培训投资收益外溢的风险；另一方面要区别不同性质的培训，合理划定企业承担培训责任的比例，减小企业人力资本投资的压力。对于一般引导性培训，可先由职工个人垫付一定比例的费用，然后由国家以继续教育补贴的方式直补给职工个人；对于企业专用度高的专业性培训可以由企业承担全部培训费用，国家在税收、贷款等财政金融政策方面予以优惠。企业要积极探索建立现代学徒制、学习型组织、学习岛等多种方式的培训机制和条件，让职工在做中学，以有效培训促进农民工职业的稳定与发展，以职业的稳定性和持续性发展推进农民工市民化转移的意愿、速度和效率。

总之，在国家着力推进治理体系和治理能力现代化的背景下，农民工培训要积极服务于国家新型城镇化发展战略，培训链条由以注重择业阶段的培训为主向就业准备阶段和在职阶段延伸，培训目的由关注劳动力转移就业向促进农民工城镇融入转变，培训重点由关注就业向更加关注职业发展转变，培训治理方式由以政府为主导的管办评主体责任一体化向政府、社会、企业多元化责任主体转变。

参考文献

［1］国务院农民工办课题组：《中国农民工发展研究》，中国劳动社会保障出版社 2013 年版。

［2］国务院发展研究中心课题组：《农民工市民化：制度创新与顶层政策设计》，中国发展出版社 2011 年版。

［3］韩长赋：《中国农民工的发展与终结》，中国人民大学出版社 2007 年版。

［4］《南方都市报》特别报道组：《洪流》，花城出版社 2012 年版。

［5］蔡昉：《中国人口与劳动问题研究报告》，社会科学文献出版社 2012 年版。

［6］蔡昉：《中国流动人口问题》，社会科学文献出版社 2007 年版。

［7］卢国显：《农民工：社会距离与制度分析》，社会科学文献出版社 2010 年版。

［8］魏颖：《中国代际收入流动与收入不平等问题研究》，中国财政经济出版社 2009 年版。

［9］熊贵彬：《国家权力与社会结构视野下的农民工城市化》，中国社会出版社 2009 年版。

［10］赵志群：《职业教育与培训学习新概念》，科学出版社 2006 年版。

［11］徐国庆：《实践导向职业教育课程研究：技术学范式》，上海教育出版社 2005 年版。

［12］徐国庆：《职业教育课程论》，华东师范大学出版社 2008 年版。

［13］徐国庆：《职业教育原理》，上海教育出版社 2007 年版。

［14］联合国教科文组织国际教育和价值观教育亚太地区网络：《学

会做事：在全球化中共同学习与工作的价值观》，余祖光译，人民教育出版社 2006 年版。

[15] 张英红等：《户籍制度的历史回溯与改革前瞻》，《湖南公安高等专科学校学报》2002 年第 1 期。

[16] 魏禛祯：《运用社会分层理论研究农民工学习教育需求》，《中国校外教育》2013 年第 15 期。

[17] 刘海萍：《农村劳动力转移：增加农民收入的公共政策选择》，《湖北社会科学》2003 年第 4 期。

[18] 陈如：《农村劳动力转移：新型工业化的必然趋势》，《南京社会科学》，2003 年增刊。

[19] 陈淮：《谈我国农村剩余劳动力的转移》，《发展》2005 年第 3 期。

[20] 赵宝柱等：《新生代农民工职业培训需求取向及其实现策略》，《职业技术教育》2012 年第 31 期。

[21] 张小娜等：《浅析解决新生代农民工问题的若干原则》，《劳动保障世界》（理论版）2011 年第 5 期。

[22] 赵宝柱等：《农民工培训治理方式变革研究》，《职教论坛》2014 年第 22 期。

[23] 岭峰：《加强技能培训，提升农民工技能——人社部副部长杨志明介绍农民工工作情况》，《中国培训》2014 年第 3 期。

[24] 刘艳珍：《国外农村剩余劳动力转移培训的基本经验及其启示》，《华北水利水电学院学报》（社会科学版）2010 年第 4 期。

[25] 谭寒等：《促进农民工培训的财税政策研究》，《职教论坛》2010 年第 31 期。

[26] 熊家国等：《经济结构调整背景下农民工培训中的权利义务关系研究》，《职教论坛》2010 年第 27 期。

[27] 缪炯等：《企业培训新生代农民工成本收益探讨及风险分析》，《现代商业》2012 年第 20 期。

[28] 姜大源：《现代职业教育与国家资格框架构建》，《中国职业技术教育》2014 年第 21 期。

[29] 徐国庆等：《德国职业教育能力开发的教育理念研究》，《中国

职业技术教育》2006 年第 35 期。

［30］宁慧等：《进城农民工就业路径与方向——基于一种社会网络理论分析》，《湖南医科大学学报》（社会科学版）2009 年第 4 期。

［31］燕晓飞等：《中国非正规就业增长的新特点与对策》，《经济纵横》2013 年第 1 期。

［32］朱新生：《劳动力市场分割对职业教育发展影响》，《职业技术教育》2012 年第 21 期。

［33］乔明睿等：《劳动力市场分割、户口与城乡就业差异》，《中国人口科学》2009 年第 1 期。

［34］罗艺源：《农民工教育培训中政府应然角色探讨》，《广州大学学报》（社会科学版）2009 年第 8 期。

［35］关晶等：《现代学徒制与农民工培训》，《职教论坛》2013 年第 25 期。

［36］刘奉越等：《基于协同创新的新生代农民工培训研究》，《职教论坛》2013 年第 21 期。

［37］张灵等：《近十年我国农民工培训若干政策评析》，《职业技术教育》2013 年第 13 期。

［38］张胜军等：《农民工培训政策执行阻滞的成因与对策：一个利益分析的理论视角》，《职教论坛》2013 年第 16 期。

［39］韦宏等：《职业院校开展农民工培训的实践探索：以苏州经贸职业技术学院为例》，《中国职业技术教育》2013 年第 19 期。

［40］王世官等：《上海新生代农民工培训研究》，《上海农业科技》2013 年第 1 期。

［41］李青阳等：《农民工培训研究述评》，《时代经贸》2013 年第 8 期。

［42］程柳等：《新生代农民工培训模式探析》，《继续教育研究》2013 年第 5 期。

［43］刘晓：《探析新生代农民工培训工作》，《青年与社会》2013 年第 24 期。

［44］于学钎等：《农民工培训教学实践分析》，《职大学报》2013 年第 5 期。

[45] 刘延明等:《论经济社会发展与农民工培训》,《中国职业技术教育》2012 年第 9 期。

[46] 毛霞:《我国农民工培训的困境与出路》,《中国人力资源开发》2012 年第 8 期。

[47] 刘才:《关于农民工培训内容的探讨》,《江苏农业科学》2012 年第 6 期。

[48] 孙金锋等:《新生代农民工培训中的政府职能探析》,《农村经济》2012 年第 7 期。

[49] 沈央儿:《农民工培训中发挥政府作用探析》,《职教论坛》2012 年第 36 期。

[50] 陈洪连等:《发展权:农民工培训政策的价值基础》,《当代世界与社会主义》2012 年第 1 期。

[51] 周小刚等:《面向新生代农民工培训满意度改进决策的结构方程模型研究》,《中国社会科学院研究生院学报》2013 年第 4 期。

[52] 孔冬等:《农民工培训效果实证分析:基于浙江省农民工培训效果的调查》,《社会科学战线》2013 年第 10 期。

[53] 王竹林等:《农民工培训模式及动力机制探析》,《西安财经学院学报》2013 年第 3 期。

[54] 何晓梅:《人力资本视角下农民工培训研究》,《价值工程》2013 年第 20 期。

[55] 江霞:《农民工培训制度的困境及解决对策》,《长春理工大学学报》(自然科学版) 2013 年第 9 期。

[56] 苏莉:《让农民工培训真正成为"阳光工程"》,《建筑》2013 年第 5 期。

[57] 李佩东等:《基于职业发展的新生代农民工培训体系研究》,《职业技术教育》2012 年第 7 期。

[58] 张胜军等:《基于成人学习特点的农民工培训教学策略》,《职教论坛》2012 年第 13 期。

[59] 陈维华:《我国新生代农民工培训存在的问题及对策》,《中国成人教育》2012 年第 5 期。

[60] 霍玉文:《新生代农民工培训的障碍因素分析及对策探究》,

《河北师范大学学报》（教育科学版）2012年第3期。

［61］孔全新等：《回顾与展望：我国新生代农民工培训研究》，《职教论坛》2012年第9期。

［62］陈洪连：《论我国农民工培训政策创新的逻辑路向》，《职教论坛》2012年第3期。

［63］杜永红等：《城市融入视角下的新生代农民工培训：问题与对策》，《职教论坛》2012年第18期。

［64］张寅：《全球化视野下中国成人职业教育的发展策略研究》，《继续教育研究》2005年第2期。

［65］张胜军：《我国农民工培训政策的回顾与前瞻》，《职教论坛》2012年第19期。

［66］吕莉敏等：《基于人力资本理论的新生代农民工培训》，《中国职业技术教育》2012年第24期。

［67］王贝贝：《以就业稳定性为导向的农民工培训探讨》，《农村经济》2012年第10期。

［68］赵树凯：《农民工培训的绩效挑战》，《华中师范大学学报》（人文社会科学版）2011年第2期。

［69］张胜军：《农民工培训有效供给的制度建设：一个制度结构的分析视角》，《职教论坛》2012年第25期。

［70］张旭东等：《地方本科院校参与青年农民工培训存在的问题及对策》，《中国成人教育》2012年第21期。

［71］王兰英：《基于"协同创新"的高校新生代农民工培训研究》，《河北大学成人教育学院学报》2013年第1期。

［72］范玉琴：《我国农民工培训有效需求及对策分析》，《科教文汇》2013年第1期。

［73］牟芷：《农民工培训机构现状调查与对策分析》，《农村经济与科技》2013年第3期。

［74］张胜军：《基于成人学习特点的农民工培训教学策略》，《职教通讯》2013年第13期。

［75］江霞：《我国农民工培训中政府投入问题及解决策略》，《青年与社会》2013年第13期。

[76] 严俊:《对农民工培训现状、问题及对策的思考》,《中国科教创新导刊》2013年第19期。

[77] 张再华等:《新型农民工远程网络培训模式探讨:农民工培训新模式》,《赤子》2013年第7期。

[78] 朱冉冉:《参与式农民工培训:内涵价值与策略》,《河北大学成人教育学院学报》2013年第2期。

[79] 姬建军:《陕西农民工培训"阳光工程"成效、问题和对策》,《长沙航空职业技术学院学报》2013年第2期。

[80] 李召旭:《企业文化融入职业院校新生代农民工培训的思考与实践》,《广东农工商职业技术学院学报》2013年第2期。

[81] 卢本琼等:《提高农民工培训水平的几点思考》,《中国职工教育》2013年第16期。

[82] 江霞:《我国农民工培训中的政府投入困境分析及解决路径》,《职教通讯》2013年第25期。

[83] 张双国:《如何加强农民工培训提高其就业能力》,《人力资源管理》2013年第10期。

[84] 钱桃英等:《农民工培训政策执行阻滞的利益分析》,《继续教育研究》2013年第9期。

[85] 刘才:《四平市"政—校—企"农民工培训模式探讨》,《湖北农业科学》2013年第2期。

[86] 梁秒法等:《基于校企合作的农民工培训模式和管理机制探索》,《机械职业教育》2013年第9期。

[87] 李楠等:《践行生存权与发展权:农民工培训原因探究》,《白城师范学院学报》2013年第4期。

[88] 余其菊:《农民工培训教学六法》,《农民科技培训》2012年第11期。

[89] 黄升平:《探索"校企合作订单培养"的农民工培训模式——以湖南格力空调安装维修工培训为例》,《科协论坛》(下半月)2011年第4期。

[90] 陈艾华等:《农民工培训效果关键影响因素识别:基于对浙江省农民工培训调查的内容分析》,《社会科学战线》2012年第4期。

[91] 胡俊波等:《基于配对样本非参数检验的农民工培训需求代际比较研究:来自四川省1135个样本》,《农村经济》2012年第10期。

[92] 呼婕等:《江苏省农民工培训满意度影响因素实证研究:以无锡市为例》,《南方农村》2013年第5期。

[93] 刘松颖等:《基于就业能力的新生代农民工培训的对策研究:以保定市为例》,《现代经济信息》2013年第10期。

[94] 张小兰:《信息不对称背景下的高职生源危机与农民工培训:以安徽省为例》,《福建商业高等专科学校学报》2013年第2期。

[95] 江霞:《农民工培训制度创新:基于澳大利亚职业教育的研究》,《牡丹江大学学报》2013年第8期。

[96] 顾月琴:《从"民工潮"到"民工荒"——高职院校开展农民工培训的思考》,《沙洲职业工学院学报》2013年第1期。

[97] 郑耀洲:《基于异质性特征的新生代农民工培训研究》,《经济管理》2011年第2期。

[98] 张胜军:《农民工培训的公益性及其保障》,《职业技术教育》2011年第31期。

[99] 刘奉越:《提升新生代农民工培训效益摭论》,《职教论坛》2011年第36期。

[100] 张纬武等:《新生代农民工培训的法律保障机制探析》,《职业技术教育》2011年第34期。

[101] 严俊:《对农民工培训现状、问题及对策的思考》,《中国科教创新导刊》2013年第19期。

[102] 赵静新:《新生代农民工培训的现状及对策》,《中国成人教育》2011年第18期。

[103] 赵蒙成:《农民工培训的动机与激发策略》,《职业技术教育》2011年第34期。

[104] 郭恩宝:《关于农民工培训的思考和建议》,《吉林农业》2012年第7期。

[105] 吴义太等:《试论我国农民工培训的政府责任》,《成人教育》2012年第3期。

[106] 国民:《农民工培训亟待合适的"口味"》,《科技致富向导》

2012 年第 13 期。

[107] 张胜军等：《农民工培训的时代转向》，《职教通讯》2012 年第 16 期。

[108] 杨晶：《"阳光工程"与农民工培训》，《中国集体经济》2012 年第 21 期。

[109] 曾铁：《青年农民工培训刍论》，《河北青年管理干部学院学报》2012 年第 6 期。

[110] 杨钧：《新生代农民工培训面临的问题及对策》，《河南科技学院学报》2012 年第 12 期。

[111] 黄君录：《论政府与社会在新生代农民工教育中的责任与有效供给》，《中国职业技术教育》2011 年第 24 期。

[112] 王松梅：《高职院校开展农民工培训的定位与对策》，《开放导报》2011 年第 5 期。

[113] 赵树凯：《农民工培训的绩效挑战》，《华中师范大学学报》（人文社会科学版）2011 年第 2 期。

[114] 刘华：《农民工培训的现状、问题及对策研究》，《成人教育》2012 年第 5 期。

[115] 李树毅：《职业学校开展农民工培训的实践与探索》，《信息系统工程》2012 年第 5 期。

[116] 张元康：《于都县农民工培训工作的调研报告》，《新农村》2012 年第 6 期。

[117] 肖称萍：《工业化与城镇化双重视野下的农民工培训》，《成人教育》2012 年第 4 期。

[118] 孟繁玲：《突出时代意识：新生代农民工培训的突破口》，《继续教育研究》2012 年第 1 期。

[119] 孟继超：《法律视野下的农民工培训机制优化问题》，《内江师范学院学报》2012 年第 5 期。

[120] 张文婷：《新生代农民工培训的特点与规律研究》，《成人教育》2012 年第 7 期。

[121] 曾铁：《加强新生代农民工培训工作的思考》，《职业时空》2012 年第 8 期。

[122] 朱瑜:《在发展方式转型下新生代农民工培训及其绩效研究》,《赤峰学院学报》(哲学社会科学版) 2012 年第 8 期。

[123] 张胜军:《以制度建设保障农民工培训的有效供给》,《当代职业教育》2012 年第 11 期。

[124] 王青松等:《后金融危机下湖南农民工培训的思考》,《当代经济》2012 年第 23 期。

[125] 解亚平等:《安徽农民工培训现状分析及财政对策研究》,《农村财政与财务》2012 年第 12 期。

[126] 王世官等:《上海新生代农民工培训的特点与规律研究》,《农民科技培训》2012 年第 12 期。

[127] 张英鹏:《职业院校的农民工培训项目应如何适应农村经济新特征》,《科技创新导报》2012 年第 4 期。

[128] 黄娟高:《职院校农民工培训的理论分析与实践对策》,《中国成人教育》2011 年第 13 期。

[129] 陈洪连等:《我国农民工培训政策的国际借鉴与本土建构》,《中国成人教育》2011 年第 19 期。

[130] 姜龙伟:《让就业培训真正惠及农民工高密市六措并举建立农民工培训长效机制》《中国就业》2013 年第 3 期。

[131] 曾铁:《论新生代农民工培训"三性":重要性、应然性与现实性》,《农业部管理干部学院学报》2013 年第 1 期。

[132] 刘晓:《探析新生代农民工培训工作》,《青年与社会》(下) 2013 年第 8 期。

[133] 杨月霞:《让农民工兄弟有一技之长:世行贷款助推宁夏农民工培训工作蓬勃开展》,《宁夏画报》(时政版) 2013 年第 8 期。

[134] 王成辽:《新生代农民工培训供给需求与培训意愿综合关系实证研究:对深圳新生代农民工教育培训的调查》,《中国劳动关系学院学报》2011 年第 2 期。

[135] 丁静:《中国新生代农民工市民化问题研究》,《学术界》2013 年第 1 期。

[136] 雷小波:《试论我国中小企业职业培训体系的构建》,《职业教育研究》2010 年第 1 期。

［137］郝理想等：《澳大利亚职业教育培训包体系述评》，《河北科技师范学院学报》（社会科学版）2009年第2期。

［138］田敏等：《澳大利亚TAFE对我国职业培训体系建设的启示》，《中国职业技术教育》2008年第21期。

［139］毕结礼：《韩国职业培训运行机制》，《中国培训》1999年第3期。

［140］沈莉等：《发达国家职业培训体系特点及对上海的启示》，《上海综合经济》2004年第12期。

［141］姚先国：《中国劳动力市场演化与政府行为》，《公共管理学报》2007年第3期。

［142］郭晓明：《关于课程模式的理论探讨》，《课程·教材·教法》2001年第2期。

［143］赵宝柱等：《新生代农民工培训的人本思考》，《河南科技学院学报》2014年第12期。

［144］匡瑛等：《高职人才培养目标的转换——从"技术应用性人才"到"高技能人才"》，《职业技术教育》2006年第22期。

［145］娄玉花等：《开展新生代农民工教育和培训模式的研究》，《中国职业技术教育》2013年第30期。

［146］关晶等：《现代学徒制之"现代性"辨析》，《教育研究》2014年第10期。

［147］赵志群：《岗位学习是职业教育的重要形式》，《中国社会科学报》2011年第10期。

［148］关晶：《西方学徒制的历史演变及思考》，《华东师范大学学报》（教育科学版）2010年第1期。

［149］姜大源：《关于澳大利亚职业教育与培训体系的再认识》，《中国职业技术教育》2007年第1期。

［150］王媛媛等：《现代学徒制：传承与超越》，《江苏教育研究》2014年第15期。

［151］黄丽清：《澳大利亚职业教育与培训的特色》，《职业教育研究》2008年第9期。

［152］杜广平：《我国现代学徒制内涵解析和制度分析》，《中国职业

技术教育》2014年第30期。

[153] 钱丽娜：《中国学徒博世造》，《商学院》2014年第9期。

[154] 李艳荣：《基于戴明环理论的培训管理体系建构》，《广西教育学院学报》2014年第3期。

[155] 徐纯烈等：《人力资源培训管理的国际标准——ISO10015国际培训管理标准》，《中国电力教育》2006年第6期。

[156] 苏琳等：《每年把1000万农民工培训为产业工人》，《经济日报》，2014年2月21日第8版。

[157] 赵树凯：《"农民工培训"需要创新》，《人民日报》，2009年6月16日第14版。

[158] 刘国权：《劳动力市场二元分割下的社会资本补偿》，《光明日报》，2010年3月16日第10版。

[159] 甘霖等：《1696名农民工报名"圆梦计划"》，《深圳特区报》，2011年6月21日第4版。

[160] 程旭等：《城市化变局下的疯狂与反思》，《21世纪经济报道》，2013年11月4日第13版。

[161] 刘敏等：《新型城镇化"新"在哪里》，《新华每日电讯》，2013年2月28日第7版。

[162] 赵小剑：《富平学校：一个非营利组织的中国式生存》，《南方周末》，2007年12月6日第C16版。

[163] 苏小红：《我国农民工就业培训模式研究》，硕士学位论文，中国地质大学，2011年，第31—32页。

[164] 苑国栋：《需求导向视角下农民工职业培训问题研究》，硕士学位论文，华东师范大学，2011年，第16—21页。

[165] 杨松：《论中国农村劳动力转移》，博士学位论文，中共中央党校，2011年，第66—71页。

[166] 李彤：《中国现阶段农民工培训的供需均衡分析》，硕士学位论文，山东大学，2012年，第12页。

[167] 张爱培：《新生代农民工职业培训探析》，硕士学位论文，华东政法大学，2012年，第28—35页。

[168] 魏扣：《经济结构调整背景下农民工培训现状及对策研究》，

硕士学位论文,华中农业大学,2011年,第12—14页。

[169] 何坤玲:《农民工职业培训中政府行为研究》,硕士学位论文,华中师范大学,2011年,第14—19页。

[170] 张晓:《我国农民工培训的政府责任研究》,硕士学位论文,汕头大学,2010年,第51—54页。

[171] 杨潇:《新生代农民工职业教育培训问题研究》,硕士学位论文,渤海大学,2013年,第26—27页。

[172] 杨旭:《农民工政府培训研究》,硕士学位论文,陕西师范大学,2012年,第28页。

[173] 王海燕:《我国农民工培训政策分析》,硕士学位论文,陕西师范大学,2010年,第63—67页。

[174] 谭寒:《我国农民工培训的公共政策过程分析》,硕士学位论文,天津理工大学,2010年,第11—16页。

[175] 林甜甜:《中国农民工职业培训问题及对策研究》,硕士学位论文,东北师范大学,2011年,第13—16页。

[176] 斯塔弗比姆:《方案评价的CIPP模式》,载瞿葆奎《教育学文集·教育评价》,人民教育出版社1989年版,第313页。

[177] 刘国永:《国际农村劳动力转移培训经验及我国实践与政策思考》,中国教育经济学年会会议论文,中国桂林,2005年10月,第547—562页。

[178] 张英红:《户籍制度的历史回溯与改革前瞻》,2004年2月,百度(http://wenku.baidu.com/view/ab83b7174431b90d6c85c79a.html)。

[179] 好搜百科:《英国圈地运动》(http://baike.haosou.com/doc/5726461—5939199.html)。

[180] 蒙正友等:《农民工技能培训的现状、问题及对策》,2010年12月,百度文库(http://wenku.baidu.com/view/74caffbc960590c69 ec376ed.html)。

[181] 郭亮:《社会资本视角下的农民工社会关系网络研究》,2010年4月,百度文库(http://wenku.baidu.com/view/53cc8d3143323968011c923f.html)。

[182] 百度文库:《中国的职业培训体系》(http://wenku.baidu.

com/view/d2c8cb2b0066f5335a812111.html)。

［183］百度文库：《技术型人才与技能型人才的概念辨析》（http：//wenku.baidu.com/view/0c2bf65148d7c1c708a14583.html)。

［184］百度百科：《质量》（http：//baike.baidu.com/link？url＝NH-hM1ybTs4Vu9OaIU7SmLe0DJ－ykBMGrPkyK7FUDf9s9x3K1OH3iQJJO5eMizSr2IMnjk9Dabx5nSYRTYMx9al1DdmgnyDDU7biBQvj0Ptu）。

［185］国际标准化组织：《ISO 10015国际培训标准》(http：//www.hroot.com/ad/bsi/ISO.html)。

［186］百度文库：《全面质量管理简介》（http：//wenku.baidu.com/link？url＝_Fbqt8gvoNR－WXR9X2A_mySNb－GueWuAv9EXLAs66 LJ8w3KBEggF6d8U AoUnosL0LniMBiC2QjoxuXFFXc－zWNzlKwSU9JiQYi3 GMuR4AoK）。

附录　新生代农民工职业培训状况调查问卷

　　说明：培训改变命运。关注新生代农民工职业培训状况就是关注社会的未来。为了解决新生代农民工的培训需求，探索新的培训模式，提高培训效率，为国家培训政策提出意见或建议，惠及新生代农民工，我们需要您的支持与帮助。本调查数据仅作为研究之用，请您放心填写。耽误您宝贵时间，向您致谢！

　　填写要求：
　　1. 请您在选中的选项序号上打"√"，在____填入文字或选项序号。
　　2. 除注明外，所有选项都是单选。

第一部分　个人基本信息

　　调查对象的户籍所在地：_____省（市、自治区）_____县（县级市）_____村。

　　1. 您的性别：　①男　②女

　　2. 您的年龄：_____岁。

　　3. 您是独生子女吗？　①是　②不是

　　4. 您的文化程度：　①小学　②初中　③高中（职高）　④大专及以上

　　5. 您的政治面貌：　①团员　②党员　③民主党派　④群众

　　6. 您的婚姻状况：　①未婚　②已婚无子女　③已婚有子女　④其他

第二部分　工作情况

　　7. 您在外工作了_____年？有无务农经历：①有　②无

8. 您现在的工作区域是： ①沿海发达省市 ②中部省区 ③西部省区

9. 您现在的工作地域是： ①直辖市 ②省会城市 ③地级市 ④县城 ⑤乡镇 ⑥村

10. 您现在的工作单位属于： ①党政机关 ②军队 ③事业单位 ④国有企业 ⑤私营企业 ⑥三资企业 ⑦自有企业（自己创办） ⑧社区 ⑨其他（请填写）_____。

11. 您现在从事的具体工作是_____；最希望从事的工作是_____。

12. 您与工作单位是否签订了劳动合同：
①签订了合同，有"五险" ②签订了合同，有"三险" ③没有签订合同 ④不知道

13. 您主要是通过什么途径寻找工作的？（可多选）
①报纸、宣传资料、电视、网络等媒体 ②通过亲戚朋友、同乡介绍 ③自己闯荡 ④雇主到当地招工 ⑤通过本县劳务输出部门 ⑥通过务工地劳务市场、职业介绍所（中介机构） ⑦培训机构 ⑧咨询机构 ⑨毕业学校推荐 ⑩镇村集体组织 ⑪其他（请注明）_____

14. 您外出打工的目的是_____。（可多选）
①改变务农的生活方式（务农转到非务农） ②开阔眼界，寻求更好的发展契机 ③赚钱以提高家人和自我的生活水平 ④学点技术 ⑤看着别人出来我也出来 ⑥其他

15. 什么样的员工在工作单位最吃香（可多选）
①有技术的 ②老板的亲戚 ③会搞关系的 ④老实肯干的

16. 您有没有在打工地长期居住生活的想法： ①有 ②没想过 ③没有

17. 您今年实际外出工作时间： ①不足3个月 ②3—6个月 ③7—11个月 ④12个月

18. 您平均每天的工作时间大约是： ①8小时 ②9—10小时 ③11—12小时 ④12小时以上

19. 下列节假日您休息情况，请在符合的项中画"√"

项 目	不休息	休1天	休2天	休3天	休4—7天
周六周日					
五一节					
国庆节					

20. 您今年在外务工期间平均税后月收入：
① 1000 元以下　　② 1001—1500 元　③ 1501—2000 元
④ 2001—2500 元　⑤ 2501—3000 元　⑥ 3000 元以上

21. 您今年外出务工收入扣除务工期间的支出后，大约还剩余_____
①没剩余　②5000 元以下　③ 5000—10000 元　④ 10000 元以上
剩余工资：　①部分交给父母支配　　②全部交给父母支配
③自行支配

22. 请您列出外出务工期间位于前三项的支出项目_____
①租房　②养育子女　③日常生活开支　④交友或人际交往
⑤娱乐消遣　⑥读书看报　⑦参加培训　⑧其他

23. 您认为外出务工压力来源第一位的是_____，第二位的是
_____。
①学历低　②缺乏技能　③缺少工作经验　④没有当地户口
⑤没有熟人　⑥缺少招聘信息　⑦找工作的人太多　⑧其他

24. 您想自主创业吗？
（1）想　原因是____。（可多选）
①赚钱　②兴趣　③出名　④自由　⑤其他（请注明）_____
（2）不想　原因是____。（可多选）
①自己能力不足　②家人不支持　③没有经济条件
④有更好的就业形式　⑤其他（请注明）_____

25. 您认为如果自主创业，最大的障碍是_____。（可多选）
①资金不足　②创业风险大　③经验不足　④社会关系缺乏　⑤心理承受能力差　⑥政策限制　⑦专业水平不够　⑧人才缺乏　⑨其他

26. 如果您在城里找不到自己满意的工作，你会怎么做？
①退而求其次，找一份差一点的工作　②返回农村等待时机

③返回农村务农　　④参加培训

27. 请给您选择工作单位时考虑问题的先后排序：_____
①发展空间大不大，有没有前途　②工作、生活环境　③专业对不对口　④工资、福利待遇　⑤能不能学到技术提升自己，以便得到更好的发展　⑥企业文化，工作单位的发展后劲。

28. 您认为现在是不是城镇户口重要吗？　①不重要　②没想过　③重要

29. 您认为自己已经融入城市了吗？
①已经融入　②基本融入　③正在融入　④没有融入　⑤无法适应城市生活

30. 你将来有什么打算？①自己创业，做老板　②找一份更好的工作　③成为公司的骨干　④不确定

31. 您对工会组织了解吗？①了解　②了解一些　③不了解

32. 您是工会会员吗？　①是　②不是

33. 您希望加入工会吗？　①希望　②不希望　③无所谓

34. 您了解与您务工相关的哪些法律法规？

第三部分　培训情况

35. 下列对学习的描述，您更认同哪一条？
①学习没有多大用处　　②学习对我们越来越有用
③学习只是对现实的无奈之举　④学习是对未来的投资

36. 您在外出务工期间喜欢的业余文化生活排在第一位的是_____，第二位的是_____。
①玩扑克、下象棋、打麻将　②读书看报　③学习业务知识　④上网　⑤听音乐　⑥看电视　⑦与老乡工友聊天　⑧其他（请注明）_____。

37. 哪一种学习状态描述更符合您？
①经常主动学习，有计划地持续进行
② 偶尔主动学习，但没有计划性，不能坚持
③有学习的念头或打算，但没有实施
④ 有工作需要的时候才会针对需要学习
⑤很少有学习的念头　⑥其他

38. 如果给您一个工作流程图,您属于哪种类型的人?

①自己琢磨并努力完成这种工作　②请教别人,并努力完成这种工作　③如果有困难,选择放弃

39. 您认为什么途径学习到的知识效果最好?

①到专门的培训机构学习　②边干边学　③与身边人的讨论交流　④自学

40. 您觉得影响自己职业升迁或流动的主要因素是什么?(可多选)

①受教育程度　②专业技能水平　③所在地域　④家庭背景　⑤所在单位　⑥其他

41. 您参加职业培训最看重的是?

①提高学历　②提高技能水平　③更新观念　④扩大交际面　⑤其他(请注明)____。

42. 您认为,多长时间的培训您更乐意接受_____。

①半天　②1天　③2—3天　④1星期　⑤无所谓,看课程需要来定

43. 您认为培训时间安排在什么时候比较合适_____。

① 正常上班期间　②休息日　③外出务工之前　④无所谓　⑤晚上

44. 如果您有机会参加培训,请您选择接受培训的地点_____。

①家庭住所　②务工地　③用人单位　④培训单位　⑤无所谓

45. 您最希望接受的培训是_____。(可多选)

①文化教育类　②专业技术类　③法律知识类　④自我管理类　⑤休闲娱乐类　⑥其他(请注明)_____。

46. 您最信赖哪些培训机构,第一位的是_____,第二位的是_____。

①有政府背景的人才市场培训机构　②正规职业院校的培训机构　③企业或行业协会培训机构　④社会职业中介举办的培训机构

47. 您参加工作以来是否参加过职业培训?

(1) 如果没有参加过,请回答:原因是_____。(可多选)

①不知道哪里有培训　②没时间参加　③不知道如何参加　④参加培训不方便　⑤经济条件不允许　⑥内容不适合我　⑦听说培训质量不高　⑧工作太累,没精力　⑨其他(请注明)_____。

（2）如果参加过，请回答：您参加职业培训的次数_____次；都是由_____组织的。（可多选）

①职业（技术）学校培训　②政府部门提供的培训　③企业、NGO等其他培训

（注：NGO是指协会、社团、基金会、慈善信托、非营利公司或其他法人，不以营利为目的的非政府组织。）

您对职业培训效果的总体评价是_____。

①非常有帮助　　②有较大帮助　　③多少有点帮助

④没帮助　　　　⑤不好说

48. 如果给您一个接受教育的机会，您选择_____。

①短期职业培训　②正规学历教育　③放弃

49. 您喜欢哪种培训模式？①订单式　②半工半读式　③其他_____

50. 您最喜欢下列哪种培训方式？　①面对面授课　②现场培训　③多媒体培训　④多方式结合

51. 如果您有一笔资金最想做的是什么？　①继续上学　②自己创业　③日常消费等

52. 您未来三年是否有接受教育培训计划？　①有　②没有

53. 您是否有职业等级证书？　①有　②没有，但有技术专长　③无特别技能　④其他

54. 您是否愿意自己花钱参加想要的培训？①愿意（_____元以下）②不愿意

55. 您所在单位重视职工职业培训吗？①重视，经常培训　②不重视，从来不培训　③偶尔培训一下

56. 您所在单位对职工进行劳动安全卫生教育吗？　①进行　②不进行　③出现事故后进行

57. 您希望获得创业知识培训吗？　①希望　②不希望　③无所谓

58. 为更好地开展农民工培训工作，国家或地方政府实施了一些培训工程，请列举您所知道的工程名称：_____。